언카피어블

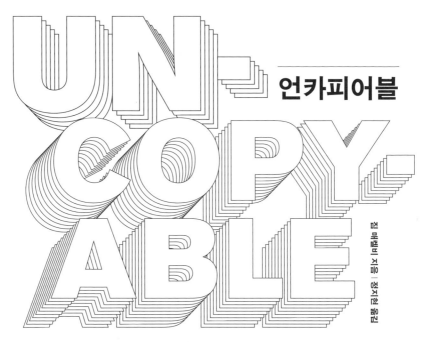

언카피어블

짐 매컬비 지음 | 정지현 옮김

아마존을 이긴 스타트업의
따라 할 수 없는 비즈니스 전략

리더스북

스퀘어가 만든 세계 최초의 스마트폰용 카드 리더기

한국처럼 전쟁의 폐허에서 우뚝 일어선 나라는 세계적으로도 찾아보기가 힘듭니다. 이렇게 엄청난 성공 사례는 연구할 가치가 충분하지요. 운 좋게도 이 책의 연구 조사를 막 시작한 2015년에 한국을 방문할 기회가 있었습니다. 그 여행은 제 생각에 지대한 영향을 끼쳤고, 지금 여러분이 읽으려고 하는 이 책에도 바로 그 생각이 깊숙이 스며들어 있습니다. 직접 방문해보기 전까지는 한국을 제가 좋아하고 아끼는 여러 제품을 만든 나라라고만 알고 있었지 전쟁에서 가장 성공적으로 회복한 나라인 것은 알지 못했습니다. 한국이 어떻게 그걸 해낼 수 있었는지, 아직도 저는 잘 모릅니다. 그리고 이해할 수 없는 것들은 언제나 저에게 큰 영감을 줍니다.

이 책의 한국어판 제목인 '언카피어블'은 여러 면에서 원래의 제목인 '혁신 쌓기 전략(The Innovation Stack)'보다 훌륭합니다. 만약 '언카피어블'이라는 제목을 떠올렸다면 저도 이 단어를 제목으로 썼을 것 같아요. 단어는 중요합니다. 실제로, 이 책의 서문에서 저는 백 년 이상 된 '기업가'라는 단어의 의미를 되살리는 데 많은 부분을 할애하고 있습니다. 오늘날 영어에는 다른 산업의 복사본이 아닌 산업을 가리키는 단어가 없기 때문입니다.

하지만 이 책은 정치나 언어에 대한 책은 아니고, 어떤 면에서는 비즈니스에 대한 책은 더더욱 아닙니다. 우리에게 미래를 가져다주는 힘이 무엇인지를 이야기하는 책입니다. 미래는 모든 곳에 똑같은 타이밍에 도래하지 않습니다. 세계 각국을 다니다 보면 시간 여행자가 된 기분마저 느끼고는 합니다. 어떤 곳에서는 양자 컴퓨팅을 건드리고 있는데 어떤 곳에서는 이제 막 배관 기술이 사용되기 시작하니까요. 저는 한국을 볼 때마다 미래의 일부분을 보는 기분이 듭니다. 다음에 또 한국을 찾을 날을 무척 기다리고 있습니다. 서로에게서 많은 것을 배울 수 있기를 바라며.

짐 매켈비

무엇이 따라 할 수 없는
비즈니스를 만드는가

갑자기 우리가 이겼다.

거대한 괴물은 1년 넘도록 기업들의 시체가 가득한 공동묘지로 우리를 내몰았다. 지구에서 가장 무시무시한 괴물 기업 아마존(Amazon)은 스퀘어(Square)를 모방한 제품을 터무니없이 싼 가격에 내놓고 우리의 머리를 먹어치울 작정이었다. 그런데 2015년 핼러윈 때 그 괴물은 아무런 예고도 없이 공격을 멈추더니 선물을 내밀었다.

아마존의 선물은 그 어떤 사탕 꾸러미보다 근사했다. 우리 경쟁 제품의 판매를 중단했을 뿐 아니라 웃는 얼굴이 그려진 아마존 택배 상자에 스퀘어의 카드 리더기를 담아 기존 자사 고객들에게 보내주었으니까. 그것도 핼러윈에! 혹시 뭔가 계략이 있는 것은 아닐까?

내가 2009년에 잭 도시(Jack Dorsey)와 함께 창업한 작은 회사 스퀘어는 놀라운 일을 해냈다. 세계에서 가장 무서운 기업 아마존의 공격에서 살아남을 가능성은 복권 당첨 확률보다 낮은데 우리가 그 일을 해냈으니 말이다. 그것도 상대와 '코 대(對) 발가락' 대결('toe to toe'는 '정면으로 맞서는'이라는 의미의 표현인데 저자는 아마존에 정면으로 대응하지 않고도 이겼다는 것을 나타내기 위해 그 표현을 비틀어 'nose to toe'라는 표현을 사용하고 있다-옮긴이)을 펼친 끝에. 그저 운이었을까, 아니면 뭔가가 있었을까? 우리가 어떻게 그런 일을 해낼 수 있었는지 우리 스스로도 도무지 알 수 없었다. 이 책은 3년간 그 답을 찾아 헤맨 끝에 나온 것이다.

이 책은 스퀘어에 대한 이야기가 아니다. 내가 스퀘어를 창업하면서 발견한, 업종은 물론 시간에도 구애받지 않고 적용되는 어떤 현상에 대한 이야기다. 물론 스퀘어는 내가 직접 경험했기에 들려주기 좋은 사례지만, 오로지 스퀘어에 대한 이야기만 하려 했다면 나는 애초부터 이 책을 쓰지 않았을 것이다.

스퀘어가 해낸 일은 우연이 아니다. 그것은 어떤 법칙에 들어맞는 일이다. 그 법칙은 충격적일 정도로 규칙적으로 반복되고, 그것을 활용하는 기업은 업계 최고의 자리에 오른다. 그 법칙에는 재미있는 구석이 있어서, 눈앞에 있는데도 평생 알아차리지 못할 수도 있지만 일단 한번 알아차린 뒤에는 어디를 가든 눈에 보인다. 그 법칙을 깨닫고 나자 마침내 세상을 입체적으로 보게 된 느낌이었다. 분명히 예전과 똑같은 풍경인데도 입체감이 더해졌고 그렇게 시야가 깊어지자 더욱더 많은 법칙이 눈에 들어왔다. 세상을 바꾼 법칙들이.

이 법칙은 종종 불공정한 시스템을 바로잡으려는 목표를 가진 기업에서 나타난다. 시스템을 공정하게 만드는 과정에서 서로 밀접하게 연결된 혁신이 꼬리에 꼬리를 물고 계속 등장하는데, 나는 이를 혁신 쌓기 전략(innovation stack)이라 칭하기로 했다. 이는 기업의 가장 강력한 자산이다.

혁신 쌓기 전략은 진화하고, 대개 생존 본능이 원동력으로 작용한다. 완전히 새로운 시도를 할 때는 일련의 새로운 문제와 직면하게 되기 마련이다. 문제 하나를 해결했는데 곧 다른 문제가 만들어지는가 하면 새로운 문제가 여럿 생기기도 한다. 문제-해결-문제의 사슬이 반복되는 과정에서 개별적이면서도 서로 연결된 혁신이 다수 쌓이게 된다. 그런 혁신을 쌓지 못하는 기업은 결국 실패한다.

실패한 혁신 쌓기 전략은 없다. 영원히 완성되지 않을 뿐인 것이다. 역사적으로, 성공한 혁신 쌓기 전략은 세상을 바꾼 기업들의 핵심이었다. 이 책은 그것을 알아보는 방법을 알려주려 한다.

혁신 쌓기 전략은 지금까지 아무도 풀지 못한 문제를 해결하겠다는 선택에서 시작된다. 불공정한 것을 바로잡고 잘못되었거나 아직 해결되지 못한 문제를 풀다 보면 원하지 않아도 창의적으로 될 수밖에 없다. 뭐, 괜찮다. 굴도 자기가 원해서 진주를 만드는 게 아니니까.

스퀘어의 혁신 쌓기 전략은 수백만 명의 사람들이 물건을 팔고 돈을 벌게끔 도와주었고, 그에 힘입어 회사는 급성장을 거듭해 3년 동안 매달 결제 건수가 두 배씩 늘어났다. 놀랍게도 그 덕분에 스퀘어는 아마존의 맹공격으로부터 무사할 수 있었다. 하지만 스퀘어가 그런 힘을 보여준 유일한 기업은 아니다.

혁신 쌓기 전략은 만들어지는 바로 그 순간에는 잘 보이지 않고 나중에 뒤돌아봐야만 또렷이 드러난다. 그 혁신이 역사의 방향을 바꾸기 때문이다. 실제로, 역사는 과거의 혁신 쌓기 전략을 연대순으로 기록한 것에 불과하다. 나는 이 법칙을 보여주는 수많은 사례 가운데 네 가지를 자세히 살펴보기로 했고, 스퀘어도 그중 하나다.

하지만 이 책은 단순히 세상을 바꾼 기업에 대한 것은 아니다. 나는 그 기업의 뒤에 누가 있고 그 사람이 어떤 점에서 특별하고 또 평범한지를 보여주고 싶었다. 사실 경제경영서는 자만심과 영웅심만 가득하고 유머와 겸손함은 부족한 경향이 있다. 이 책 역시 유명한 기업가들을 소개하기는 하지만 독자들이 생각하는 방식대로는 아닐 수도 있다. 나는 이 책을 통해 기업가가 특별한 재능을 타고난 사람이라는 잘못된 고정관념도 없애고 싶다.

진정한 기업가는 드물다. 정말로 그렇다. 하지만 그들의 능력은 드문 것이 아니며 아마 당신에게도 있을 것이다. 기업가의 진정한 능력은 하나하나의 선택에 달려 있다. 지금까지 그 누구도 풀지 못했던 문제를 어떻게든 풀겠다는 선택 말이다. 그 선택의 첫걸음은 자신만의 완벽한 문제를 찾는 것이다.

이 책에는 체크리스트가 없다. 독자들에게 확실한 지도를 쥐여주고 싶지만 원래 지도는 모험가를 위한 것이 아니라 관광객을 위한 것이다. 내 경험에 따라 그려진 지도는 독자들에게 별 도움이 되지 않겠지만, 혁신 쌓기 전략은 도움이 될 것이다. 이 전략은 경쟁자의 무자비한 공격에서 기업을 지켜주고, 정신 나갔거나 불가능해 보이는 일을 가능하게 해준다. 당신이 쌓는 혁신은 인류를 한 걸음 전진시키고 당신의 이름을 역사에 남길 것이다.

자, 이제 시작해보자.

차 례

제1부

완벽한 문제를 찾아라

아마존을 이긴 스타트업 스퀘어 이야기

제2부

세상에 없던 비즈니스의 탄생

뱅크 오브 이탈리아·이케아·사우스웨스트 항공 이야기

제3부

어떻게 운영할 것인가

스타트업에 걸맞은 비즈니스 운영법

지금 스타트업을
꿈꾸고 있다면

스토킹이 심각한 사회적 문제로 인식되기 전까지, 나는 스토커 기질이 꽤 다분한 사람이었다. 내가 노린 이들은 언제나 같았다. 유명 사업가들이었다. 당시 학교에서는 기업가 정신을 가르쳐주지 않았기 때문에(요즘도 마찬가지지만 여기에서 다룰 문제는 아니다) 어떻게든 직접 배울 방법을 찾지 않으면 안 됐다. 내 방법은 간단했다. 내가 사는 미주리 세인트루이스로 유명 기업가가 강연하러 올 때까지 기다리고, 그가 강연을 끝마치고 돌아갈 때 다가가 공항까지 태워다주겠다는 제안을 건네는 것이었다(선을 넘지 않는 태도를 갖추고 깔끔한 옷차림을 한지라 제지당한 적은 한 번도 없었다. 누가 물어보면 "강사님을 공항까지 태워다드리려고요."라고 했다).

　상대로서는 거부하기 어려운 제안이었다. 승차공유 서비스가 나오려면 앞으로 20년은 더 기다려야 했던 그 시절(부끄럽게도 세인트루이스는 미국의 대도시 가운데 꼴찌로 승차공유를 허가했다), 세인트루이스의 택시 사업은 무능한 사기꾼들이 장악하고 있었다. 마치 조직폭력단에 가입한 바보 삼총사(The Three Stooges, 흑백 TV 시절에 활약한 미국의 3인조 개그팀 – 옮긴이)의 후손들 같았다. 불러도 제시간에 오지 않는 것은 기본이고, 경치 좋은 길로 빙빙 돌아가기 일쑤였다. 나는 괜한 곳으로 돌아가지 않고 손님들을 모셨다. 택시비는 그들이 나눠주는 지혜의 말로 충분했다. 딱 한 번을 제외하면 이 방법은 백발백중 먹혔다.

그들을 공항으로 데려다주면서 많은 것을 배웠지만, 정작 배우고 싶어 했던 것은 손에 넣지 못했다. 내가 몇몇 구체적인 문제에 대해 물으면 늘 비슷한 답이 돌아오기 일쑤였다. "에이, 그런 건 불가능하죠", "그 일을 이미 해낸 사람 밑에 들어가서 10년간 배우세요." 지금껏 누구도 한 적 없는 일을 하려면 어떻게 해야 하는지에 대해서는 성공했다는 사람들도 아는 바가 없었고, 나는 새로운 유형의 사람을 만나고 싶었으나 어떻게 그들을 찾아야 할지 알 수 없었다.

기업가라는 단어의 진정한 의미

현재 영어에는 이 책의 주제를 뜻하는 단어가 없다. 그러나 예전에는 있었다. 문신이 우리에게 익숙해졌듯, '기업가(entrepreneur)'라는 단어도 그간 너무나 자주 사용된 나머지 원래의 충격적인 느낌을 잃어버렸다. 옷깃 아래로 화난 표정의 도마뱀 문신이 보이는 베이비시터가 자신을 '아이 돌봄 기업가'라 소개한다 해도 전혀 놀랍지 않은 시대다. 오늘날에는 기업가를 어디에서나 흔히 찾아볼 수 있다. 동네 세탁소 주인도, 프리랜서 디자이너도, 길모퉁이에서 레모네이드를 파는 아이들도 모두가 기업가다. 아, 이제 그 아이들은 우리 스퀘어 덕분에 신용카드도 받는다.

처음부터 그런 것은 아니었다. 19세기 말에 기업가라는 단어가 증기선을 타고 대서양을 건너올 때만 해도, 이 단어는 매우 특별한 유형의 사람을 뜻하는 단어였다. 위험을 감수하고 혁신을 통해 산업을 바꾸는 사람. 이 단어를 널리 퍼뜨린 경제학자 조지프 슘페터(Joseph Schumpeter)는 기업가를 혁신가이자 '길들지 않은 정신(wild spirits)'이라고 표현했다. 문명의 끄트머리로 쫓겨나 지금껏 누구도 해본 적 없는 일을 시도하는 사람이라는 뜻이었다.

그런데 요즘은 사업하는 사람이면 무조건 다 기업가라고 부른다. 모든 여행자를 탐험가라고 칭하는 것과 다르지 않은 꼴이다. 단어의 의미를 두고 문제라고 하는 것이 아니다. 나는 이 책에서 '기업가 정신'을 매우 구체적이고 명확한 의미로 사용하려 한다.

비유를 들어 설명해보자. 때는 2011년 4월 22일, 토네이도가 내가 사는 지역을 강타했다. 주택들의 지붕이 바람에 찢겨 날아갔다. 바람이 뭔지 모르는 사람은 당연히 없겠지만, 그 바람은 우리가 아는 보통의 바람과 다르다. 토네이도는 나란히 들어선 집 두 채를 초토화하더니 상대를 골라가며 때리듯 그 옆의 일곱 채는 놔두고 다시 그 옆의 다섯 채를 부숴버렸다.

바람이라는 단어를 사용하지 않고 토네이도를 설명하기란 거의 불가능하다. 하지만 '바람'이라는 단어를 듣는 순간, 사람들은 태풍에 관해 사실과 다른 여러 가지를 추측하게 된다. 바람은 연속적으로 움직이지만 토네이도는 갑자기 하늘에서 내려온다. 바람은 갑작스레 세지지 않지만 그와 달리 스스로 되감겨 힘이 더욱 세지는 토네이도는 트럭을 지붕으로 던지거나 지붕을 트럭으로 던진다. 지구상에 토네이도가 강타하는 곳은 흔하지 않으니 그것을 제대로 설명하는 표현도 없다. 바람이 그냥 직선으로만 움직이는 곳에 사는 이에게 토네이도를 설명하려면 얼마나 힘들겠는가. 그냥 강한 바람이라고만 설명하면 회오리바람에 실려 하늘에 둥둥 떠 있는 소가 상상되지 않을 텐데.

그렇다. 기존의 비즈니스 용어를 이용하여 기업가 정신을 설명하는 것은 토네이도를 그냥 '강한 바람'이라고 칭하는 것과 똑같다. 기업가도 사업가도 회사를 만들어 운영한다. 하지만 사업은 어디에나 흔한 데 반해 기업가 정신은 회오리바람에 실려 둥둥 떠 있는 소만큼이나 드물다. 기업가 정신을 일반적인 비즈니스 용어들로 이해하려고 하면 안 된다. 그 말들에는 다른 의미가 가득 스며들어 있다.

이 책에서 '기업가'라는 말이 나올 때마다 '반란자'나 '탐험가' 같은 단어를 떠올리기 바란다. 돈이나 상식 이상의 것에 의해 움직이는 사람 말이다. 성공할지 못할지 모르는 일을 시도하는 데서 오는 불안감이 그 단어에서 느껴졌으면 한다. 약간 미친 것 같은 느낌도 받으면 좋겠다. 기업가의 원래 의미를 제대로 이해하려면 그 단어를 '미친 사람'으로 바꾸면 된다. 일반적으로 미쳤다는 말은 칭찬이 아니지만, 슘페터의 시대에도 기업가는 결코 좋은 뜻으로 사용된 말이 아니었다.

완벽한 문제

사실, 그런 의미에서 보자면 기업가는 경영대학원보다 중독자를 위한 12단계 회복 프로그램에서 더 많이 볼 수 있을 것이다. 그들은 중독 문제에서 회복하고자 자신에게 절실하게 필요한 것을 공부하고 평온을 비는 기도[Serenity Prayer, 신학자 라인홀드 니부어(Reinhold Nie Buhr)가 썼다고 알려진 기도문으로, 알코올 중독 치료 모임 등에서 주로 낭송한다 - 옮긴이]를 한다. '신이시여, 바꿀 수 없는 것을 받아들이는 평정을 주옵시고 바꿀 수 있는 것을 바꾸는 용기와 차이를 아는 지혜를 주옵소서⋯⋯.' 이것은 무척 훌륭한 조언이다. 이 논리는 선거에서 연애까지 모든 것에 적용할 수 있다. 정치에 대해서건 온라인 만남에 대해서건 바꿀 수 있는 것에 집중하고 바꿀 수 없는 것은 받아들이는 것이 이치에도 맞다. 이 보편적인 논리를 세상의 모든 문제에 적용하면 아주 멋진 일이 일어난다. 평온을 비는 기도의 관점으로 모든 문제를 바라보면 작은 문제들로 초점이 맞춰진다. 우리에게 해결할 힘과 용기가 있지만 아직 해결되지 않은 문제들, 그것이 바로 완벽한 문제다.

완벽한 문제에는 해결책이 있다. 하지만 이미 존재하는 해결책은 아니다. 세상에는 무수히 많은 문제가 존재한다. 이미 나온 방법으로 해결 가능한 것도 많고 현재 우리의 역량을 넘어서는 것도 있다. 그리고 그 양극 사이에서 새로운 방법을 생각해내면 풀 수 있는 문제도 있다.

완벽한 문제가 꼭 세상에 영향을 주는 거대한 도전일 필요는 없다. 사소하지만 신경 쓰이는 일일 수도 있다. 어떤 문제를 완벽하게 만드는 마법의 재료는 바로 당신이다. 당신이 풀 수 있는 특정한 문제라면 그것이 바로 당신의 완벽한 문제다. 미래 세대가 비슷한 문제에 봉착하면 당신의 해결책을 모방할 것이다.

당신에게도 완벽한 문제가 있을까? 이미 있을 수도, 엄청나게 많을 수도 있다. 하지만 문제를 해결하기 전까지는 그것이 자신의 완벽한 문제임을 알지 못한다. 물론 마주하고 있는 눈앞의 문제가 어떠한 종류의 문제인지 알기는 쉽지 않다. 모방으로 해결할 수는 없을까? 해결책이 없나? 아예 새로운 해결책을 만들어야 할 것인가?

풀 수 있는 문제와 풀 수 없는 문제의 차이를 아는 지혜를 얻고 싶어서 이 책을 집어 들었다면 그냥 덮어라. 이 책은 그런 지혜를 알려주지 않는다. 다행히도 풀 수 없는 문제임을 증명하는 방법은 없다. 풀 수 있는 문제인지 아는 방법은 오로지 직접 풀어보는 것이다. 보통은 비슷한 문제를 이미 푼 사람을 찾아 해결책을 모방하는 것이 현명한 방법이고 똑똑한 일이다. 하지만 세상에는 그렇게 풀 수 없는 문제도 있다. 모방은 새것을 만들지 못하니까.

완벽한 문제의 해결책이 손 닿는 곳에 있다면 어떨까? 새로운 해결책의 성공 여부는 어떻게 알 수 있을까? 미안하지만 그것도 우리는 알 수 없다. 새로운 해결책이 효과적인지는 그 방법이 실제로 먹혔을 때에나 알 수 있다. 전혀 도움 되지 않는 말이겠지만.

성벽 안, 성벽 밖

'차이를 아는 지혜'는 그 지혜를 아무도 모르는 세상에서 거듭된 실패를 통해 얻어진다. 인류가 아는 모든 것을 커다란 동그라미로 묶어보자. 그리고 그대로 둬보자. 나는 그 동그라미가 고대 도시를 둘러싼 성벽처럼 물리적인 경계라고 생각한다.

중세의 에든버러가 그런 도시였다. 도시를 둘러싼 거대한 돌벽은 그 안에 시민들을 가두고 지켜주었다. 성벽 안의 비좁은 골목길을 사이에 두고 빼곡하게 들어선 6층짜리 건물들에는 엄청나게 많은 사람이 살았다. 폭이 1미터도 안 되는 골목길이 하수도 역할을 했는데, 경사가 매우 심했던 탓에 내용물은 퇴적물이 쌓인 노르 록(Nor Loch, 중세 시대에 에든버러 북쪽에 있던 인공호수. 현재는 매몰되었다 – 옮긴이)으로 곧장 흘러갔다. 만약 당신 뒤에 있는 사람이 미끄러진다면 당신도 발목 높이로 쌓인 배설물에 뒤범벅된 채 저 아래 호수로 쭉 미끄러져야 했을 것이다. 사람들이 모여 사는 중심지가 그 지경이라면 성벽 밖은 얼마나 끔찍할지 안 봐도 훤하다. 하지만 도시의 삶이 아무리 열악해도 성 밖의 야생보다는 나았다.

그럼에도 모두가 그렇게 생각하지는 않았다. 도시를 떠나는 사람들도 있었으니까. 그들은 성벽을 돌아보며 '과연 밖에서 살아갈 수 있을까?'라고 생각했을 것이다. 정부가 싫어서 떠났을 수도 있다. 아니면 정부가 그들을 싫어해 추방했든지. 이유야 어쨌든 성벽 안에 안전하게 남은 사람들은 굳이 밖으로 나가는 이들이 미쳤다고 생각했다. 실제로 밖은 정말 위험했다. 벽 너머에는 법이 없었다. 오로지 자연의 법칙뿐. 자연은 어떤 법칙이든 어기면 사형을 구형한다. 자연에서 실패의 대가는 가혹하다.

기업가와 사업가의 차이

성벽 안에 머무르는 사람은 이성적인 사업가다. 익숙한 세계를 떠나는 사람은 기업가이거나 이미 죽은 목숨이다. 내가 열심히 공항으로 모셔다드린 사람들은 사업가였다. 그들은 성공도 하고 존경도 받지만 노래만 부를 뿐 곡을 쓰지 않는 가수나 마찬가지다.

공항으로 모셔다드리겠다는 내 제안을 거절한 남자가 있었는데 그에게는 배운 점이 있는 것 같다. 하지만 내가 만나고 싶었던 사람은 그 자리에 없었던 그의 아내였다. 강연하러 온 사람은 그였지만 회사를 세운 것은 그의 아내였다. 내 전략이 먹히지 않을 이유는 없었다. 그는 곧바로 가봐야 한다는 말을 무대에서 여러 번 한 데다, 나 외에 강연이 끝나고 남은 사람은 그의 사업에는 전혀 관심이 없어 보이지만 무척 아름다운 어느 여성뿐이었으니까.

그래서 그가 내 제안을 거절했을 때에는 무척 놀랐다. 이틀 후, 호텔 콘퍼런스장에서 똑같은 여성과 슬쩍 빠져나가는 그를 보며 나는 더 깜짝 놀랐고, 퍼뜩 깨달았다. 그에게는 차를 태워줄 사람이 있다는 것을.

당시는 1990년이었고, 내가 이미징 소프트웨어 기업을 막 창업했을 때였다. 회사가 성장하면서 나는 강연자들을 따라다니는 일은 그만두고 오직 고객들에게만 정성을 쏟았다. 어쨌든 공항 가는 길에 나눴던 대화들은 아무런 소득도 되지 않았다. 진정한 기업가가 얼마나 드문지 그때는 몰랐다.

나 같은 실수를 반복하지 마라. 적어도 앞으로 열여섯 개의 장을 읽는 동안은, 기업가란 곧 새로운 시도를 하는 사람을 뜻하는 말이라고 생각해주기 바란다. 우리에게 미래를 가져오는 것은 정신 나간 기업가들과 그들의 완벽한 문제다. 그런 사람들을 이 책에서 만나보게 되리라고 약속한다. 가장 먼저 내 친구들부터 소개하고 싶다.

완벽한 문제를 찾아라

아마존을 이긴 스타트업 스퀘어 이야기

한 가지 문제를 풀면 새로운 문제가 생긴다. 해결책을 찾으면 또 새로운 문제가 딸려온다. 문제-해결-문제의 사슬은 둘 중 한 가지 상황이 벌어질 때까지 계속된다. 문제 해결에 실패해 망하거나, 서로 연결되어 있지만 독립적인 혁신들로 모든 문제를 해결하거나. 나는 이 혁신 과정을 '혁신 쌓기 전략'이라고 부른다.

혁신 쌓기 전략은 경영인 캠프에서 참가 기념으로 나눠주는 플리스 재킷처럼 쉽게 얻어지는 것이 아니다. 혁신 쌓기 전략은 의도적인 계획이 아닌, 외부 위협에 대한 일련의 반응이다. 이 위협이 도시를 자발적으로 떠나기로 해서 스스로 초래한 것인지 아니면 쫓겨났기 때문에 발생한 것인지는 중요하지 않다. 지도 없이 여행하는 개척자처럼 혁신은 스스로 만들어가야 한다.

CHAPTER 01

완벽한
문제의 발견

내 첫 소프트웨어 기업 미라(Mira)는 1990년에 문서-이미징 소프트
웨어를 팔기 시작했다. 어도비 애크러뱃(Adobe Acrobat)의 선도격인
상품이었다. 물론 몇 년 후 애크러뱃이 출시되면서 미라는 무참히 깨
졌지만, 다행히 나는 미라를 파멸시킬 어도비의 상품이 공개된 기업
박람회에서 모순을 알아차렸다. 명색이 이미징 산업 분야의 최대 행
사인데, 3만 명이나 되는 참가자들이 종이 없는 사무실을 만드는 방
법에 대한 브로슈어가 담긴 가방을 끌고 다니는 것이 아닌가.

나는 사업 방향을 소프트웨어 제작에서 박람회 인쇄물이 담기는
CD롬을 만드는 것으로 즉각 바꿨다. 웹사이트들이 생겨나기 전에
는 기업 박람회의 공식 CD에 들어가는 것이야말로 1년 내내 소비자
들에게 제품을 파는 최고의 방법이었다. 그런데 그런 서비스를 제

공하는 기업은 우리가 유일했으므로 우리가 만드는 CD가 곧 공식 CD였다.

그때 나는 회사가 너무 빨리 성장해서 정신이 하나도 없었다. 좋은 의미에서가 아니었다. 여러 개의 프로젝트가 동시에 진행되는 탓에 실수가 발생할 위험이 항상 있었는데 급기야 1993년 봄에는 엄청나게 큰 사고를 쳐버렸다. 두 프로젝트의 색인을 혼동하는 바람에 200시간 정도의 작업분이 눈 깜짝할 사이에 날아간 것이다.

2주 동안 매달린 프로젝트 자료가 눈앞에서 날아가버렸다. 나는 팀원들에게 작업을 최대한 서두르고 전세기를 빌리면 이틀을 더 벌 수 있다고 희망과 절망을 함께 전했다. 이론적으로는 회복 가능한 상황이었다. 임시직원을 잔뜩 고용해 한숨도 재우지 않고 일을 시킨다면 말이다. 우리는 아는 사람에게 모조리 전화를 돌리기 시작했고 동료 존 슈라이브먼은 서둘러 우리의 마약을 파는 가게로 갔다.

아이들이 가장 즐기는 간식이 땅콩에서 리탈린(ritalin, ADHD 치료에 사용되는 중추신경자극제 계열의 약. 미국에서 청소년 및 대학생들이 각성과 집중을 위해 복용하며 사회적 문제가 되었다 – 옮긴이)으로 바뀌기 전까지 우리가 밤샘 작업 때 가장 애용한 것은 초콜릿이 코팅된 커피콩이었다. 동네 카페 주인 마샤 도시가 그 초콜릿 각성제를 공급해줬다. 친절하고 유쾌한 성격의 마샤는 우리가 왜 그것을 대량으로 사가는지 무척 궁금해했다. 카페에 들른 존은 마샤에게 우리가 무슨 일을 하는 회사고 최근에 어떤 실수를 저질렀는지 이야기해줬다. 컴퓨

터로 일하는 회사라는 것도. "우리 아들도 컴퓨터 좋아하는데." 마샤
가 혼잣말을 하자 존이 주저하지 않고 물었다. "아드님한테 혹시 하
루에 50달러 벌 생각 없는지 물어봐주실래요?"

천재 고등학생 잭 도시

  그날 오후에 마샤의 아들이 찾아왔다. 나는 거대한 모니터 앞에 허
리를 굽히고 서서 데이터베이스 오류가 또 발생하는 일이 없도록 애
쓰는 중이었다. 카페에서 일하던 어떤 소년이 도와주러 올 것이라는
존의 말도 거의 잊고 있었다. 존이 그 신입사원을 데리고 들어왔고
그가 내 어깨를 두드렸다.
  "안녕하세요. 잭입니다."
  "안녕, 난 짐이야. 이것 좀 고쳐야 하는데 잠깐 기다려줄래?"
  다시 모니터로 고개를 돌린 나는 잭이 거기 서 있다는 사실을 곧바
로 잊어버렸다. 내가 몇 분 동안이나 그를 멀뚱히 세워두었는지에 대
해서는 우리 둘의 주장이 다르다. 한 명은 10분이었다고 하고 다른
한 명은 40분이었다고 하니까. 하지만 마침내 문제를 해결하고 뒤돌
아보니 잭이 똑같은 자리에 서 있었다는 것만은 분명히 기억난다.
  죄책감이 밀려왔다. 도와주러 온 사람에게 너무도 무례한 처사가
아닌가. 하지만 고맙게도 잭은 기분이 상하지 않은 듯했다. 스캐너를

사용할 줄 아느냐는 내 질문에 잭은 안다고 했다. 우리는 산더미 같은 종이 더미의 무게에 무너지지 않도록 단면 5×10센티미터의 나무판으로 받쳐놓은 갈색 접이식 책상에 의자를 놓아주었다. 스타트업의 세계에 온 걸 환영한다, 꼬마야.

첫날, 잭은 우리와 함께 밤을 샜다. 새벽 5시경에야 집에 보냈으니 마샤가 반길 리 없었다. 그래도 긍정적으로 생각하자면, 그렇게 첫날부터 야근한 덕분에 잭은 자연스럽게 우리 팀원이 되었다.

고등학교 3학년 여름방학 때 잭은 풀타임으로 일했다. 나는 잭이 독특한 방식으로 일한다는 것을 알아차렸다. 잭은 정말 굉장했고, 어떤 프로젝트를 맡기든 훌륭하게 해냈다. 잭의 책상 주변을 어슬렁거리다가 그가 재미 삼아 디자인한 회사 로고를 봤는데 너무 훌륭해서 로고를 그걸로 바꿨다. 잭은 프로그래밍도 좋아해서 소프트웨어 프로젝트도 몇 가지 맡겼다. 수줍음은 많지만 두뇌가 명석한 그를 두고 나는 절반은 놀리는 투, 절반은 칭찬의 의미로 '천재 잭'이라고 부르기 시작했다.

잭이 워낙 유능했기에 이듬해 여름에는 더 큰 일을 맡겼다. 미라의 주요 사업은 박람회 상품 인쇄물을 스캔해 CD롬에 집어넣는 것이었는데, 기업 웹사이트의 급성장으로 한두 해 안에 우리 상품이 쓸모없어질 것이 분명해 보였다. 변화가 필요하다는 데는 직원들 모두가 동의했지만 실제로 새로운 시도를 보여주는 사람은 없었다. 말은 예스(yes)였지만 행동은 노(no)였던 것이다.

실제로 내 말을 귀담아듣는 유일한 사람은 열여섯 살짜리 인턴 잭이었다. 내가 직원들을 제대로 관리하지 못한다는 것은 분명했지만 잭과의 작업은 아무런 문제가 없어 보였다. 그래서 나는 사람들에게 알리지 않은 채 미라와 관련 없는 별도의 신제품을 잭과 만들어보기로 했다. 공식적인 발표는 없었고, 그저 내가 모든 직원에게 바랐던 일을 잭과 시작한 것뿐이었다. 그 커다란 프로젝트에 대해 자세한 설명을 듣고 난 잭은 걱정이 앞서는 것 같았다.

"짐, 아무래도 여름방학 동안에 다 끝내기는 어려울 것 같아요."

"아, 너더러 다 하라는 게 아니야. 넌 프로젝트팀을 이끌어주면 돼. 이미지랑 그래픽을 담당할 사람들은 따로 뽑을 거야." 그리하여 아직 고등학생이었던 잭 도시는 관리자가 되었다.

나는 잭으로부터 업무 지시를 받을 부하직원을 세 명 채용했다. 상사가 아직 투표권도 없는 10대라는 사실은 알리지 않았다. 처음 출근한 세 사람에게 업무를 자세히 설명해줄 때 잭은 뒤쪽에서 기다렸다. 나는 신입사원들에게 우리 회사에서 가장 훌륭한 인재 밑에서 일하게 될 텐데 곧 만나게 될 것이라고 말했다. 조용한 사람이지만 신중함을 우유부단함과 착각하지 말라고도 하면서. 신입사원 하나가 손을 들고 물었다. "제 직함은 뭐죠?"

미라에는 직함이 없었다. 사람들은 직함을 중요시한다. 잠시 망설이다 대답했다. "자네 직함은 '여름 인턴의 조수'야. 아 참, 자네 보스는 열여섯 살이고." 그 사원은 한 달 뒤 내게 오더니 잭이 왜 책임자를 맡고 있는지 알겠다고 했다.

프로젝트는 성공이었다. 이 글을 쓰고 있는 지금도 미라는 25년 전과 마찬가지로 아직도 운영 중이다. 그해 여름이 끝나고 잭은 멀리 떨어진 대학에 입학했지만 우리는 계속 연락을 주고받았고 그가 세인트루이스의 본가로 돌아오면 함께 만나고는 했다. 어느 날 세인트루이스의 센트럴 웨스트엔드 주택가에서 만나 이야기하다, 잭이 6년 후에 나올 트위터(Twitter) 아이디어를 꺼냈다.

잭의 인생에서 나는 두 번째 상사였다. 그리고 16년 후, 그는 내 첫 번째 상사가 되었다.

결제 산업에 뛰어들다

내가 사는 도시에는 공정하게 바로잡아야 할 문제가 많다. 불평등 문제는 나에게 큰 동기를 부여한다. 2008년에 세인트루이스 시청은 내 유리공예 작업실 근처의 중앙분리대를 파헤친 일이 있다. 그 아래에는 예전의 전차선로가 파묻혀 있었다. 당시 세인트루이스는 미국에서 가장 인종 구분이 심한 도시 5위였는데, 그 이유 중 하나는 한때 모두를 연결해준 전차 시스템을 1950년대에 제거했다는 것이었다. 전차선로를 보자마자 14년 전에 잭과 전차에 대해 나눈 대화가 떠올랐다. 잭은 자동차 산업이 도시의 분리에 일조하고 전차를 사라지게 했다는 사실을 마음에 들어 하지 않았으며, 절대로 차를 사지 않겠노라고 맹세했었다.

전기 자동차를 만들 계획을 세우고 있던 나는 잭에게 좋은 아이디어가 있을지도 모른다는 생각에 마샤로부터 그의 전화번호를 얻었다. 서른 살에도 여전히 차가 없었던 잭은 미국의 주요 대도시 가운데 유일하게 대중교통을 없애지 않은 샌프란시스코에 살고 있었다. 그는 이제 트위터의 경영자이기도 했다. 몇 차례 이메일을 주고받은 우리는 크리스마스 즈음에 세인트루이스에서 만나기로 약속했다.

그해 겨울에 만났을 때 잭은 얼마 전 트위터에서 쫓겨났다는 끔찍한 이야기를 전했다. 제삼자인 내가 자세한 이야기를 옮길 수는 없지만 마치 남동생이 어디에서 맞고 온 것처럼 화가 치밀었다. 오히려 잭보다 내가 더 화난 것 같았다. 샌프란시스코로 이사 가서 몇몇 사람에게 복수해주겠다고 진지하게 제안했으니까. 멋지게도 잭은 그 열정을 좀 더 긍정적인 곳에 쏟아 창업을 하자고 했다.

당시 나는 테크놀로지 분야에서 거의 발을 빼고 세인트루이스에서 유리공예가로 수업과 작품 활동을 하며 지내고 있었다. 유리공예는 대학 때 시작했다. 전문 예술가가 될 생각까지는 없었지만 미라 초창기만 해도 내 거의 모든 수입은 유리공예 작품을 판매하는 데서 나왔다. 잭과 작업실에서 만나 창업에 대해 이야기했다. 우리가 만들 회사가 소셜 네트워킹과는 상관없고 휴대전화와 관련이 있다는 정도만 정해진 상태였다.

잭과의 작업은 항상 좋았다. 나는 복수에 쓸 바람총을 내려놓고 샌프란시스코에서 그와 함께 열흘 동안 아이디어를 모았다. 그 열흘 동안 우리 둘을 흥분시킬 만한 아이디어를 찾지는 못했지만 다시 함께 일하게 되어 즐거웠다. 게다가 이미 첫 번째 직원까지 뽑았고 그가 출근하기까지는 일주일도 남지 않았으니 뭔가 일거리를 만들어야만 했다. 시작이나 해야겠다는 의미로 우리는 일기 기록 앱 같은 것을 만들기로 했고, 나는 서부로 이사할 준비를 하러 세인트루이스로 돌아갔다.

이틀 후 세인트루이스의 유리공예 작업실에 있을 때 한 여성에게서 전화가 왔다. 새집의 욕실에 설치할 유리 수전(水栓)을 사고 싶다는 것이었다. 그녀가 원하는 것은 오렌지색과 노란색이 들어간 이중 꼬임 유리 수전이었다. 노란색과 붉은색 유리를 만드는 화학물질은 매우 불안정해서 아름다운 색조가 나오는데 바로 그 손님이 원하는 색깔이 나올 때도 있었다. 나는 내 작품, 특히 못난 작품을 팔 때마다 기분이 좋다. 그녀가 구매를 원하는 작품은 바로 몇 년간 선반 위 신세를 면하지 못하고 있던 것이었다. 그런데 마침내 팔리게 되었으니 돈도 벌고 재고도 처분하고 일거양득이었다. 마치 누가 재활용 제품을 돈 내고 가져가겠다고 하는 상황처럼 말이다.

그런데 고객이 아메리칸 익스프레스 카드로 결제하겠다고 했다. 내 작업실에서 결제 가능한 카드는 마스터카드와 비자카드뿐이었다. 그녀가 갖고 있는 비자카드는 남편의 것이었는데, 역시나 나와 비슷한 미적 감각의 소유자였던 그녀 남편은 그 유리 수전을 못난이라고 여겼다. 결국 난 손님을 놓쳐버렸고, 재고 처분에 들떠 있다가 풀이 죽었다.

신용카드 결제 때문에 답답한 일을 겪은 것이 한두 번이 아니었다. 비싼 카드 단말기, 외계어처럼 이해하기 어려운 약정, 무작위인 것처럼 보이는 수수료 등. 신용카드 결제가 너무 복잡해서 영세 사업자들이 현금만 받는 것도 이해되었다.

재고 처분 기회가 날아간 것을 못내 아쉬워하면서 손에 든 아이폰을 쳐다보았다. 나는 엔지니어라 그런지 기계에 대한 이상한 태도가 있다. 나는 기계가 작동하기를 기대한다. 내가 원하는 모든 것을 해주기를 기대한다. 내 아이폰은 책, TV, 지도, 카메라, 사진 앨범, 주크박스 등 내가 원하는 모든 것으로 변하는 마법의 기기였다. 아이폰으로 신용카드도 결제하면 되지 않을까?

잭에게 전화해 내가 처한 문제를 설명하면서 이 문제에 집중하는 기업을 만들자고 말했다. 이미 이 일을 하고 있는 사람들이 있는지 알 수 없었지만 해보고 싶었다. 이야기를 들은 잭도 찬성했다. 그렇게 나는 전혀 알지도 못하는 결제 산업의 세계로 뛰어들었다.

이상한 수익구조

신용카드에 대해, 돈이 움직이는 방식에 대해 알게 될수록 믿기 어려울 정도로 복잡한 세계가 펼쳐졌다. 우리가 스퀘어를 처음 창업했을 당시 신용카드 시스템이 얼마나 복잡하고 불공정했는지에 대해서 수백 개도 넘는 사례를 당장 댈 수 있다. 당신의 지갑 속에 있는 카드가 어떻게 300개가 넘는 종류의 카드 중 하나인지 설명해줄 수 있다. 각 카드는 이자율과 법칙이 제각각이다. 하지만 신용카드 시스템이 얼마나 복잡한지 구구절절 늘어놓는 것은 무책임한 행동일 것이다. 신용거래 과정은 설명을 한 문단만 들어도 자다가 경기를 일으킬 정도로 지루하기 짝이 없는 주제니까. 게다가 이 책을 오디오로 듣는 사람이라면 쏟아지는 졸음을 참지 못하고 도로의 중앙분리대를 넘어 교통사고를 일으킬지도 모른다. 그래서 다르게 설명할 방법을 찾았다. 간단하니까 걱정하지 마라. 어느 신용카드 회사의 서식에 들어간 단 한 줄을 소개하겠다. 다음 그림은 내가 팩스로 받은 것으로, 스퀘어의 첫 시제품 리더기를 시험할 때 사용한 카드 가맹점 계정을 닫기 위해 작성해야 했던 서식이다.

철회 사유 여섯 번째 항목을 잘 보시길. 부실고지(misrepresentation)라고 되어 있다. 좀 더 쉬운 동의어는 없을까? 부실고지는 한마디로 '거짓말'이라는 단어가 법정에 출두하려고 한껏 차려입은 것이다. 자, 이제 질문을 해보자. 어떤 산업이 도대체 얼마나 못 돼먹었으면 서류

신용카드 결제 가맹점 약정 철회 신청서

● 가맹점:＿＿＿＿＿＿＿＿＿＿＿＿＿＿＿＿＿＿＿

● 가맹 번호:＿＿＿＿＿＿＿＿＿＿＿＿＿＿＿＿＿＿

● 철회 사유
□ 계약조항 잘못 이해
□ 신용카드 결제 서비스가 필요하지 않음
□ 폐업
□ 사업체 소유권 이전
□ 결제업체 변경
□ 부실고지
□ 내역서가 마음에 들지 않음
□ 너무 높은 수수료
□ 기대 이하의 결제 시스템 서비스
□ 기대 이하의 직원 서비스

의 선택 사항에 거짓말이라는 단어가 보편적으로 들어가는 걸까?

2009년에 신용카드의 세계에서는 혼란과 부실고지가 너무 흔해서 월마트(Walmart)의 대금 지급 부서를 이끄는 책임자마저도* 거래 비용을 제대로 모를 정도였다. 코딱지만 한 내 유리공예 작업실의 카드 가맹점 계약서만 해도 서체 크기 6의 빼곡한 글씨로 42장에 이르렀다. 아멕스(아메리칸 익스프레스) 카드는 받지도 않았는데 말이다. 계약서 조항을 자세히 살펴보지 못하도록 일부러 헷갈리게 만든 것처럼 보일 정도였다. 결코 우연이 아니었다. 복잡함이 범죄를 가리고

---

* 월마트의 결제 부서를 이끌었던 마이크 쿡(Mike Cook)은 나에게 처음 신용카드 결제 시장의 진실을 설명해준 사람이었다. 끔찍했다.

있음을 나는 곧 알게 되었다.

복잡함에 두 손 두 발 들고 연방정부 부서에서 일하는 법의학 회계사(forensic accountant) 친구에게 연락했다. 정부 소속에다 재무제표 감사를 하는 회계사라니. 지루함의 쓰리 콤보처럼 느껴지지 않는가? 실은 오히려 그 반대다. 법의학 회계사는 범죄자, 기업, 범죄자 기업에 대한 백과사전급 지식을 갖춘 현대의 디지털 탐정이다. 알 카포네를 급습한 것도 법의학 회계사들이었다는 것을 알면 친구가 감사를 나갈 때 가장 먼저 챙기는 물건이 총이라는 사실도 별로 놀랍지 않을 것이다.

사실 총은 그냥 보여주기 위한 용도일 뿐이다. 친구가 누군가를 조사할 때 원하는 것은 데이터다. 재무 기록이 친구의 손에 들어가면, 피고 측 변호사가 자신의 의뢰인이 얼마나 정직한 시민인지를 주장하는 날이 오는 것은 시간문제다.

신용카드 산업에 대해 물으니 친구의 조언은 간단하고도 직접적이었다. "상대의 말을 반만 믿고 항상 돈을 따라가라." 총구를 들이대고 말하지는 않았지만 그렇더라도 정말 훌륭한 조언인 것 같았다.

돈을 따라가라. 나는 신용카드 거래와 돈의 종착역이 어디인지 알아보기 시작했다. 이번에는 연방정부 공무원 친구가 아니라 연방준비제도의 도움을 받았다. 필라델피아 연방준비은행(Federal Reserve Bank of Philadelphia)의 재미없는 보고서 23쪽에서 돈을 발견했다.

몇 분이나 걸려 그게 무엇인지 겨우 알 수 있었는데 뭔가 단단히 잘

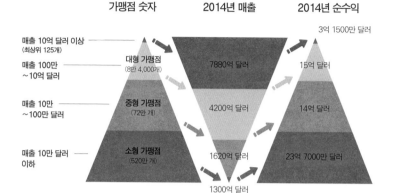

출처: Nilson Report, First Annapolis Consulting

못되어 있었다. 왼쪽 피라미드는 신용카드를 받는 가맹점들을 규모에 따라 나눈 것이고, 가운데의 역피라미드는 가맹점이 신용카드로 처리하는 금액이다. 오른쪽 피라미드는 순수익, 즉 신용카드 산업이 올리는 이익을 나타낸다. 이 피라미드의 수수께끼를 풀 수 있겠는가?

몇 가지 비율이 범죄 현장을 훤히 드러내준다. 신용카드 회사들은 대형 가맹점에서 결제되는 1달러당 0.04센트를 벌었다(3억 달러 나누기 7880억 달러) 그에 반해 그들이 소형 가맹점에서 얻는 이익은 1달러당 1.8센트다(24억 달러 나누기 1300억 달러). 작은 기업에서 얻는 수익률이 10억 달러 규모의 대기업에서 얻는 수익률보다 45배나 높았던 것이다. 계산을 세 번이나 다시 해봤다. 영세기업이 대기업보다

45배나 높은 수수료를 내다니. 우리가 발견한 커다란 문제는 창업을 할 좋은 이유가 되었다.

스퀘어에서 '피라미드'라고 불리게 된 이 도표는 창업 6개월 후에 열린 투자설명회의 대미를 장식했다. 우리는 경범죄, 자백, 중범죄라는 세 가지 요소를 이용해 1차 가치평가 신기록을 세웠다.

경범죄, 자백, 중범죄

경범죄

잭과 나는 벤처 캐피털리스트들의 돈을 빼앗으며 프레젠테이션을 시작했다. 먼저 현재의 신용카드 생태계가 얼마나 엉망이고 더러운 지를 짧게 소개하고 그 자리에 모인 잠재적 투자자들에게 신용카드를 꺼내보라고 했다. 약간 조잡하지만 정상적으로 작동되는 리더기를 잭의 아이폰 이어폰 단자에 연결한 뒤 그들의 카드를 긁어 결제했다. 그것만으로도 우리는 열 가지도 넘는 조항을 어긴 셈이었다. 우리는 해당 투자자에 대한 호감도에 따라 그 사람의 카드로 1달러에서부터 40달러에 이르기까지 다양한 금액을 그 자리에서 결제했다. 다들 그런 리더기는 처음 봤고, 리더기가 실제로 작동한다는 것을 믿지 못하는 사람도 있었다. 하지만 그 카드 리더기는 진짜였다.

자백

이렇게 예상치 못한 방법으로 잠재적 투자자들의 돈을 빼앗아 관심을 사로잡은 다음에는 '스퀘어가 실패할 수밖에 없는 140가지 이유'라고 적힌 슬라이드를 띄웠다. 슬라이드에는 사기와 은행 규제처럼 예측 가능한 위협부터 로봇의 등장 같은 괴상한 가능성까지 우리가 상상할 수 있는 치명적인 문제가 전부 들어 있었다. 이 '140가지 이유'는 웃음을 유발했지만 진지한 메시지를 담고 있었다.

'140가지 이유' 슬라이드는 벤처 캐피털리스트들과의 미팅에서 기적 같은 효과를 발휘했다. 투자설명회에 등장하는 그래프들은 대부분 위로 올라갔다가 오른쪽으로 움직이는 것이 전부다. 새로 창업한 회사가 망할 수 있는 수백 가지의 이유를 솔직하게 짚어주는 것은 전례 없는 일이었다. 하지만 이는 투자자들에게 우리가 모든 가능성을 철저하게 고려했고 잠재적인 문제나 로봇으로 가득한 미래도 두려워하지 않는다는 인상을 심어주었다. 이상하게 미팅의 분위기에도 긍정적인 영향을 미쳤고 말이다.

보통, 창업가들이 사업 아이디어를 설명하면 투자자들은 문제점을 찾아내려 한다. 하지만 우리는 잠재적인 문제를 모조리 제시함으로써 투자설명회에서 일반적인 '공격과 방어' 분위기를 바꿨다. 140가지 이유를 전부 짚어주자 투자자들은 기꺼이 우리를 따라오려 했고, 우리는 그들을 고대 이집트 도시 기자(Giza)의 범죄 현장으로 안내했다.

중범죄

설명회의 마지막 부분은 피라미드가 장식했다. 우리는 필라델피아 연방준비은행의 그래프를 좀 더 예쁘게 만들었다. 물론 데이터는 그대로였다. IT 스타트업의 투자설명회 대부분에서는 수학적 모델, 판매 예측, 그 밖의 자료들로 그득한 그림들이 판치지만 우리의 설명회에는 놀라울 정도로 수학적 요소가 적었다. 실제로 우리가 제시한 유일한 시장 데이터는 피라미드에 나타난 숫자가 전부였지만, 우리는 그 45 대 1이라는 비율을 이용해 시장의 가장 낮은 부문을 공략하는 것이 합리적임을 보여주었다. 신용카드 회사들로부터 억울한 취급을 당하고 있는 커다란 집단이 잠재적 고객이 될 수 있음을 보여준 것이다. 프레젠테이션의 초점은 520만 명의 영세사업자들이 절실하게 도움을 필요로 한다는 것, 그리고 그들을 도와줄 완벽한 기업은 스퀘어라는 사실을 강조하는 데 맞춰졌다.

샌드힐 로드(Sand Hill Road, 캘리포니아 실리콘밸리의 간선도로로 근처에 벤처 캐피털 기업이 몰려 있는 것으로 유명함 - 옮긴이)에 있는 최고 벤처 캐피털 기업의 매니징 파트너는 그렇게 훌륭한 투자설명회는 본 적이 없다고 말했다. 치열한 경매 전쟁이 일어났고 우리는 가치평가 신기록을 달성했다.

벤처 캐피털리스트들에게 말하지 않은 것

하지만 스퀘어의 사업 모델과 미래 비전을 설명하면서 우리가 전적으로 솔직했던 것은 아니었다. 사실 영세상인들의 사업을 포착하는 것은 우리의 초점이 아니었으니까. 그 피라미드에는 뭔가 중요한 것, 내 친구 밥이 빠져 있었다.

밥을 알고 지낸 지는 20년이 넘었다. 우리는 중서부의 여러 유리공예 작업실에서 함께 작업한 사이였다. 모순적인 형용사가 너무도 많이 따라붙는 사람인지라 밥이 어떤 인물인지 정확하게 설명하기는 어렵다. 그래서 여기에서는 그의 자동차, 1992년식 고물 쉐보레 코르시카(Corsica)에 대한 이야기만 하려고 한다.

1992년식 코르시카는 공장에서 출고되자마자 미국 자동차 산업의 망신이었고, 10년도 채 지나지 않아 미 중서부의 도로를 달리는 재앙덩어리로 변신했다. 주요 시스템이 죄다 문제였다. 모든 부품이 강제 노역이라도 하듯 마지못해 굴러갔고, 가끔 탈출을 꾀하는 부품도 있었다. 밥의 경우에는 후드 래치(자동차 보닛이 열리지 않게 걸어주는 잠금쇠 – 옮긴이)가 그랬다. 굴욕스러운 노예 상태를 참지 못하고 미주리의 울퉁불퉁한 도로 갓길에서 탈출해버린 것이다. 그 후에는 밥이 앞바퀴의 휠 웰(차 본체에서 바퀴를 감싸고 있는 공간. 휠하우스라고도 한다 – 옮긴이)에 걸쳐놓은 노란색 번지 코드(탄성이 있는 재료로 중심부를 구성하고 그 위를 면이나 폴리에스터 섬유로 덮어씌운 줄. 번지점프 등을

할 때 쓴다-옮긴이)가 그 역할을 대신했다. 번지 코드는 최선을 다했지만 세상에 영원한 번지 코드는 없다.

2007년 3월 16일 비 내리는 저녁, 밥이 내 작업실로 오기 위해 미시시피강을 지날 때 마침내 노란색 번지 코드가 끊어졌다. 그 찰나의 순간에 여러 가지 일이 동시에 일어났다. 첫째, 바람이 후드 아래를 덮쳤다. 둘째, 그 순간 발생한 수직상승 기류에 후드가 튕겨 올라가 접히면서 앞 유리를 완전히 가려버렸다. 그러자 마지막으로 길이 사라졌다. 밥은 앞이 보이지 않는 상태에서 운전했다. 대부분은 차를 세울 테지만 밥은 그러지 않았다. 대신 차에 강아지를 태워본 사람이라면 알 수 있는 바로 그 자세로 창문 밖을 향해 빼꼼 얼굴을 내밀고 발로는 계속 액셀을 밟았다. 하지만 그날은 비가 내렸고, 굵은 빗방울이 얼굴을 때리는 탓에 밥은 여전히 달리는 중인 차 안으로 고개를 다시 집어넣을 수밖에 없었다. 제너럴모터스도 하늘도 모두 그에게 차를 세우라는 신호를 보냈다. 하지만 그는 계속 밟았다.

빗속에서 밥은 계기판과 후드 아래쪽 사이 10센티미터 정도의 틈으로 앞을 보며 30킬로미터 가량을 달렸다. 실제로 전혀 개의치 않았는지 어떤지 모르겠지만 어쨌든 작업실에 도착했을 때 그는 아무런 기색도 보이지 않았다. 그날 밤 그가 아무렇지도 않게 펜치를 빌려달라고 했을 때에야 나는 그 일에 대한 얘기를 들었다.

밥이란 인물에 대해 당신은 무엇을 알아냈는가? 적어도 절대로 멈추지 않는 사람임은 알 수 있다. 갑자기 길이 사라져도 계속 달리는 사람. 밥의 끈기는 정말 대단하다. 총에 맞으면 멈출까? 벌써 시도한 사람이 있지만 밥은 멈추지 않았다.

초인에 가까운 끈기를 지녔다는 점 외에 밥에 대해 꼭 알아야 할 것은 그가 훌륭한 유리공예가라는 사실이다. 훌륭한 유리공예가는 돈을 많이 벌 수 있다. 나 역시 유리공예에서 번 돈으로 첫 IT 기업을 창업했으니까. 게다가 밥은 나보다 실력이 더 뛰어나다. 이런 사실은 밥과 그의 자동차에 대한 마지막 중요 사항을 알려준다. 뛰어난 실력과 불굴의 의지의 소유자였음에도, 내 친구 밥은 가끔 1992년식 쉐보레 코르시카에서 살아야 했다.

돈 잘 버는 기술에 강한 끈기까지 갖춘 사람이 도대체 왜 자동차에서 생활해야 할 정도로 돈이 없었을까? 나는 두 해에 걸쳐서야 그 답을 알 수 있었다(그 답은 예술가들의 공통점에 있었다. 예술가는 필요로 하는 사람이 없는 물건을 판다).

사실 피라미드는 두 가지 범죄를 보여주었다. 눈에 보이는 범죄는 미치도록 불공평한 시스템이었고, 눈에 보이지는 않지만 더 큰 범죄는 수백만 영세사업자들은 애초에 그 피라미드에 들어갈 수도 없다는 것이었다. 밥은 아예 카드결제 시장에서 배제되어 있었다! 사람들이 물건을 살 때 가장 많이 사용하는 결제 수단을 받지도 못하는데 밥에게 무슨 기회가 있을까? 작품을 팔지 못하면 코르시카의 뒷좌석에 이불과 곰 인형을 둬야 하는데.

투자자들에게 사업 설명을 하던 날 내 노트북에는, 후드가 앞 유리

쪽으로 접히고 앞쪽 휠 웰에서 노란색 번지 코드가 달랑거리는 고물 코르시카 사진이 있었다. 하지만 그 어떤 투자자에게도 보여주지 않았다. 투자자들은 확실한 수치를 좋아한다. 남의 돈 수백만 달러를 받으려는 것이니 당연히 그들에게는 확실한 데이터를 보여줘야 한다. 아무리 실리콘밸리일지라도 매우 긍정적인 예측에만 의존하는 투자설명회는 퇴짜를 맞는다. 그래서 우리는 확실한 사실에 대해 이야기했다. 45 대 1의 비율과 520만 명의 영세사업자들에 대해.

잭과 내 머릿속에 있었던 것은 이 그림에 더 가까웠지만 이 그림은 슬라이드에 넣지도 않았다. 벤처 캐피털리스트의 목적은 탐험이 아니다. 확장이다. 내가 아는 벤처 캐피털리스트의 절반은 샌드힐 로드에

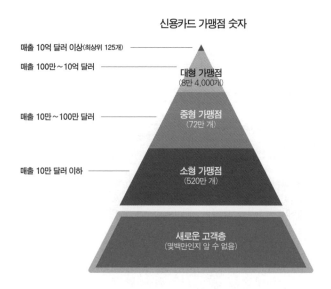

신용카드 가맹점 숫자

매출 10억 달러 이상(최상위 125개) ——— ▲

매출 100만~10억 달러 ——— 대형 가맹점
(8만 4,000개)

매출 10만~100만 달러 ——— 중형 가맹점
(72만 개)

매출 10만 달러 이하 ——— 소형 가맹점
(520만 개)

새로운 고객층
(몇백만인지 알 수 없음)

서 30분 떨어진 곳으로도 모험을 떠나지 않을 것이다. 투자자들의 이동 거리를 줄이려고 아예 캘리포니아로 이사한 기업이 내가 알기로만 열 군데가 넘는다.

벤처 캐피털은 특정 공식에 들어맞는 기업에만 자금을 투자하고, 우리는 그 공식에 완벽하게 들어맞았다. 괜히 불확실한 이야기를 해서 기회를 날리지만 않는다면 말이다. 미지의 영역으로 떠나는 탐험대에 자금을 투자하는 데는 모험적인 투자자가 필요할 것이다. 하지만 그런 투자자들은 유니콘이 수호하는 마법의 궁전에 산다. 알다시피 유니콘은 멸종했고.

우리는 밥에게도 이 내용을 말하지 않았다. 가택연금 기간에조차 그의 소재를 파악하기가 어려울 때가 있지만 그게 이유는 아니었고, 꼭 그를 찾아 카드사에 가입하지 못해 좌절한 사업자들을 대표하는 명예위원으로 위촉할 필요는 없었기 때문이다. 나 자신부터가 그 그룹에 속했고 밥은 우리의 대표적 본보기였다. 신용불량 때문이든, 기술에 대한 두려움 때문이든, 집이 없어서든, 먹고 사느라 바빠서 작은 글씨로 빡빡하게 채워진 42장짜리 계약서를 읽을 시간이 없어서든, 그 어떤 이유가 그들을 배제하든 간에 잭과 나는 문제를 바로잡을 터였다. 기존의 시스템에서 배제당하는 사업자들로 이루어진 그 미지의 세계를 공정하게 바로잡고 싶었다.

우리는 거대한 마지막 칸을 새로 만들어 피라미드에 집어넣을 참이었다.

CHAPTER 02

성공과 실패의
갈림길

피라미드에서 가장 내 흥미를 끈 것은 범죄의 엄청난 규모가 아니라 그 규모가 왜 좀 더 거대하지 않은가였다. 대기업들보다 영세한 사업체들이 더 수익성이 좋은데 왜 그 작은 희생양들을 더 많이 포함하도록 시장이 커지지 않았을까? 어떤 이유에서인지 피라미드는 그냥 확장을 멈춰버렸다. 내가 아멕스 카드 거래 건을 놓친, 또 밥이 오직 현금으로만 물건을 팔 수 있는 이유가 무엇인지 알 수 없었다. 잭과 나는 시장이 멈춘 지점에 답이 있으리라고 생각했다. 바로 거기가 우리의 출발점이 되었다.

시장의 경계선

어떤 시장이든 끝부분이 가장 흥미롭다. 왜 시장은 그 지점에서 멈춘 것일까? 여건이 된다면 상품을 구매할 소비자들이 많겠지만 그들은 구매하지 않는다. 이윤을 낼 수 있다면 그 소비자들에게 상품을 팔려는 기업들도 많을 것이고 말이다. 하지만 시장은 어느 지점에선가 그냥 끝나버린다. 그리고 그 지점은 기업가 정신이 시작되는 곳이기도 하다.

시장의 끝은 누구도 건널 수 없는 경계, 참여하는 이와 배제된 이를 구분하는 선이다. 그 지점을 넘어가면 경쟁이 벌어지지 않는 매우 이상한 지대가 자리한다. 끝부분을 제외한 시장의 모든 곳에서는 치열한 경쟁이 벌어진다. 한 기업이 떠나고 조금이라도 틈새가 생기면 금세 다른 기업이 그 자리를 차지한다. 하지만 시장의 가장 구석진 자리를 지나면 가격이 너무 낮아서 경쟁이 벌어지지 않는다. 뒷마당이 800킬로미터에 이르는 사막에서는 울타리가 필요하지 않으니까. 만약 당신이 새 차를 대당 천 달러에 팔기로 결정한다면, 어떤 기업도 당신과 가격으로 경쟁하지 않을 것이다. 그래도 다른 기업들은 당신을 공격할 방법을 찾으려 하겠지만.

반면, 시장 위쪽에 자리한 기업들은 맨 아래쪽에서 사업을 하려 들지 않는다. "우리는 가격으로 경쟁하지 않는다." 또는 "우리는 고급 고객층을 상대한다." 같은 표현을 들어본 적이 있을 텐데, 이는 사실

"우리 제품은 값만 비싸고 효율적이지 못하다."란 뜻이다.

시장의 아래쪽보다는 위쪽에 있는 편이 더 쉽다. 만약 당신이 핸드백 사업을 한다면 하나에 만 달러짜리 제품을 팔겠는가, 아니면 1달러짜리 제품을 만 개 팔겠는가? 1달러짜리 핸드백이라면 핸드백 죔쇠를 도금하는 데 드는 5센트가 기업의 생존을 좌우한다. 시장의 맨 아래에서는 브랜드를 상관하지 않는다. 가격에 프리미엄이 붙는 일도 없다. 순수하게 시장의 힘으로 돌아가는 곳이다. 그곳에서는 누구나 자유롭게 경쟁할 수 있지만 시도하는 사람 자체가 적다.

시장의 끝부분은 제품 및 서비스의 생산에 드는 비용과 사람들이 기꺼이 치르는 가격의 교착 상태를 나타낸다. 스퀘어가 진출하려는 신용카드 결제 사업의 경우, 그 경계선은 연간 매출 1만 달러로 정해져 있었다. 이 금액보다 매출이 적은 상인은 신용카드 결제 시스템을 이용할 수 없었다.

시장의 중간이나 맨 위로 들어가려고 하면 이미 그곳에 자리한 강력한 기업들이 훼방을 놓으려 할 것이다. 하지만 시장의 맨 아래쪽에는 수비대 없는 경계선이 존재한다. 수비대가 없는 이유는 현재 시장의 법칙과 관행이 만드는 가상의 울타리가 있기 때문이다. 다들 아는 업계 수준보다 낮은 가격으로 상품을 제공하려는 바보가 어디 있겠는가?

잭과 내가 바로 그 바보들이었다. 우리는 완벽한 문제를 찾았고, 좀 더 많은 사람을 감싸 안는 공정한 제품을 만들고 싶었다. 2009년

2월 11일 수요일, 우리는 회사의 문을 열었지만 신용카드 결제에 대해서는 아무것도 모르고 있었다.

스퀘어의 첫날

내가 신용카드 결제에 대해 아는 거라고는 두 가지뿐이었다. 매달 유리공예 작업실의 신용카드 가맹점 거래 명세서를 봐도 무슨 말인지 하나도 모르겠다는 것, 그리고 내 개인 신용카드가 어느 날 갑자기 마법처럼 해외로 날아가 전자제품과 술을 사는 데 쓰이고는 한다는 것.

스퀘어는 샌프란시스코의 한 원룸에서 세 남자와 조이라는 이름의 고양이로 이루어진 팀으로 출발했다. 업무 분담은 이러했다. 잭은 서버 소프트웨어 코딩을 맡고 유일한 직원인 트리스탄은 아이폰 고객 소프트웨어를 개발했다. 고양이 조이는 회사에 건강보험 혜택이 없다는 점을 보상해주듯 트리스탄의 무릎에 앉아 있는 것이 일이었다. 팀원들 가운데 (조이 빼고) 프로그래밍 실력이 제일 떨어지는 나는 청소기로 고양이 털 치우기, 돌돌이 밀고 다니기 등 아무거나 했다. 첫날 맡은 주요 업무는 신용카드 사업에 대해 알아보는 것이었다.

몇 시간도 지나지 않아 내가 팀원들에게 말했다. "저기, 우리가 하려는 일이 불법이래."

다섯 가지 문제

첫날이 반나절도 지나지 않았을 때 기업가 정신의 중요한 이정표 하나에 도달했다. '그래서 이런 제품이 나오지 않았던 거구나.' 하고 깨달은 것이다. 이런 순간이 바로 자신이 뭔가 새로운 일을 시도하고 있으며 도시의 성벽 밖으로 나왔음을 깨닫는 기업가적인 순간이다.

어떤 일이 시도되지 않았던 데는 항상 이유가 있는 법이다. 다른 사람들이 당신보다 똑똑하지 않아서가 아니다. 무엇인가를 당신이 가장 먼저 발견해냈을 가능성은 매우 희박하다.* 세상에는 똑똑한 사람이 너무나 많고, 어떤 아이디어를 제일 먼저 떠올리고 미지의 영역을 개척했을 때 누릴 수 있는 이익은 엄청나게 크다. 괜찮다. 아무도 성공하지 못했으니 문제는 아직 남아 있는 상태니까. 첫날이 반나절도 지나기 전에 스퀘어 같은 기업이 왜 진즉 나오지 않았는지가 분명해졌고, 몇 주가 지나면서는 더욱 확실해졌다. 나는 우리가 신용카드를 긁을 때마다 도합 17개의 법 조항 또는 규제를 어기는 셈이라는 사실을 알아냈다. 여기가 바로 시장 맨 아래의 경계선이었다.

점점 늘어가는 규제 위반 목록뿐 아니라 점점 커져만 가는 다른 영역의 문제도 잔뜩이었다. 하드웨어 문제에서부터, 고양이 털 문제에

---

* 나중에 알게 된 사실인데 우리와는 전혀 관계없지만 이어폰 단자로 신용카드를 인식하는 방법을 추진하려고 한 기업이 또 있었다.

이르기까지. 우리가 해결해야 하는 수십 가지 문제 가운데 다섯 가지는 제대로 된 해결책이 아예 존재하지도 않았다. 다섯 가지 문제와 그 해결책이 가져올 또 다른 문제를 해결해야 한다는 사실은 결국 우리가 혁신을 쌓는 보이지 않는 힘으로 작용했다. 물론 지금 당신은 혁신 쌓기 전략이 뭔지 당연히 모를 것이다. 그래도 걱정할 필요 없다. 나도 몰랐으니까.

문제 1. 금융 시스템

만약 금융 시스템을 화강암 빌딩에 안전하게 보관된 현대적인 설비 같은 것으로 생각하고 있다면 이 부분은 건너뛰길 바란다. 돈이 어떻게 움직이는가에 대한 진실은 식품 위생 검사를 위해 나온 사람과 함께 저녁을 먹는 일보다도 무섭다. 우리가 개발 중인 소프트웨어는 신용카드 네트워크사(社)와 연결되어야 했는데 보통은 '프로세서(processor)'라는 중간자를 통해 이루어진다. 우리가 결국 연결한 프로세서는 미국에서 두 번째로 큰 곳이었다. 그 기업은 증기기관 시대의 구닥다리 컴퓨터가 너무 불안정해 아주 조그만 변화에도 산타클로스가 죽을까 봐, 해마다 추수감사절부터 새해 첫날까지는 새로운 소프트웨어 개발을 멈췄다. 미국의 상업 분야는 대부분 아직 코볼(COBOL)이라는 프로그래밍 언어로 짠 소프트웨어로 운영되는데 이 프로그램은 레이건 대통령 시절에 은퇴한 사람들에 의해서만 유지될 수 있다.* 우리 소프트웨어를 금융 시스템과 연결하는 것은 화장지에 초강력 케블라 섬유를 꿰매는 것과 같았다.

우리에게는 금융 역사의 두 부분 중 한 곳에 연결되어야 하는, 별로 내키지 않는 선택권이 있었다. 한 시스템은 카드 처리는 안정적이지만 고객의 신용카드 명세서에 가맹점의 이름을 인쇄할 방법이 없었고, 다른 시스템은 더 비싸고 안정성은 떨어지지만 적어도 고객들이 자신의 사용 내역은 볼 수 있었다.

모든 고객이 매달 받는 명세서에는 카드 사용 내역이 기재된다. 문제는, 첫 번째 시스템을 사용할 경우에는 명세서에 그냥 '스퀘어'라고만 표시된다는 점이었다(사실 당시라면 '스퀘럴'이라고 표시되었을 텐데, 그 이유는 이 장의 끝부분에서 알려주겠다). 카드 명세서의 내역을 바꾸지 못하면 지불 거절 때문에 망할 게 분명했다. 상인들에게 이미 대금을 지급한 상황에서 대금 청구에 대한 이의 제기가 들어오면 곤란하다. 고객에게 더 나은 경험을 선사할 수 있다면 비용과 안정성 문제는 나중에 해결하면 되리라는 생각에 우리는 좀 더 비싼 시스템을 선택하기로 했다.

다시 말해 확실한 사용자 경험을 위해 금전적 손해를 보고 더욱 큰 위험을 감수하기로 한 것이다. 제대로 된 사용자 경험은 스퀘어의 혁신에서 중요한 부분이었다. 다른 문제들은 나중에 해결할 수 있으리

---

* 2019년 기준으로 내가 설립한 비영리 기업 론치코드(LaunchCode)는 수백 명의 코볼 프로그래머를 교육시켰다. 금융 기관들은 휠체어 경사로나 더 설치하고 있었을 것이다.

라 믿었다. 거의 다 이런 식이었다. 문제를 하나 해결하면(카드 명세서) 두 개가 새로 생겼다(추가적 위험과 비용). 위험과 비용 문제는 나중에 해결하면 된다. 우선은 카드 인식 방법을 찾아야 했다.

문제 2. 카드 인식 방법

2009년에 신용카드에는 두 개의 번호가 있었다. 카드 앞면에 적힌 16개의 숫자와 마그네틱 선에 암호화된 비밀번호. 마그네틱 선을 인식하는 편이 훨씬 안전하므로 신용카드 회사들은 카드를 기계로 긁으면 더 낮은 수수료를 부과했다. 잭과 나는 어떤 번호를 인식시킬지에 대한 생각이 달랐다. 잭은 아이폰 카메라로 16자리 숫자를 읽게 하는 쪽을 선호했고 나는 마그네틱 선을 읽게 해 수수료를 낮추자는 쪽이었다. 그것을 가지고 싸우는 대신 나는 세인트루이스의 작업실로 날아갔다. 잭이 나름의 해결책을 내놓기 전에 마그네틱 선 리더기를 만들려는 것이었다.

카드 리더기를 아이폰에 연결하는 방식은 위험했다. 종류를 막론하고 어떤 하드웨어든 아이폰에 연결하는 데는 독 커넥터(애플이 툭하면 바꾸는 충전 포트의 정식 명칭이 이거다)를 통하는 방법만 허용되었기 때문이다. 애플의 독 커넥터 사용 허가를 받으려면 일이 번잡했다. 돈이 많이 들었고, 특수 칩을 이용해야 했으며, 거래 건별로 사용료를 내야 했다. 그 외에도 수많은 규칙들이 추가되었다. 우리는 이미 은행의 규정을 17개나 어기는 판이었는데 말이다. 아이폰뿐 아니라 시장에서 판매되는 모든 휴대전화에는 오디오 신호를 받도록 설계된 작고 단순한 이어폰 단자가 있다. 신용카드의 데이터를 오디오 신호로 만들면 이어폰 단자로 마그네틱 선을 읽을 수 있는 것이다. 오디오 소프트웨어 개발자 키트는 아이폰 표준 라이브러리의 일부분이었는데, 이는 애플에 따로 허가받지 않아도 코드를 쓸 수 있다는 뜻이다. 이어폰 단자로 애플의 독 커넥터 규정을 피해 갈 수 있다면 일주일 만에 시제품을 만들 수 있었다.

애플의 심기를 건드리고 싶은 사람은 없을 것이다. 이는 은행이나 정부를 건드리는 것과는 다른 문제다. 애플의 눈 밖에 나면 앱스토어에 입점할 수 없고 그냥 죽어야 한다. 그런 애플의 하드웨어 라이선싱 절차를 우회하려 든다면 아이폰에서 쫓겨나는 것은 불 보듯 뻔했다. 따라서 가장 좋은 방법은 스티브 잡스를 우리 편으로 만드는 것이었다. 잭이나 나나 스티브 잡스와는 모르는 사이였지만 실리콘밸리가 좁은 동네다 보니 잭이 그에게 연락할 방법을 찾아낼 수 있었다.

당시는 2009년으로 스티브의 건강이 매우 좋지 않을 때였지만 그는 우리와 만나주기로 했다. 덜컥 겁이 났다. 알다시피 스티브 잡스는 디자인에 대한 집착이 강한 것은 물론 마음에 들지 않는 물건은 그 자리에서 집어 던지기로 유명했으니까. 프레젠테이션이 끝난 뒤 잭이 이마에 뭔가로 찍힌 자국을 달고 돌아오기라도 하면 큰일이었다.

솔직히 나는 다른 사람들의 훌륭한 아이디어를 모방하는 것을 좋아한다. 모방은 항상 내 첫 번째 선택이다. 현대 역사에서 디자인에 집착하는 것으로는 가장 유명한 전설적 인물과의 미팅을 앞두고 나는 그의 아이디어를 모방하고자 애플 스토어를 방문했다. 특유의 연마 기술을 이용한 알루미늄 소재가 눈에 띄었다. 그것도 엄청 많이. '아, 스티브 잡스는 알루미늄을 좋아하는구나!' 나는 네모난 알루미늄 한 덩어리를 사서 그것을 갈아 첫 번째 리더기를 만들었다. 이틀 밤을 새워 전자 부품을 그 안에 집어넣는 데 성공했다. 썩 괜찮아 보였다. 스티브 잡스가 마음에 들지 않는다고 집어 던질 경우를 대비해 잭이 다치지 않도록 가볍게 만들었다. 잭에게 카드를 긁는 시범을 보였는데 정상적으로 작동되었다!

나는 잭에게 해보라고 건넸다. 그런데 어찌 된 일인지 카드가 읽히지 않았다. 도저히 믿기지 않아 카드를 도로 가져와 신중하게 다시 시도해보았다. 문제없이 제대로 인식되었다. 잭이 도로 가져가 똑같이 해봤지만 또 실패였다. "와, 된다!", "어? 안 되네?" 몇 분간 반복하자니 코미디가 따로 없었다. 너무 웃어서 배가 다 아플 지경이었다.

그러다 뭐가 문제인지 알아냈다. 그 리더기는 이어폰 단자에 꽂혀 있었기 때문에 카드를 긁을 때 기계가 돌아가는 현상이 있었다. 그것을 방지하려고 나는 카드를 꽉 쥐고 리더기는 손으로 만지지 않았지만, 잭은 리더기가 움직이지 않도록 그것을 손가락 사이에 끼웠던 것이다. 하지만 우리 시제품의 소재인 알루미늄에는 전기 전도성이 있다. 그래서 잭이 리더기를 손가락에 낄 때 손가락들 사이에서 전기회로가 형성되었는데, 워낙 예민한 전자장치가 카드 대신 그의 맥박을 인식한 것이 문제였다. 말하자면 카드 리더기가 아닌 심장박동 리더기였던 셈이다. 빛나는 알루미늄 소재로 스티브 잡스에게 점수를 따려던 나는 심박수 측정기를 만들고 말았다.

스티브 잡스와의 미팅은 안타깝게도 그의 건강 악화 때문에 취소되고 말았지만, 이 일로 나는 세 가지를 배울 수 있었다.

첫째, 업계가 아직 준비되지 않았어도 제품을 위해 기꺼이 옳은 선택을 하라. 애플의 독 커넥터를 이용하면 느리고 비싼 데다 다른 기기에서는 리더기를 사용할 수 없었다. 우리가 애플의 하드웨어 규칙을 피해 가기로 한 것은 회사가 망할지도 모르는 위험을 무릅쓰고 더욱 나은 제품을 만들기 위해서였다. 지금 돌이켜 생각해보면 당연한 선택 같지만 당시만 해도 이어폰 단자를 그런 식으로 사용한 회사는 없었다.

둘째, 절대 통할 수 없을 것 같은 방법이 통할 때도 있다. 애플의 원칙은 피해 가되 시제품으로 스티브 잡스를 감탄시켜 구원받겠다는 것이 우리의 계획이었다. 물론 실제로 일어난 일은 달랐다. 우리가 만든 제품은 제대로 작동되는 경우가 드물었고 시연회도 막판에 취소되었다. 하지만 계획대로 잡스와의 만남이 이루어지기만 했더라면 곧바로 모든 문제가 해결되었을 것이다. 애플의 최고임원들은 우리가 스티브와 약속을 잡았다는 사실을 분명히 알고 있었고 그 사실 자체가 확실한 보증이 되어 애플 법률팀도 우리를 가만히 놔두었을 테니까. 독 커넥터를 통하지 않았는데도 애플은 우리 제품을 마음에 들어 했지 않나. 나중에 애플이 스퀘어에 일급 기밀을 선물로 준 것을 보면 말이다.

마지막은 자기 제품의 모든 측면을 제어하는 것이 중요하다는 사실이었다. 만약 우리가 카드 리더기 제작을 하청업체에 맡겼다면 알루미늄 케이스를 사용한 실수를 빨리 바로잡지 못했겠지만, 내 손으로 직접 리더기를 만든 덕분에 이튿날 그것을 곧바로 바로잡을 수 있었다. 초기 리더기의 공급망이 복잡했더라면 몇 시간이 아닌 몇 달이 걸렸을 일이다.

스퀘어 초창기의 하드웨어는 급속한 혁신 그 자체라 매주 바뀌었다. 나는 새롭게 깨우친 사실을 바탕으로 계속 리더기의 디자인을 바꾸고 새로 만들었다. 대부분의 경우에 디자인 변경은 문제 해결을 위해 필요했지만 어쩌면 리더기의 가장 큰 디자인 결함이라 할 수 있는 부분은 일부러 수정하지 않았다. 사람들의 관심을 끌기 위한 도박이었다.

문제 3. 디자인이냐, 기능성이냐

인간은 자신이 보고 듣고 냄새 맡는 것의 대부분을 무시한다. 우리의 뇌가 감각 정보의 홍수를 막기 위해 취하는 방법이다.[1]

하지만 사람들의 눈에 띄는 제품을 만들려는 기업가에게는 이것이 큰 문제가 된다. 새로운 발명품을 내놓아도 사람들이 기존의 익숙한 무언가와 착각해서, 또는 너무 낯설고 이해되지 않아 그것을 무시할 수 있기 때문이다.

우리의 초기 제품에서도 그런 문제가 나타났다. 우리 리더기를 보여주면 대부분의 사람들은 기존의 신용카드 시스템으로 착각했고, 그것과는 전혀 다른 새로운 시스템임에도 그 착각 때문에 관심을 기울이지 않았다. 우리로서는 어떻게든 관심을 끌어야만 했고, 나는 해결책이 카드 리더기의 디자인에 있다고 생각했다.

스퀘어를 론칭하기 1년 전, 나는 여자 친구가 살고 있는 도쿄에서 많은 시간을 보냈다. 어느 날 애나는 나를 로프트(Loft)라는 곳에 데려갔다. 휴대전화용 액세서리 천국인 그곳에서 나는 사람들이 휴대전화에 얼마나 집착하는지 알 수 있었다. 도쿄에 있는 모든 사람들이 휴대전화에 갖가지 장식물을 달고 다니는 듯했다. 심각한 얼굴로 통화하는 사업가의 휴대전화에서도 헬로키티가 달랑거리고 있었다. 카드 리더기도 귀엽게 만든다면 로프트에서 파는 휴대전화 고리만큼 튀는 매력이 있지 않을까 싶었다.

여기서 귀엽다는 것은 작다는 뜻이다. 나는 스티브 잡스를 위해 만든 알루미늄 소재의 1번 시제품 이후 플라스틱으로 소재의 방향을 바꾸고 작은 크기에 집중했다.

가능하다면 0.1밀리미터라도 기어이 줄였다. 리더기가 작아진다는 것은 곧 세상에서 가장 작은, 그리고 시중에 있는 가장 작은 것의 절반 크기인 마그네틱 리드헤드(lead head)를 디자인 및 생산해야 한다는 뜻이기도 했다. 이를 위해 나는 가족과 함께 중국 광둥성 선전(深

圳)에 가서 한 달 동안 필요 부품을 생산하는 공장에 직접 출퇴근하기도 했다.

그런데 제품을 작게 만드는 데에는 중대한 부작용이 따랐다. 사용자가 카드를 리더기에 긁을 때 카드가 흔들려(이 흔들림은 잭이 손가락으로 리더기를 잡게 만든 그것과는 달랐다. 사실 우리의 첫 번째 리더기는 평면에서도 불안정했다) 신호가 제대로 입력되지 않는다는 점이었다. 흔들림을 없애려면 리더기의 폭이 약 5센티미터 이상이어야 했지만 우리의 시제품 중 가장 작은 것은 그 4분의 1 크기였다.

아는 사람을 전부 불러다 다양한 크기의 리더기를 시험해봤더니 괴상한 결과가 나왔다. 친구들에게 큰 리더기와 작은 리더기를 모두 보여주고 어느 쪽이 낫냐고 물으면 대부분 사용하기 더 쉽다는 이유로 큰 쪽을 택했다. 하지만 리더기를 하나만 보여줄 때는 놀라울 정도로 다른 결과가 나왔다. 사람들은 큰 리더기를 보고도 흥미로워하기는 했지만 작은 리더기를 보면 완전 숨이 멎을 지경이 되었다. 그들은 작은 리더기에 매혹되었다. 그러나 오로지 그 리더기만을 위한 무대가 갖춰졌을 때에만 그랬다. 작은 리더기는 대화를 마구 꽃피웠고, 우리 회사에 대한 질문을 쏟아지게 했다. 사람들의 관심이 완전히 집중되고 감탄사가 쏟아지는 순간이었다.

선택의 갈림길에 섰다. 카드 인식 오류가 발생하지 않는 기기를 출시하느냐, 인식 성공률은 최대 80퍼센트지만 뉴욕 현대미술관의 선물 가게에서 파는 귀걸이라고 해도 믿을 만큼 작은 크기로 출시하느냐. 우리는 귀여운 쪽을 선택했다.

엄청난 위험을 무릅쓰는 일이었다. 카드 리더기에 결함이 있다고 생각되면 고객들은 아예 이용하지 않을 테니까. 하지만 결과는 정반대였다. 우리의 작은 리더기는 대화를 꽃피웠다. 사람들은 카드 읽는 연습을 했고 마침내 인식 오류가 발생하지 않게 되면 친구들에게 자랑했다. 우리는 화제의 중심에 섰고* 그 화젯거리는 단연 스퀘어였다.

우리는 제품의 기능성을 일부러 희생시킴으로써 사람들이 성벽 밖에서 벌어지는 일에 관심을 가지게끔 만들었다. 하지만 언제까지나 문명의 바깥에 머물러 있을 수는 없었다. 스퀘어는 사람들의 지갑에 든 신용카드와 연결되어야 하는 결제 시스템인데 카드는 성벽 안에 있으니 말이다.

문제 4. 카드 네트워크사 설득하기

은행 입장에서 보면 돈을 저장하고 이동시키는 것은 쉬운 일이다. 하지만 세 남자와 고양이 한 마리가 일하는 회사 입장에서는 전혀 그렇지 않았다. 금융 네트워크 접근권은 금고 속 현금보다도 더 엄중히 보호된다.

---

* 스퀘어의 이 상징적인 카드 리더기는 아직도 영화나 TV 프로그램에서 핵심적인 농담으로 사용된다. 심야 토크쇼 〈콜베어 르포(The Colbert Report)〉, 드라마 〈실리콘밸리(Silicon Valley)〉와 〈커브 유어 인수지애즘(Curb Your Enthusiasm)〉에서 시각적 농담으로 등장했다.

어떻게든 은행 시스템에 접근할 방법을 찾아야 했다. 즉, 은행 파트너가 필요했던 것이다. 다행히 시중에는 은행이 많았고 겨우 네 개 은행하고만 접촉했는데도 한 곳의 동의를 받아낼 수 있었다.* 하지만 카드 네트워크사의 동의를 받는 것은 또 다른 이야기였다. 다양한 선택지 중에서 고를 수 있는 것도 아닌 데다 아멕스, 비자, 마스터카드** 와의 거래는 꼭 필요한데, 모두 우리 제품을 불법으로 간주하는 구체적인 규정을 갖고 있었다.

우리의 사업 모델이 카드 네트워크사의 규정에 어긋난다는 문제와 1년 넘게 씨름했고, 우리를 도와줄 수 있는 사람이라면 누구라도 만나려 애썼다. 아멕스와는 미팅이 성사되었지만 비자와 마스터카드는 우리 이야기를 들어보려고도 하지 않았다.

아멕스를 위해 준비한 프레젠테이션은 간단했다. 잭이 제품을 시연하고 내가 아멕스 카드 관련 단골 멘트를 했다. 카드 가맹점들이 손님에게 자주 하는 그 말 말이다. "아메리칸 익스프레스 카드는 수수료가 너무 높아서 저희 가게에서는 받지 않습니다. 마스터카드나 비자카드로 결제 부탁드립니다." 공식적으로 가맹점은 이렇게 말하면 안 되지만 아멕스에서 일하는 사람이라면 이 말이 미국 전역에서

---

*   체이스 은행(Chase Bank)이었다. 정말로 기분 좋은 경험이었다.
** 디스커버(Discover)도 있었지만 여기는 워낙 뭐든 다 잘 받아준다고 소문난 카드 회사라서 별로 걱정하지 않았다.

수없이 되풀이됨을 잘 알고 있었다. 프레젠테이션에서 우리는 아멕스 관계자들에게 이렇게 말했다. "스퀘어는 아멕스에 신규 소상공인 고객을 모아줄 겁니다. 그들은 아멕스 카드를 받을 뿐만 아니라 아멕스와 관련된 그 멘트도 그만하게 될 거고요. 스퀘어를 아멕스 카드 네트워크와 연결만 시켜주세요." 아멕스는 그러겠다고 했다.

한 달도 안 돼 아멕스를 포섭하는 데 성공했지만 마스터카드와 비자가 없으면 망하는 것은 시간문제였다. 문제는 그쪽에서 우리를 아예 만나주지도 않는다는 것이었다. 트위터를 만들었다는 잭의 직함 덕분에 몇몇 임원들과의 점심 자리가 성사되기는 했으나 그들은 래퍼 스눕 독(Snoop Dogg)이 트위터를 방문한 일 따위만 궁금해할 뿐 아무 도움도 되지 않았다. 비자 관계자들과의 만남 역시 예의상 대여섯 차례 이루어졌을 뿐 전혀 진전이 없었다.

점점 절박해지기 시작했다. 당시 우리의 시제품은 다듬어지지도 않았고 여전히 불법이었다. 처음에는 잭의 명성을 이용하려고 했다. 실패였다. 은행들을 이용하려 했다. 실패였다. 투자자들의 인맥을 이용하려 했다. 실패였다. 전직 마스터카드 임원을 고문으로 고용했다. 역시 실패였고 돈만 엄청나게 깨졌다. 그러던 어느 날 나는 마스터카드와 연결된 월세 수금 기업을 창업하고 매각한 라이언 길버트(Ryan Gilbert)라는 남자를 알게 되었다. 라이언의 도움으로 마침내 마스터카드의 최고임원 에드 매클로플린(Ed McLaughlin) 및 또 다른 임원과의 만남이 성사되었다.

잭과 나는 이름도 그렇게 잘 어울릴 수가 없는 뉴욕의 퍼처스(Purchase, '구매'라는 뜻 – 옮긴이)에 하얀 돌로 지어진 마스터카드 본사를 찾았다. 쪼그만 카드 리더기와 각자의 아이폰을 들고서. 부드러운 표면이 하나도 없는 마스터카드 본사 로비에는 뾰족하게 깎은 말끔하고 하얀 돌만 우뚝 솟아 있었다. 일찍 도착한 우리는 드넓은 로비를 거의 한 시간 동안이나 초조하게 서성거렸다. 초조할 만도 했다. 마스터카드가 거절하면 스퀘어는 죽은 목숨이었으니까.

이론상으로는 마스터카드가 스퀘어를 마음에 들어 해야 했다. 신용카드 생태계에 더 많은 가맹점이 유입되면 모든 카드 네트워크사에 큰 이익이 되니까. 한편으로 마스터카드의 운영 방침에는 대면 통합 결제 서비스(card-present aggregation, 제3의 서비스 제공 업체가 자기 계정으로 여러 사업자들을 등록시켜서 거래 승인을 받는 사업 모델 – 옮긴이)를 방지하는 조항이 들어 있었는데* 스퀘어의 방식이 바로 그것이었다. 다시 말하자면 마스터카드는 이미 스퀘어와 비슷한 사업을 구상한 적이 있지만 결국 추진하지 않기로 하고 금지 규정을 마련한 것이다. 따라서 우리는 마스터카드 임원들에게 새로운 시도를 해보라고 설득해야 할 뿐 아니라 수십 년 동안 내려온 규정을 바꾸라는 설득도 해야 하는 상황이었다.

---

* 비대면 통합 결제(card-not-present aggregation)는 페이팔(PayPal)이 사용하는 방식이었고 제한적인 상황에만 승인되었다. 하지만 가맹점을 대신해 카드 정보를 읽고 제출하는 것은 금지되어 있었다.

1년간 시제품을 시연해온 덕분에 잭과 나는 마치 나이프로 저글링하는 사람들처럼 손발이 척척 맞았다. 서로의 입에서 무슨 말이 나올지도 척하면 척이었지만, 더욱 중요한 것은 서로가 무슨 말을 하지 않을지도 안다는 것이었다. 잭은 오랜 침묵도 불편해하지 않는 조용한 성격이다. 내 성격은 정반대지만 상대의 침묵을 깨뜨리지 않는 훈련을 해온 터였다. 상대가 내 설명을 이해할 때까지 가만히 있는 것이 중요할 때도 있으니까.

프레젠테이션은 거의 완벽했다. 시연 내용에 워낙 빠삭했던 만큼 우리는 관객의 반응을 읽으면서 필요한 것들을 조절하는 일에 집중할 수 있었다. 우리는 기업의 비전, 수많은 사업자들이 신용카드를 받게끔 만들고 싶은 이유, 그리고 마스터카드가 스퀘어를 통해 얻게 될 직접적인 이익도 설명했다. 모든 것이 순조롭게 진행됐다. 내가 에드 매클로플린의 마스터카드로 1달러를 결제하기 전까지는 말이다. 작은 리더기로 카드를 긁은 뒤 에드에게 내 아이폰 화면을 터치해 사인을 해달라고 했다. 그가 사인하고 나서 시뮬레이션인지 물었다. "아닙니다. 실제 상황입니다. 실제로 1달러가 결제됩니다."

에드는 심각한 얼굴로 다른 임원을 바라보더니 다시 나를 쳐다보며 말했다. "우리 회사의 규정에 어긋난다는 것은 알고 있겠죠?"

"네, 알고 있습니다." 나는 이렇게만 대답할 뿐이었다.

아무도 말이 없었다. 잭은 평소와 다름없이 수도승처럼 평온한 표정이었다. 나는 발가락을 꼼지락거리며 제대로 숨을 쉬려고 애썼다.

이어지는 침묵 속에서 옛날 007 영화의 한 장면처럼 바닥이 갈라지고 잭과 내가 무서운 변호사들이 득실거리는 구덩이로 떨어지는 모습이 그려졌다. 20여 초간의 침묵이 흐른 후 마침내 에드가 입을 열었다. "그럼 우리 규정을 바꿔야겠네." 그는 다른 임원을 쳐다보고 고개를 끄덕이더니 밖으로 나갔다.

'휴, 십년감수했네!'

물론 우리에게는 아직 가장 큰 신용카드 네트워크사인 비자카드가 남아 있었다. 1년을 꼬박 관계자들에게 공을 들였지만 예의상의 점심 이상으로는 진도가 나가지 못했다. 스퀘어가 가져다줄 이익에 대한 설명만으로는 비자 임원들로 하여금 기업 방침을 바꾸게 하기가 어려웠는지도 모른다. 하지만 이미 아메리칸 익스프레스와 마스터카드, 디스커버(디스커버의 무난함에 대해서는 앞에서 말한 바 있다)가 스퀘어를 받아들이기로 한 마당이니 비자도 다수의 의견을 따를 수밖에 없었다. 마스터카드와 비자는 서로 다른 기업이지만 혁신에 대해서는 삼바 댄서들이 그러듯 동시에 움직인다. 비자는 좀 더 힘들게 파트너들을 따라갈 뿐.

문제 5. 금융범죄

주요 카드 네트워크사 네 곳으로부터 승인이 떨어졌다. 이는 곧 우리가 마침내 성벽 너머 저 멀리 사는 끔찍한 괴물을 마주할 수 있다는 뜻이었다. 도시에 벽이 둘린 이유이기도 한 그 괴물. 우리가 스퀘어 아이디어를 처음 들려줄 때마다 모든 사람들은 금융범죄라는 막강한 괴물과 마주친 끔찍한 이야기를 들려주었다. 우리 시스템이 작동하기 시작하면 범죄자들이 나타나 온갖 방법으로 공격할 것이고, 매 공격마다 우리의 약점을 정확히 노릴 것이었다. 특히 우리가 몰랐던 약점을 말이다.

돈이 움직일 때는 똑똑한 사람이든 멍청한 사람이든 꼭 그것을 훔치려는 이들이 있어 문제가 된다. 돈은 사람들이 훔치려 드는 것의 목록에서 항상 최고 순위를 차지한다. 신용거래가 복잡하고 번거로운 가장 큰 이유는 모든 금융 기업이 금융범죄와 싸우기 때문이다. 우리가 평범한 사람들을 위해 거래 절차를 쉽게 만들고자 단순화를 추구한다면 사기꾼들이 사기를 치는 것도 더 쉬워질 것이었다.*

우리가 만난 결제 산업 종사자들 모두가 이에 대해 경고했다. 스퀘어의 제품이 미국 전역에 처음 공개되고 2주 후, 세계적으로 손꼽히는 결제 대기업 CEO로부터 전화가 왔다. 우리는 뉴욕의 레스토랑에서 저녁을 대접받았다. 모든 요리 이름에 어떻게 발음하는지 모르겠는 단어가 하나씩은 들어가는 그런 레스토랑이었다. 그는 마티니 한 잔을 마신 뒤 또 한 잔을 주문하더니, 영세사업자들이 신용카드를 받도록 해주는 내가 얼마나 바보천치인지에 대해 한 시간 동안 이야기

---

* 우리는 매일 이 문제와 싸운다. 스퀘어를 상대로 사기 치는 방법을 알려주는 한 시간짜리 유튜브 영상을 본 적도 있다. 그 내용을 알려주고 싶지만 내가 중국어를 몰라서 불가능하다.

했다. 그는 내 친구 밥 같은 사람들은 신용 등급도 낮고 믿을 수 없으며 다루기 까다롭고 문제가 생겨도 너무 영세해서 고소하기가 어렵다고 설명하며, 실제로 기존 기업들이 약정 기준을 완화했던 것이 얼마나 끔찍한 일이었는지를 이야기했다.

술을 마셨을 때는 논쟁을 벌이지 않는다는 것이 내 철칙이다. 하지만 그 철칙을 무시하고 반박했더라도 제대로 할 수는 없었을 것이다. 우리가 상대하는 고객층에 신용카드 결제를 제공한 기업이 여태껏 없었던 만큼, 스퀘어가 금융범죄에 대처할 수 있다고 증명할 길도 없었으니까. 확실하게 자리 잡은 시장에서 영업하는 기업의 CEO인 그로서는 내가 바보로 여겨질 만도 했다. 하지만 그가 간과한 것이 하나 있었다. 스퀘어는 똑같은 시장에 들어선 것이 아니었다. 우리는 완전히 새로운 시장을 구축하려는 것이었고, 불가능을 증명하기란 불가능한 일이다(이 또한 증명할 방법은 없지만).

금융범죄에 대응할 준비를 하는 것은 방과 후에 왕따 주동자와 마주쳐야 하는 상황과 비슷하다. 하루를 다 망치는 일이지만 피할 방법도 없는 상황 말이다. 금융범죄의 경우에는 일이 터지기 전에 할 수 있는 일도 별로 없다. 우리는 맹공습이 닥칠 거라며 마음의 준비를 했지만 실제 싸움은 예상과 달랐다. 우리가 예상했던 것은 파도처럼 밀려오는 정교한 공격들이었는데, 물론 실제로 그런 경우도 있긴 했으나 대다수는 어설프고 쪼잔한 범죄였다. 그보다 중요한 것은 모든 공격마다 예외 없이 패턴이 드러났다는 사실이었다. 거래 건수가 엄청나게 많다 보니 패턴을 알아보기도 쉬웠다.

당신이 스퀘어에 사기를 치려는 개인이라고 가정해보자. 당신이 쓰려는 수법은 이미 무수히 많은 사람들이 시도해본 것일 가능성이 높다. 유일무이하기란 굉장히 어렵다. 쪼잔한 범죄뿐만 아니라 다른 모든 일도 마찬가지다. 스퀘어의 돈을 훔치려면 남과 다른 방법을 써야 한다고 방금 말했는데, 이 말만 듣고 독특한 범죄 수법을 생각해내려 한 사람이 수천 명은 될 것이다. 당신 역시 그 수천 명 중 한 명이 되는 것이고.

막대한 데이터 덕분에, 또 사용자 대부분이 영세한 개인 가맹자인 덕분에 패턴도 예측 가능했다. 적의 움직임을 예측할 수 있으면 엄청나게 유리해진다. 우리는 매우 독특한 범죄에 맞서는 매우 독특한 방법들을 마련했다. 결국, 엄청나게 센 용인 줄 알았는데 만 마리 쥐일 뿐이었다.

지금까지 말한 다섯 가지 문제는 시작일 뿐이었고, 그것들을 해결하면 또 다른 문제가 생겼다. 대개는 새로운 해결책을 생각해내야만 하는 문제들이었다. 우리에게는 선택권이 없었다. 아니, 기본적인 선택은 가능했다. 우리는 현재의 시스템에서 사실상 배제된 사람들을 위한 제품과 서비스를 제공하기로 했고, 시스템 자체를 공정하게 만들고 싶었다. 하지만 우리 회사는 아직 이름도 없었다.

세상을 공정하게

회사 이름을 짓는 것은 매우 고통스러운 일이다. 좋은 이름은 긍정적이고 기억에 남고 발음하기도 쉬우며 특별해야 한다. 이름뿐 아니라 닷컴(.com)으로 끝나는 도메인도 필요하다. 새로운 기업들의 이름이 알파벳 파스타에서 한 국자 떠낸 것처럼 보이는 이유는 도메인 때문이다. 우리는 뻔한 상업 용어의 조합을 전부 시도해보았다. 결제 (payment)와 행복(happiness)을 합친 페이니스(Payness)처럼 말이다.* 보다시피 이름 짓기는 정말 힘들다.

그 고통은 2주간 이어졌다. 어느 날 밤 나는 약혼녀 및 잭과 함께 차를 타고 집으로 가던 중 초콜릿 입힌 커피콩을 사기 위해 편의점에 들렀다. 차로 돌아가 보니 잭과 애나가 스쿼럴(squirrel, 다람쥐라는 뜻-옮긴이)이라는 이름을 지어놓았다. 나쁘지 않았다. 그리 고무적인 이름은 아니지만 그래도 다람쥐는 설치류 중 그렇게 혐오스러운 편에 들지 않으니까. 다람쥐들이 견과류를 모아 저장한다는 사실도 마음에 들었다.

우리는 카드 리더기를 작은 도토리 모양으로 만들기로 했다. 내가 도토리 모양의 디자인에 전자 부품을 집어넣으려고 애쓸 때 디자인

---

* 내가 장난삼아 제안한 이름인데 엔지니어들의 반응이 뜨거웠다. 현재 페이니스닷컴(payness. com)의 소유자는 스퀘어의 초기 엔지니어 중 한 명이었던 샘 웬(Sam Wen)이다.

팀은 다람쥐들이 견과류를 교환하는 그림을 그리고 있었다.

한 달 후, 잭은 애플 구내식당에서 식사를 하다가 애플 포스의 이름이 스쿼럴이라는 사실을 알게 되었다. 비록 당시 우리는 포스기 시스템을 만들지 않은 상태였지만, 다른 털북숭이 동물을 알아보기 시작했다.

쥐들의 끈질긴 태도는 훌륭하지만 이미지가 나쁘다. 토끼는 빠르고 상냥하지만 검색을 해보니 유명 바이브레이터 브랜드를 홍보하느라 바빴다. 게다가 여전히 잡지 〈플레이보이(Playboy)〉의 이미지가 강하고. 족제비는 다른 신용카드 결제 기업의 마스코트였다. 가장 유력한 후보 동물은 들쥐(vole)였다. 작지만 약간 성가신 이 설치류는 우리의 작지만 성가신 투자자가 제안한 것이었다. 들쥐까지 나오자 우리는 회사 고양이 조이가 이름 선택에 너무 큰 영향을 끼치고 있다는 사실을 깨달았고, 조이가 잡아먹고 싶어 하는 동물을 제외한 좀 더 다양한 후보들을 살펴보기로 했다.

잭도 트위터 이름을 지을 때 비슷한 어려움을 겪었다. 원래는 새로운 메시지가 도착해 휴대전화가 울릴 때 사람들이 움찔한다는 점에 착안해 트위치(twitch, '씰룩거리다'라는 뜻을 가지고 있다 – 옮긴이)라 명명했지만, 어쩐지 신경성 장애를 연상시키는 이름이었다. 물론 몇 년 후에 그 이름을 가진 회사가 등장하기는 했다. 잭과 팀원들은 사전의 같은 페이지에 나오는 트위터라는 단어를 발견함으로써 해결책을 찾았다. 이번에도 그때와 같은 방법을 사용하기로 한 잭은 사전을 펼쳐 스쿼럴(squirrel)부터 시작해 결국 스퀘어(square)에 이르렀다.

이 '스퀘어'라는 단어는 명사로는 긍정적이고 모범생 같은 분위기를 풍기지만 동사는 더욱 마음에 들었다. 스퀘어 업(square up)은 '빚을 청산하다' 혹은 '무언가를 공정하게 만들다'라는 뜻인데 그게 바로 우리가 하는 일이었다. 스퀘어업닷컴(Squareup.com)은 그렇게 우리의 새로운 정체성으로 자리 잡았다. 나중에는 도메인을 스퀘어닷컴(Square.com)으로 바꾸었지만 이메일은 여전히 스퀘어업닷컴으로 전송된다. 신용카드 세계를 공정하게 만드는 것, 그것이 우리가 찾은 완벽한 문제였다.

CHAPTER 03

스퀘어의
성공 비결

기존 신용카드 결제 시스템에서 배제당한 영세상인들을 위해 그 세계를 공정하게 바로잡겠다는 결정은 기존 시장을 떠나야 한다는 뜻이기도 했다. 기존 시장은 기존의 해결책을 복제하는 데 필요한 자원만 제공할 뿐이니까. 그 경계 안에서 우리가 할 수 있는 것은 창조가 아니라 모방이 전부였다.

잘 알지 못하는 시장에서 사업을 시작하는 사람들은 대부분 그저 성공적인 방법을 모방한다. 하지만 모방이 불가능하다면 성벽 밖으로 나가야 하고 그럼 게임 자체가 바뀐다. 모든 선택이 열려 있고 거의 아무것도 정해지지 않은 시작 단계에서는 자유와 공포가 동시에 느껴진다. 거의 무한한 가능성의 영역이 눈앞에 놓여 있고 가장 좋은 길을 선택하는 분명한 기준도 없으니까. 아무도 없는 곳이기에 모방도 불가능하다.

눈앞에 놓인 산더미 같은 문제를 해결하는 동안 우리는 성벽 밖에 있다는 사실이 두 가지 면에서 유리하다는 것을 깨달았다. 첫 번째는 기존의 전략으로는 우리가 직면한 문제를 해결할 수 없다는 것이었다. 모방은 궁지를 벗어나게 해줄 수 없었다. 우리에게는 다른 기업들의 해결책을 이용할 수 있는 권리나 자원도 없었고 남들의 해결책이 우리에게 맞는 것도 아니었다. 물론 당시에는 이것이 이점으로 느껴지지 않았다. 기존의 해결책을 곧바로 적용할 수 있으면 편할 텐데 그게 아예 불가능했으니 우리는 어쩔 수 없이 스스로 답을 고안해야 했다.

두 번째 이유는 뭐든 자유롭게 시도해볼 수 있다는 것이었다. 원하면 무조건 시도해볼 수 있었다. 벽으로 둘러싸인 도시에서 워낙 멀리 떨어져 있어 주위에 아무도 없으니 누군가의 허락을 구할 필요가 없었다. '기업가' 말고도 원래의 의미가 퇴색된 영단어는 또 있다. 바로 아웃로(outlaw)다. 오늘날 이 단어는 범죄자 혹은 범법자를 뜻하지만 몇백 년 전에는 단순히 법의 보호를 받지 못하는 사람을 의미했다. 법의 보호를 못 받는 것은 징벌에 따른 결과였다. 법을 존중하지 않은 이들은 법이 주는 혜택도 박탈당했다. 사형제도가 없는 사회에서 아웃로가 되는 것은 대개 사형과 비슷한 효과를 가져왔다.

성벽 바깥에 있는 사람은 전통적인 의미의 아웃로가 된다. 시장의 법칙에 묶여 있지도 않고 그 법칙에 따라 보호를 받지도 못하니 말이다. 이런 자유는 속도를 선물한다. 저녁거리를 직접 사냥해야 하지만 적어도 뷔페에서처럼 줄을 서서 기다리지는 않아도 되는 것이다. 효과적인 방법을 신중하게 모방하는 경우와 비교해보면 그리 대단한 이점은 아니지만 얼마 되지 않는 이점이니 활용할 줄 알아야 한다.

답을 스스로 찾아야 하는 스퀘어에서는 새로운 아이디어가 싹트고 빠르게 진화하는 환경이 만들어졌다. 생존이 위협받으면 창의성이 보수주의를 지배한다. 조합한 새로운 아이디어들이 빠르게 시도되고 실험되었다.

이는 발명과 반복의 조합이었다. 이 두 요소는 서로를 훌륭하게 보완한다. 새로운 것을 시도하고 결과를 확인하고 또 새로운 것을 시도한 덕분에 우리는 업계의 다른 기업들이 풀지 못한 문제를 해결할 수 있었다. 굉장한 이점이다. 실리콘밸리에는 '빨리 실패하라'라는 말도 있지 않은가. 새로운 아이디어는 대부분 실패하거나 확연한 결함을 갖고 있다. 신용카드 리더기를 만들어야 하는데 심박수 측정기가 만들어졌다? 새로 만들면 된다. 지금 당장.

혁신 쌓기 전략이란 무엇인가

한 가지 문제를 풀면 새로운 문제가 생긴다. 해결책을 찾으면 또 새로운 문제가 딸려온다. 문제-해결-문제의 사슬은 둘 중 한 가지 상황이 벌어질 때까지 계속된다. 문제 해결에 실패해 망하거나, 서로 연결되어 있지만 독립적인 혁신들로 모든 문제를 해결하거나. 나는 이 혁신 과정을 '혁신 쌓기 전략'이라고 부른다.

혁신 쌓기 전략은 경영인 캠프에서 참가 기념으로 나눠주는 플리스 재킷처럼 쉽게 얻어지는 것이 아니다. 혁신 쌓기 전략은 의도적인 계획이 아닌, 외부 위협에 대한 일련의 반응이다. 이 위협이 도시를 자발적으로 떠나기로 해서 스스로 초래한 것인지 아니면 쫓겨났기 때문에 발생한 것인지는 중요하지 않다. 지도 없이 여행하는 개척자처럼 혁신은 스스로 만들어가야 한다.

스퀘어의 혁신 쌓기 전략

사람들은 이어폰 단자에 꽂는 신용카드 리더기가 스퀘어의 혁신이라고 생각한다. 하지만 우리가 특허를 등록한 것도 아니니 이는 누구나 사용할 수 있는 아이디어였다. 스퀘어를 특별하게 만든 다른 혁신은 분명 존재한다.

초기에는 문제가 생길 때마다 다른 사람들이 어떻게 해결하는지를 참고하고는 했다. 기업문화, 법률문서, 인사정책, 회사 위치, 채용 등 수없이 많은 부분을 이미 성공한 실리콘밸리 기업들에서 가져와 모방했다. 그때만 해도 혁신은 마지막 선택지였다. 잭과 나는 화이트보드 앞에 서서 미래의 원대한 계획을 세우는 일 같은 것은 하지 않았다. 대신 생존에 꼭 필요한 최소한의 혁신을 추구했는데, 그 과정에서 다른 기업들과 차별화되는 여러 가지 시도를 하게 되었다.

잭과 나는 문제를 해결하고 싶었다. 그 문제는 나 자신은 물론 내가 아는 사람들에게 있어서 개인적인 차원의 것이기도 했다. 그 문제를 해결하려면 어쩔 수 없이 새로운 것을 만들어내야만 하는 처지가 되었다. 우리가 선택한 것은 발명 그 자체가 아니라 발명만이 유일한 해결책인 문제였다. 우리의 혁신 쌓기 전략은 기존 시장에서 소외당하는 사람들을 위한 해결책을 찾아내겠다는 선택에서 나왔다. 한마디로 우리는 밥 같은 사람들을 끌어안고 싶었다.

'가렵다'라는 이유로 쇠사슬을 잘라버린 사람을 환영하는 카드 결제 시스템을 구축하겠다면 당신은 타고난 무법자다. 기존 시장에서 소외당하는 이들에게 열려 있는 시스템을 만들기로 결정한 순간부터 우리는 혁신의 길을 걸을 수밖에 없었다. 비록 그 길은 선형이 아니었지만 다행히 언어는 선형의 수단이다. 우리가 걸어온 길에서 혁신이 필요했던 요소를 전부 차근차근 짚어주겠다.

1) 단순함

디자인이 깔끔해야 한다는 데는 잭과 나의 생각이 같았다. 내가 신용카드 산업에 대해 알고 있는 것이라고는 내가 아는 게 하나도 없다는 사실뿐이었다. 엄청난 시간을 투자해서 플라스틱 카드가 돈을 움직이는 원리가 무엇인지 공부했지만 그래도 헷갈렸다. 평범한 사람들도 쉽게 이해할 수 있는 제품을 만들어야만 했다.

이상하게도 잭과 나는 이 핵심 가치에 관한 생각이 똑같아서 굳이 상의할 필요도 없었다. 단순함에 대해 잭과 이야기하는 것은 산소에 대해 말하는 것과 같았다. 매일 산소를 사용하지만 굳이 이에 대해 이야기하지는 않으니까. 당연히 우리 제품은 세련되고 단순해야 했다. 2009년 신용카드 세계에는 그 두 가지가 부재했다.

가장 쉬운 발명부터 시작하기로 했다. 가격 말이다. 모든 사람에게 항상 똑같은 거래 수수료를 적용하겠다는 게 우리 생각이었다. 은밀한 추가 비용 없이. 신용카드 산업에 몸담은 모두가 이와 정반대로 하고 있었지만, 단순한 가격은 신용과 투명도를 올려줄 뿐 아니라 설명하기도 쉬웠다. 우리의 고객들은 우리가 어떤 비용을 청구하는지 제대로 알았고 그것을 다른 사람들에게도 설명할 수 있었다.

카드 네트워크사에서 청구되는 거래 건별 수수료를 포기하기로 한 것은 이 때문이다. 이 수수료는 신용카드를 사용할 때 사용증명 서류를 은행이나 정보처리 기관에 넘겨야 하던 시절의 터무니없는 잔재였다. 종이 사본을 옮길 때는 거기에 적힌 금액과 상관없이 일정한 비용이 들어간다. 하지만 그런 종이 사본은 사라진 지 오래임에도* 수수료는 그대로 남아 있었다. 계속 존재할 이유가 없는 수수료를 고객들에게 부담시키는 일을 정당화할 수는 없었고, 오히려 그렇게 하면 일이 불필요하게 복잡해질 뿐이었다. 그래서 우리는 가격을 단순하게 유지했다. 그렇게 한 덩어리의 혁신이 준비되었다.

그 결심에는 고통스러운 결과가 따랐다. 우리는 카드 네트워크사에 거래 건별 수수료를 계속 내야만 했고, 자연히 소액거래는 우리에게 마이너스였다. 그 손실을 만회하려면 대량의 다른 거래들이 있어야 하니 사업을 확장할 필요가 있었다. 그것도 빨리. 성장의 강력한 엔진이 되어줄 또 다른 혁신이 필요해진 것이다.

2) 무료 가입

스퀘어의 가격 모델은 급속한 성장이 받쳐줘야만 성공할 수 있었다. 우리는 고객들에게 빠르고 매끄러운 경험을 선사하기 위해 무료 가입 서비스를 제공하기로 했다. 이것도 업계 최초였고, 덕분에 스퀘어에 관심 있는 수많은 소상공인이 손쉽게 서비스를 이용할 수 있었다. 무료는 마법의 가격이고, 별다른 설명이 필요하지도 않다. 그에 반해 가입할 때 단 1달러만 부과해도 마찰은 늘어난다. 우리는 아예 무료 가입으로 모든 마찰을 없앴다.

단순함에 무료 가입까지 더해지자 폭발적인 성장이 일어났다. 이 두 가지는 서로의 영향력을 기하급수적으로 올려주었다. 하지만 무료로 등

---

* 이 책이 출판된 2019년에 스퀘어는 스퀘어 POS기(Square Point of Sale) 시스템을 출시해 기존의 2.75퍼센트였던 수수료율을 2.6퍼센트로 내리고 건당 10센트의 수수료를 추가로 더하는 방식을 택함으로써 미국 신용카드 수수료율의 역사를 새로 썼다. 수수료율을 내리고 건당 수수료를 추가하는 이 방식은 스퀘어 고객들이 지불하는 비용은 낮추면서도 업계 내에서 여전히 제대로 기능하고 있다. 관련 내용은 14장 '가격에 대하여'에서 자세히 살펴보자.

록하는 사람들의 다수가 수익성 있는 고객은 아니었고, 따라서 우리는 하드웨어에 드는 비용을 비롯한 운영비용을 최대한 낮춰야 하는 부담을 또 끌어안게 되었다.

3) 공짜 하드웨어

2009년 당시 시장에서 가장 저렴했던 휴대용 신용카드 리더기는 정형외과에서 맞춰주는 구두처럼 생긴 데다 가격도 950달러나 되었다. 스퀘어 최초 모델의 제작비용은 0.97달러였다. 50달러라 해도 싸다고 했을 테니 우리 리더기는 그저 저렴한 정도가 아닌, 말도 안 되게 싼 수준이었다. 경쟁 제품보다 979배나 저렴한 가격 덕분에 우리는 리더기를 그냥 공짜로 나눠줄 수 있었다. 베스트바이(Best Buy)나 애플 스토어 같은 소매업체에서 구매하면 소매가격에 해당하는 포인트를 주었다. 공짜는 마법의 가격이다. 거기에 공짜로 멋진 하드웨어까지 얻는다는 것은 더욱 마법 같은 일이다.

신용카드 회사로부터 뭔가를 공짜로 받아본 적 없는 사람들은 우리에게 완전히 매혹당했고, 한편으로는 워낙 좋은 조건인 만큼 혹시 숨겨진 덫은 없을까 의아해했다. 따라서 우리는 그들에게 아무런 제약도 없으며 원하면 언제든 떠날 수 있음을 보여줄 필요가 있었다.

4) 의무약정 없음

우리는 다른 업체들처럼 3년짜리 계약으로 소비자들을 묶어놓지 않고 언제든 떠날 수 있게 했다. 스퀘어에 관심이 있다면 자유롭게 무료로 등록하는 게 전부였다. 덕분에 회원 수가 늘어났다. 중요한 점은 시스템도 단순해질 수 있었다는 것이다. 장기 의무약정으로 소비자들을 잡아두지 않기로 했으니 계약서에 작은 글씨로 조항을 추가할 필요도 없었고, 소비자들과의 신뢰가 쌓임과 동시에 등록 절차도 단순화되었으며, 떠나고 싶은 사람과 싸울 필요도 없었다. 사실 초창기에는 고객과 연락할 일 자체가 매우 드물었다.

5) 실시간 고객 서비스 없음

처음에는 고객 서비스 지원 옵션이 매우 적었다. 전화번호도 없이 달랑 이메일 주소만 있었는데, 고객에게서 문의 이메일이 오면 타자 속도가 빠른 사람들로 이루어진 소규모 팀이 답변을 해주었다. 문의 번호 하나 없는 업체와의 금융거래를 믿는 게 정신 나간 일처럼 보일 수도 있으나 불만 건수는 많지 않았다. 전화 문의를 선호하는 소비자들은 기존의 신용카드 회사에 가입하면 됐지만 그들은 그 대신 불평할 거리가 많아졌을 것이다.

우리는 실시간 고객 서비스가 없다는 사실을 매우 진지하게 받아들였다. 단순히 비용 절감을 위해서가 아니었다. 이는 고객들이 연락할 필요성을 느끼지 못하게끔 혁신을 계속하도록 우리를 몰아붙였다.

6) 훌륭한 소프트웨어

매끄럽고 간편한 인터페이스 구축은 그 자체가 목적이 아니었다. 소프트웨어를 잘 만드니 몇 가지 보상이 따랐다. 첫째, 쉬운 사용법은 이용을 망설이는 이들에게 더욱 큰 믿음을 주었다. 둘째, 고객지원의 필요성이 줄어들었다. 이용자에게 믿음을 주고 불만을 잠재운 것 외의 또 다른 장점은 이용자들을 우리의 판매사원으로 만들어주었다는 것이다.

하드웨어에서 소프트웨어, 웹사이트에 이르기까지 스퀘어에 대한 경험이 너무나 훌륭해서 사람들은 입소문을 내기 시작했다. 유명 디자이너들이 프로젝트를 함께하자고 연락해왔다. 이는 우리와 연결되고 싶은 사람들이 생길 만큼 우리 브랜드가 멋있다는 뜻이었다. 그 관계를 공고히 다지기 위해 우리는 모두에게 공짜 선물을 주었다.

7) 놀라운 하드웨어

스퀘어 카드 리더기는 생산원가가 1달러도 안 되었지만 놀라운 물건이었다. 나는 사람들의 눈에 띄는 디자인을 뽑는 데 집착했고, 그 목표를 위해 기능성을 약간 희생하기도 했다. 우리 리더기의 디자인은 스미스소니언 박물관과 뉴욕 현대미술관에 전시될 정도로 엄청나게 혁신적이었다. 우리는 97센트짜리 리더기를 2달러짜리 상자에 포장했다. 마치 보석을 받는 듯한 느낌을 줄 수 있도록 말이다. 사람들의 예상을 뛰어넘는 하드웨어는 스퀘어를 더욱더 눈에 띄게 해주었다.

8) 빠른 대금 지급

우리는 성장 속도를 높이기 위해 최선을 다하는 동시에 고객들을 위한 속도 개선에도 힘썼다. 스퀘어는 산업 내의 모든 측면에서 신기록을 세웠다. 기존의 신용카드 프로세스 업체는 결제 승인을 하는 데 며칠씩 걸렸다. 말도 안 되는 이 일 역시 1980년대의 유물이었다. 신용카드 네트워크사가 자료 복사본을 이리저리 옮겨야 했으므로 아바(ABBA) 콘서트에 입고 갈 나팔바지를 사려면 며칠 동안이나 기다려야 했던 것이다. 이제 디스코의 시대는 갔고 신용카드 거래에서 실물 자료가 왔다 갔다 할 일도 없어졌는데, 은행만은 여전히 그 시대를 살고 있었다. 스퀘어는 신용카드 역사상 가장 빠른 대금 지급 시스템을 구축했다. 우리가 카드사로부터 대금을 받는 것보다도 빨랐고* 당일 입금되는 경우도 많았다. 속도는 여러 가지 이유로 중요했다. 소비자들을 만족시켜 성장을 가속시킴은 물론 무엇보다 "언제 입금돼요?"라는 문의 전화를 없애주었으니까.

9) 차액결제 시스템

수수료 책정을 간단히 한 덕분에 매일 가맹주들에게 얼마의 돈을 보내줘야 하는지 파악하기도 쉬웠다. 가맹주가 업계 내의 다른 업체를 이용

---

* 이는 우리의 대금 지급 통장을 마이너스로 만들었다. 모두가 이에 대해 경고했지만 2009년부터 2015년까지의 금리는 거의 0이었으므로 큰일이 아니었다.

할 경우 그들은 며칠 기다려야 수수료를 알 수 있었고 업체는 정산 차액을 매달 가맹주의 계좌에서 빼 갔다. 누군가가 당신에게 말도 하지 않고 마음대로 정한 금액을 당신의 은행 계좌에서 빼 갈 수 있다고 생각해보라. 그렇게 빠져나갈 금액이 얼마인지 정확히 알지도 못하는 상태로 수입과 지출을 맞춰야 하는 상황도. 이 말도 안 되는 상황이 없어진 덕분에 실시간 고객지원의 필요성도 줄어들었다.

10) 낮은 가격

스퀘어가 처음 문을 열었을 때 영세상인들은 대부분 4퍼센트가 넘는 수수료를 내가며 신용카드 결제 서비스를 이용하고 있었다. 우리 서비스의 수수료가 2.75퍼센트라는 소문은 유치원 교실에 퍼지는 감기처럼 급속도로 퍼져나갔다. 돈 한 푼 안 들였음에도 저절로 홍보가 이뤄졌고, 실제로 우리는 홍보에 돈을 쓴 적이 한 번도 없었다.

낮은 가격은 강력한 혁신 쌓기 전략에서 보편적으로 나타나는 요소이므로 뒤에서 한 장을 통째로 할애해 살펴볼 예정이다. 하지만 철저한 분석이 없다 해도, 우수한 제품을 낮은 가격에 제공하면 입소문이 퍼질 수밖에 없음은 쉽게 이해할 수 있을 것이다.

11) 광고 없음

스퀘어는 2년 동안 아무런 광고도 없이 매주 10퍼센트의 성장률을 보였다. 누구나 이해하고 퍼뜨릴 수 있는 단순한 이야기로 고객들이 대신 광고를 해준 덕분이었다. 주변에서 "스퀘어 꼭 써봐."라고 말하면서 세상에서 가장 멋지게 생긴 신용카드 리더기를 보여주는 것보다 효과적인 광고가 있을까? 광고비가 절약된 덕에 우리는 고객이 대신 광고해줄 좋은 제품을 만드는 데 집중할 수 있었다. 고객이 판매원 역할을 해주니, 회사가 매주 10퍼센트씩 성장한다면 판매원도 매달 두 배로 늘어나는 셈이었다.

계속 덩치가 커지는 고객 판매원들은 끊임없이 새로운 고객을 몰고 왔다. 우리는 스퀘어에 관심이 있어서 웹사이트를 방문한 이들을 고객으로 전환하고자 최선을 다했다.

12) 온라인 가입

스퀘어에 가입하는 모든 절차는 온라인에서 끝낼 수 있었다. 서류 작성이나 신용 확인도 필요 없이 거의 실시간으로 결과가 나왔다. 40장에 달하는 기존의 계약서로는 수백만 명을 고객으로 만들 수 없었다. 스퀘어의 온라인 가입 절차가 아주 쉽다는 이유로 나를 멍청이라고 비난했던 그 CEO의 회사는 우리 계약서를 토씨 하나 틀리지 않고 그대로 베껴서 비슷한 제품을 내놓았다. 비록 오래가지는 못했지만.

그러나 우리 시스템과 연결되어야 하는 금융 기업들은 서류 없는 절차가 너무 생소했던 터라 겁을 집어먹었다. 우리는 이를 해결하기 위해 새로운 계약 모델을 고안해야만 했다.

13) 새로운 범죄 대처 모델

우리는 용 한 마리의 모양을 한 만 마리의 쥐새끼들을 만났고 그 문제에 대한 해결책을 내놓았다. 다행히 거래 건수가 엄청났던 터라 데이터가 많이 모였고, 그 정보 덕분에 데이터 과학과 게임 이론으로 금융범죄와 맞서는 새로운 방법을 고안해냈다.

하지만 우리 고객들의 다수가 신용거래 이력이 탄탄하지 못하다 보니 금융 파트너사들은 그들을 선뜻 믿으려 하지 않았다. 우리가 사기거래 문제를 해결할 수 있는데도 우리와 함께 일하는 은행과 결제 처리업체들은 우리 고객들에게 다른 가맹주들과 똑같은 접근권을 주려 하지 않았다. 이런 이유로 혁신 쌓기 전략에는 또 다른 요소가 필요해졌다.

14) 재정적 위험 감수

우리의 혁신적인 범죄 대처 모델은 업계의 다른 기업보다 범죄 사건에 효과적으로 대응하게 해주었다. 기존의 신용카드 기업들은 이해하지 못했지만 말이다. 평범한 사업체가 신용카드 가맹점으로 가입하면 은행은 그 업체에 온갖 위험 요소를 떠넘긴다. 이는 엄청나게 복잡한 자격 심사와 서류 작업을 요구한다. 하지만 스퀘어는 그 위험을 직접 떠안음으로써 가입 절차를 크게 단순화할 수 있었다. 고객보다 우리가 먼저 재정적 위험을 감수함으로써 은행이 신뢰하지 않는 수백만 영세상인들을 대상으로 승부를 건 것이다. 그 결과 200만 명이 넘는 새로운 영세사업자들을 신용카드 피라미드의 가장 아랫부분으로 데려올 수 있었다.

기존 시스템의 바깥에서 기업을 운영하려면, 기존 비즈니스 모델에 한두 가지 변화를 주는 것만으로는 안 된다. 존재하지 않던 시장으로 확장해가려면 일련의 변화가 필요하다. 지금까지 설명한 요소들 중 개별적으로 움직이는 것은 소수에 불과하다. 우리가 내린 결정들은 대부분 필요에 의해 연쇄적으로 이루어졌고, 그 결정들을 이해하려면 전체적인 그림을 봐야만 한다.

라이트 형제가 만든 첫 비행기를 생각해보면 쉽다. 비행기는 단 하나의 발명품이 아니라 여러 혁신이 모여 이루어진 커다란 덩어리였다. 오빌 라이트(Orville Wright)와 윌버 라이트(Wilbur Wright)는 물체를 공중으로 띄워 날게 하는 방법만 찾아내야 했던 것이 아니었다. 그들은 프로펠러를 돌릴 만큼 충분한 마력을 갖췄으면서도 가벼운, 그때까지 만들어진 적 없는 엔진이 필요했다. 비행기가 공중에 뜬 다음에는 어떻게 조종해야 할까? 오랫동안 공중에 머물러본 사람이 없으니 아는 사람이 있을 리 없었다. 따라서 그들은 그 문제에 대한 답을 알아내야 했다. 하늘을 나는 기계를 착륙시킬 수 있는 방법도 알수 없었다. 고민해본 이가 그때까지 없었으니까. 비행기 날개의 모양을 두고 영감에 의한 발명품이라 말할 수 있을지 몰라도, 비행기 자체는 어마어마한 혁신 쌓기 전략으로 이루어졌다.

지금까지 소개한, 서로 연결된 스퀘어의 열네 가지 발명이 어떤 계획이나 의도하에서 된 것 같다면 그건 과거를 뒤돌아보며 얘기했기에 그렇게 보이는 것뿐이다. 각각의 요소들에 하나씩 번호를 매긴 뒤

정리해서 읽으면 그 과정을 순간순간 겪었을 때보다 훨씬 체계적으로 느껴질 수밖에 없다. 스퀘어는 혁신을 추구한 것이 아니었음을 기억하라. 우리는 기존의 해결책을 찾으면 기꺼이 모방했다. 스퀘어가 갖춘 시스템의 나머지 요소들이 앞에서 언급되지 않은 이유는 그것들이 업계의 보편적인 관행이었기 때문이다.

기업이나 개인은 혁신을 목표로 삼고 혁신하려 하는 경우가 잦다. 하지만 그렇게 나온 혁신은 실패한 성형수술 같을 때가 많다. 기껏해야 그런 혁신은 업계에서 급속도로 모방되어 점진적인 개선이 늘어나게 할 뿐이다. 전에는 자동차에 시동을 걸려면 열쇠를 넣어 돌려야 했는데 언젠가부터 버튼을 사용하는 화려한 차가 나오기 시작했다. 이제는 거의 모든 자동차에 시동 버튼이 있다. 그래서 어떻단 말인가?

필요는 발명의 어머니다. 혁신은 계획하는 것, 원하는 것, 열망하는 것이 아니라 해야만 하니까 하는 것이다. 혁신은 혁신만이 유일한 대안인 상황에 부닥칠 때 시작된다.

그다음에는 롤러코스터 같은 여정이 펼쳐진다. 첫 번째 발명은 다른 무언가를 망칠 것이다. 그렇기에 또 혁신을 하지 않으면 안 된다. 하고 싶어서 하는 게 아니란 뜻이다. 이 주기가 반복되다 보면 서로 연결되어 계속 진화하는 발명이 무더기로 나온다. 자신이 없으면 혁신이 필요한 상황에 놓이지 마라. 성벽 안에서 남들의 법칙에 따르며 살 생각이 아니라면 수많은 새로운 시도를 해볼 준비가 되어야 한다. 나중에 돌아보면 지혜로운 결정이 선형적으로 이루어져 혁신이 쌓인 것처럼 보이지만 그 진화는 단순히 말해 생존 본능이다.

대표적인 혁신 기업들도 혁신이 아닌 생존을 추구했을까? 세상을 바꾼 기업들이 필요 때문에 진화한 과정이 역사책에 들어갈 만한 이야기까지는 아니겠지만, 정말 대부분 그런 식으로 이루어졌다. 혹독한 조건과 고집스러운 창업자가 만나면 혁신 쌓기 전략이 발달한다. 우리는 신용카드 결제 범위를 기존 시스템이 포함하지 못하는 사람들까지로 확장하고 싶었고, 그것을 위한 주된 도구는 발명이었다. 선택이 아닌, 필요에 의한 발명 말이다.

하지 않으면 안 되니까

스퀘어의 초창기에는 '하지 않으면 안 된다'라는 말을 광신교 집단의 기도 소리처럼 자주 들을 수 있었다. 다음은 우리가 거친 실제 상황이다.

우리는 수백만 영세상인들이 처음으로 신용카드를 받을 수 있게끔 만들어주고 싶다. 그러니 등록 절차를 쉽게 만들지 않으면 안 된다. 등록 절차가 간단해야 하니 소프트웨어를 단순하게 디자인하고 종이 계약을 없애지 않으면 안 된다. 가입자가 수백만 명에 이르니 고객 서비스 비용을 낮추지 않으면 안 된다. 고객 서비스 비용을 낮춰야 하니 단순한 가격 책정과 차액결제 시스템을 추구하고 추가 수수료와 종이 계약을 없애지 않으면 안 된다. 낮은 가격을 위해 광고비용을 줄이지 않으면 안 되니 일단은 끝내주는 제품과 하드웨어를 만들어야만 한다. 사람들의 입에 오르내릴 정도로 모양새 나는 하드웨어, 그리고 그들이 다른 누군가에게 쉽게 설명해줄 수 있는 제품을 말이다.

각각의 새로운 것들은 다른 새로운 것들에 영향을 주었고 모두가 연쇄적으로, 나란히 진화했다. 우리 혁신 쌓기 전략의 어느 한 부분은 다른 특정 부분을 필요 없게 만드는 동시에 또 다른 부분의 중요성은 배가시켰다. 모든 것이 끊임없이 변화했다. 정말 힘든 일이지만 생존이 걸린 문제다. 그러니, 하지 않으면 안 된다.

CHAPTER 04

아마존의
공격

'빚을 청산하다'라는 뜻의 '스퀘어링 업(squaring up)'은 '싸움을 시작한다'는 뜻의 '스퀘어링 오프(squaring off)'와 한 단어 차이다. 안타깝게도 두 가지 표현은 모두 성벽 밖에 있는 기업들과 관련이 있다. 모든 신생 기업은 생존을 위해 투쟁하기 마련이지만 기업가적 기업은 더욱 큰 위협에 직면한다.

굶주림과 포식자

일반적으로 굶주림은 신생 기업의 기업가를 잠 못 이루게 하는 첫번째 두려움이다. 성벽 바깥에서 살아남지 못할 수도 있다는 두려움이 수면제를 팔아준다. 도시의 지원을 받지 못하니 굶어 죽을 위기에 처한다. 아이디어는 실패하고, 제시간에 혁신을 쌓지도 못한다. 다른 아이디어가 있기는 하지만 너무 지치고 무서워서 혹은 이혼까지 당한 마당이라 섣불리 시도하지 못한다. 굶주리면 춥고 외롭다.

굶주림은 기업가들이 대면하는 첫 번째 두려움은 될지언정 가장 큰 두려움은 아닐 수도 있다. 굶주림을 겨우 이겨내면 두 번째 괴물이 찾아온다. 바로 포식자다. 당신의 기업은 혼자가 아니다. 다른 기업들이 당신의 성공을 보고 모방한다. 그들은 당신보다 덩치가 크고 힘센 상대일 수도 있고 수십 명의 작은 모방범들일 수도 있다. 그들은 당신이 쌓은 것을 빼앗으려 할 것이다. 굶지는 않겠지만 죽을 수는 있는 상황이다.

커피 마시는 사람이 없는 곳에 카페를 차리는 것이 굶주림이라면, 바로 옆에 스타벅스가 생기는 것은 포식자가 나타나는 것이다.

성공의 기로에서 맞닥뜨린 위기

스퀘어를 설립한 뒤 사흘 후, 잭과 나는 밸런타인데이를 맞이해 서로의 여자 친구를 데려와 샌프란시스코에서 함께 저녁을 먹었다. 우리는 샴페인을 시키고 이제 막 시작된 여정을 축하했다. 목표는 분명했지만 과연 성공할지는 알 수 없었다. 우리는 1년 후인 2010년 밸런타인데이에도 만나기로 약속했다. 1년 내에 스퀘어가 실패한다면 길거리에서 핫도그를 사 먹고, 성공한다면 샴페인을 마시기로.

약속하기를 잘했다. 시간이 지나면 지도 없이 떠나는 여정이 시작할 때에는 얼마나 불확실한 것이었는지 잊어버리기 쉽다. 길거리 핫도그와 값비싼 샴페인은 1년 후 우리가 놓일 상황의 양극단이었다. 우리가 만들려는 것을 원하는 사람이 있을지, 아니 우리가 그런 것을 만들 수나 있을지 확신할 수 없었다. 스퀘어가 굶게 될지 어떨지도 알 수 없었다.

1년 후, 우리는 샴페인 코르크 마개를 땄다. 지나치게 자신만만하게 굴지 않기 위해 1회용 컵에 샴페인을 따르고 위생 검사 스티커가 없는 노점에서 핫도그도 샀다. 1년이 지난 시점에서 상황은 순조로웠지만 스퀘어는 아직 공식 론칭을 기다리는 중이었다. 신호는 긍정적이었다. 그 1주년 이후 우리는 해마다 샴페인으로 축하를 했다. 스퀘어가 굶지 않을 것임은 확실했다.

고객들은, 그것도 수백만에 이르는 고객들은 스퀘어를 좋아했다. 우리는 빠르게 성장 중이었다. 비록 그때는 그런 명칭을 사용하지 않았지만 우리의 혁신 쌓기 전략은 성공적이었다. 결제 건수는 매주 평균 10퍼센트씩 증가했다. 그런 추세가 거의 3년 동안 이어졌다.

그 기간 동안 스퀘어는 미친 듯 활기 넘치는 분위기였다. 성장 규모가 엄청났기에 채용과 팀 구축, 새로운 구조 추가가 최대한 빠르게 이루어졌고 매주 금요일 회의 시간마다 우리는 한 주간의 성장을 돈으로 확인하며 축하했다.

그러던 어느 날, 누군가가 문을 노크했다.

완벽한 포식자

완벽한 킬러를 떠올려보자. 회색곰부터 백상아리에 이르기까지, 모든 생태계는 눈앞에 있는 것은 무엇이든 잡아먹을 수 있는 최고의 포식자를 만들어낸다. 경제 생태계도 다르지 않다. 어렵지 않게 완벽한 포식자의 모습을 상상할 수 있다. 의사결정이 빠르고 단호한 리더가 통제하는 기업. 첨단 기술과 새 경제학(new economy)에 기반을 두는 기업. 마르지 않는 돈줄과 최고의 인재들로 구성된 팀을 거느린 기업. 이미 온 국민과 신뢰 관계를 구축한 기업. 가치와 편리함을 상징하는 브랜드를 갖춘 기업. 원하는 어떤 시장에든 들어가 승리한 전력이 있는 기업.

기업 임원들이 타는 전세기의 가죽 좌석을 망가뜨리려거든 그 자리에 앉은 임원에게 아마존이 업계에 진출한다고 말해보라. 과민대장증후군을 전문으로 다루는 기업이라도 아마존 앞에선 오금을 못 펼 것이다. 다이어퍼스닷컴(Diapers.com)이라는 스타트업을 떠올려보자. 이 작은 회사는 잘나가고 있었다. 어느 날 아마존이 기저귀 사업에 손대기 전까지는 말이다.

아마존은 기저귀 가격을 30퍼센트나 낮춰 다이어퍼스닷컴의 수익성을 없애버린 뒤, 아마존에서 판매하는 기저귀 가격이 다이어퍼스닷컴보다 무조건 싸게 조절되게끔 만들었다. 마지막으로 아마존은 월마트가 내려고 했던 것보다 1억 달러나 적은 돈으로* 다이어퍼스닷컴을 인수하겠다고 제안했다. 현재 그 회사는 아마존의 소유다. 아기들 제품을 다루는 회사에 대해서도 포식자는 이렇게나 무자비하다.

당신은 지금 바로 이 책도 아마존에서 샀을 것이다. 아마존은 미국 전역의 거의 모든 소비자와 직접적인 관계를 맺고 보물과도 같은 그들의 구매 습관 데이터를 보유하고 있다. 사람들은 아마존에서 도청기를 돈 주고 사서 집에 설치하는 셈이다. 아마존은 말 그대로 하늘을 나는 로봇 군대를 구축하고 있다. 그들은 웃는 얼굴이 그려진 아마존 택배 상자에 만신창이가 된 경쟁업체를 넣어버리고 다음 시장을 공략한다.

그런 아마존의 다음 공략 대상이 바로 우리, 스퀘어였다.

---

* 나는 이 정보를 세 명의 다른 인물을 통해 확인했다. 다만 그들 모두 자기가 누구인지 공개되는 것은 원하지 않았다.

무대응 전략으로 맞서다

2014년 여름, 스퀘어는 막 창업 5년째에 접어들었다. 제품 론칭에 18개월이 걸렸으므로 우리 혁신 쌓기 전략의 역사는 4년 정도였다. 여전히 스퀘어는 멋지고 작고 네모난 하얀색 카드 리더기를 제공하고 2.75퍼센트의 수수료를 부과하는 단순한 기업이었다. 수많은 영세상인들이 우리 제품을 만족스럽게 이용 중이었고, 빠른 성장 속도도 여전했다. 여전히 실시간 고객 서비스도 없었고 광고비도 거의 나가지 않았다.

그러던 어느 날, 초인종이 울리더니 아마존의 제프 베조스(Jeff Bezos)가 2일 무료 배송으로 보낸 잘린 말 머리가 도착했다(영화 〈대부〉에 잘린 말 머리를 이용해 상대를 협박하는 유명한 장면이 있다. 그 장면을 떠올리며 말한 것 – 옮긴이). 우리는 아마존이 우리 제품을 모방해 (까만색에다 직사각형이기는 했지만) 30퍼센트 낮은 가격에 실시간 고객 서비스까지 제공한다는 사실을 알게 되었다. 그들은 너무도 유명한 브랜드와 무수히 많은 고객을 이용해 우리 시장을 앗아 갈 작정이었다. 그동안 수없이 많은 시장을 빼앗은 것처럼.

신속한 대응이 필요했다. 아마존을 물리친 기업의 사례를 찾아봤지만 그런 기업은 하나도 없는지 영 발견하기가 어려웠다. 최상위 포식자를 격퇴하는 방법을 알려주는 책은 하나도 없었고, 격퇴에 성공했다 해도 결국 그들은 그 책을 아마존에서 팔아야 했을 것이다. 우리 스스로 알아서 대응법을 찾는 것만이 유일한 방법이었다.

아마존의 전략은 스퀘어를 모방한 후 거대한 브랜드와 고객층을 이용해 세 가지 영역에서 우수한 서비스를 제공하여 우리를 무찌르는 것이었다. 그 세 영역은 바로 카드 리더기, 고객지원, 가격이었다. 모두 스퀘어가 매우 취약한 부분이었다.

아마존의 첫 공격은 특히 나에게 사사로이 다가왔다. 내가 처음에 디자인한 것보다 뛰어난 카드 리더기를 출시한 것이다. 스퀘어의 카드 리더기는 크기가 너무 작아 카드가 리드헤드를 지날 때 흔들리는 바람에 인식 오류가 발생하는 문제가 있었다. 2014년 당시는 하드웨어팀이 내 리더기를 여러 차례 손본 후였다. 그러나 크기는 그대로였으므로 카드가 흔들리는 문제는 여전했다. 아마존을 비롯해 스퀘어를 모방한 모두가 내놓은 해결책은 리더기의 폭을 두세 배로 늘리는 것이었다.

나도 폭을 넓힌 리더기를 만들어 시험해봤는데, 카드의 흔들림은 해결됐지만 대가가 따랐다. 디자인이 전혀 멋져 보이지 않았던 것이다. 우리 리더기는 '가장 사용하기 쉬운 리더기'가 아닌 '가장 멋진 리더기'를 만들려는 목적으로 디자인되었고, 정사각형인 데다가 이름도 스퀘어였다. 작고 멋지고 독특한 우리 리더기는 사람들의 관심을 끌었다. 처음에는 독특한 생김새 때문에, 그다음에는 사용에 연습이 필요하기 때문에. 아마존이 경쟁 제품으로 내놓은 카드 리더기 '레지스터(Register)'의 기능성을 따라가기 위해 스퀘어의 디자인을 바꾼다면 훌륭한 디자인이라는 핵심 가치가 희생될 것이었다. 우리가 의식적으로까지는 아니더라도 줄곧 지켜왔던 중요 원칙이었는데 말이다. 아마존의 리더기는 사용이 편리하지만 아무런 즐거움도 주지 못했다. 아마존 제품의 성능이 더 좋았지만 우리는 디자인을 바꾸지 않기로 했다. 군이 이유를 입 밖에 내진 않았지만.

다음으로 아마존은 우리의 고객지원 서비스에 공격을 가했다. 아니, 고객지원 서비스의 부재를 공격했다는 편이 맞다. 당시 스퀘어는 실시간 고객지원 전화를 서비스하고 있지 않았다. 실수가 아니었다. 실시간 고객 서비스를 제공하지 않는 쪽으로 전체적인 생태계를 고안한 결과였으니까. 소프트웨어, 가입, 계약을 비롯한 모든 시스템을 고안할 때 이메일 지원만으로 충분하도록 고객 경험을 단순화하겠다는 생각이었다.

돈을 다루는 회사가 고객지원 전화 서비스를 마련하지 않는 것은 미친 짓이라고 말하는 사람이 있을 때마다 잭과 나는 그들에게 어떤 이메일 계정을 사용하느냐고 물었다. 내가 주로 사용하는 이메일 계정은 10년 이상 된 지메일(Gmail)이었고 잭은 나보다도 더 오래되었다. 하지만 그 기간 동안 잭도 나도 지메일 고객센터에 연락해본 적은 한 번도 없었다. 수백만 고객이 고객센터에 연락할 일 없이 만족하면서 제품을 사용하는 것이 가능하다는 뜻이다.

하지만 2014년 당시 스퀘어의 제품 라인업은 좀 더 복잡해진 뒤였고, 그에 따라 실시간 고객지원 서비스를 추가하려는 계획도 진행 중이었다. 하지만 고객지원 서비스는 하루아침에 이루어지는 것이 아니다. 훌륭한 실시간 고객 서비스 경험을 제공하는 데는 수개월의 계획과 채용, 교육이 필요하다. 거기에 직원들이 근무할 공간도 있어야 하니 서두르지 않을 생각이었다. 아니, 이미 서두르고 있기는 했지만 세계에서 가장 무서운 기업이 우리에게 없는 전화 서비스를 홍보한다 해서 더욱 서두르지는 않기로 했다.

아마존의 마지막 공격은 가격이었다. 아마존은 스퀘어의 2.75퍼센트보다 낮은 1.95퍼센트의 수수료율을 내걸었다. 그들과 똑같이 가격을 내려 소모전에 돌입할 수도 있었지만 우리는 작고 돈 없는 스타트업인 데 반해 아마존은 크고 돈도 많으며 누구나 아는 기업이었다. 그런 기업과 싸운다면 파산하게 될지도 몰랐다. 우리는 가격을 무작위로 정한 것이 아니었다. 시장에 있는 다른 그 어떤 기업보다도 낮은 가격을 선택한 것이었다. 그리고 계속 성장한다면 결국 수익을 올릴 수 있는 가격이기도 했다.

대개 스퀘어의 이사회 회의는 매우 유쾌한 편이지만, 아마존 문제를 상의하던 날에는 암 검사 결과를 기다리는 상황처럼 암울했다. 모든 참석자가 대응 방안을 제시했고, 마지막 아이디어까지 고려한 후에 우리는 놀라운 결론에 다다랐다. 지구상에서 가장 무시무시한 기업이 공격해왔지만 아무것도 하지 않기로 한 것이다. 말 그대로 아무것도.

아마존의 가격을 따라가려 했다가는 피를 너무 많이 흘려 죽게 될 것이 뻔했다. 얼마 전까지만 해도 잭의 신용카드로 버텼던 우리가 가격으로 경쟁하려 들면 통장에 수십억 달러가 쌓인 아마존은 두 팔 벌려 환영할 터였다. 실시간 고객지원 서비스는 이미 추가하기로 결정되어 있는 상황이었지만 서두를 수는 없었다. 우리는 우리 카드 리더기의 디자인과 기능이 마음에 들었다. 아마존의 덩치와 시장점유율을 따라갈 수는 없었다. 우리가 아마존처럼 드론으로 배송해줄 수 있는 것도 아니고.

2014년 중반까지 우리는 운영에 대한 수천 가지 결정을 내렸고, 항상 고객과 직원들을 염두에 두었다. 결정 하나를 내릴 때마다 또 다른 결정을 내리지 않으면 안 되었기에 모든 결정들은 서로 연관되어 있었고, 그러니 하나를 바꾸면 다른 것에 영향이 가지 않을 수 없었다. 우리의 혁신 쌓기 전략은 완성되어 있었지만 그것에 담긴 힘을 아직은 알지 못했다. 아마존에 대응할 방법은 우리의 방식을 바꾸는 것뿐이었는데 우리가 쌓아온 모든 방식에는 저마다 이유가 있었다. 아무런 대응도 하지 않은 것은 그 때문이었다.

코에는 발가락으로

아마존 같은 기업과 코에는 코, 발가락에는 발가락으로 똑같이 맞붙는다는 것은 비즈니스 전략으로나 비유로나 말도 안 되는 일이다.

그보다는 '코에는 발가락'이 제대로 된 방법이다. 기술 대기업의 스케일은 말로 설명하기가 거의 불가능하니 숫자를 사용해서 얘기해보겠다. 실리콘밸리에서 일해보지 않은 사람이라면 의구심이 들겠지만 지금부터 내가 거론하는 숫자들은 매우 정확하다는 사실을 미리 강조하고 싶다.

아마존에 무대응하는 동안에도 스퀘어의 미친 듯한 급성장은 계속되었기에 우리는 다른 실리콘밸리 기업에서 다수의 엔지니어를 채용했다. 하루는 아마존이 아닌 다른 대규모 기술 플랫폼에서 일하는 5년차 프로그래머에게 스카우트 제의를 했다. 관리자도 아니고 특수한 기술을 보유한 사람도 아니었다. 실은 그보다 얼마 전에 그 기업에서 이 프로그래머의 팀장이었던 사람을 채용하기는 했었다. 그러나 이번에 스카우트하려는 프로그래머는 그냥 평범한 자바 개발자였다. 우리는 그에게 연봉 10만 달러 및 4년간 스톡옵션 10만 달러를 추가하는 조건을 제시했다. 당시 우리 회사는 상장 전이어서 터라 거래 가능한 주식은 아니었다.

그가 일하고 있던 거대 기업에서는 그를 붙잡기 위해 무려 800만 달러의 연봉을 제시했다. 당연히 믿기지 않아서 정말인지 조용히 알아봤다. 사실이었다. 지금까지도 나는 그 직원에게 그렇게 엄청난 제안을 거절하고 우리 회사에 들어온 이유가 무엇인지 차마 물어보지 못하고 있다. 평범한 기술을 보유했을 뿐인데 어째서 그렇게 엄청난 제안이 들어온 것이냐는 의문을 제기하지 않고는 말을 꺼낼 수가 없었기 때문이다.* 얼마 후, 그 회사에서 일하고 있는 내 친구가 전화해 나에게 면접 자리를 마련해달라고 부탁했다. 그녀는 안정적인 대기업에서 정신없는 신생 기업으로 옮길 마음이 조금도 없었지만 자신의 몸값도 수백만 달러라며 회사에 겁을 주려던 것이었다.

내가 말하고 싶은 핵심은 이것이다. 기술 대기업과 싸우는 스타트업은 군복을 입은 어린아이가 진짜 군인과 싸우는 것이나 마찬가지다. 기술 대기업은 중요한 거의 모든 분야에서 유리하다. 돈, 인재, 고객, 브랜드, 로비, 변호사, 특허, 하늘을 나는 로봇까지. 그중에서도 아마존은 최고로 무시무시하다.

정확히 말하려면 우리가 아마존의 공격에 '아무 대응도 하지 않았다'기보다는 '기존과 다른 것을 하지 않았다'고 해야겠다. 여전히 매주 10퍼센트의 성장률을 기록 중이라 모든 측면에 부담이 가중되고 있었고, 모든 것이 과부하였다. 네트워크 대역폭도, 화장실도.

부담이 가중되고 있다는 사실은 물리적으로도 확인할 수 있었다. 이를테면 옮긴 지 얼마 되지 않은 세 번째 사무실에서는 파란색 네트워크 케이블이 포물선을 그리며 안쓰럽게 흔들렸다. 하지만 가장 심한 중압감을 받는 것은 50일마다 규모가 두 배로 커지는 수십 개 시스템을 지원하느라 고생 중인 우리 팀원들의 목과 허리였다. 회사의

---

* 당사자가 보면 이게 자기 얘기라는 것을 알 것이다. 결과적으로는 다 잘돼서 다행이지만, 2014년에는 나도 스퀘어가 이렇게 성공할 거라고는 상상도 하지 못했다.

1부 완벽한 문제를 찾아라 | 107

성장과 함께 하얗고 썰렁한 사무실을 장식하는 각종 위스키병도 늘어만 갔다. 20세기 중반에 유행한 인테리어 양식을 하고 있던 사무실은 점점 금주법 시대에 범죄 증거품을 모아놓은 창고처럼 변해갔다.

아마존의 공격을 받는 동안에는 사무실의 에너지 수준도 좀 이상했다. 다른 경쟁자들이 위협해왔을 때는 마치 아드레날린 분비샘 그 자체가 된 것처럼 회사의 에너지 수준이 확 바뀌었다. 그간 경쟁사들 때문에 팀원들의 사기가 넘치거나 저하되는 모습은 종종 봐왔지만 지금처럼 아무런 반응도 없기는 처음이었다. 무려 아마존이 공격해오고 있는 중인데 놀랍게도 사무실의 에너지 수준에는 아무런 변화가 없었다.

무슨 일이 벌어지고 있는지 모두가 알고 있음에도 평소와 다른 일을 하는 이는 없었다. 물론 당시는 급성장 시기라 이미 직원들의 에너지는 남은 음식을 굳이 전자레인지에 데우지 않아도 될 만큼 뜨거웠다. 하지만 이사회실에서 바라보는 회사는 이상할 정도로 고요했다. 굳이 숫자를 체크한 적도 없으니 아마존이 얼마나 잘하고 있는지 파악하기도 불가능했다. 우리가 아는 것은 고객들, 그리고 우리가 풀어야 하는 문제가 끊임없이 늘어나고 있다는 점뿐이었다. 분명히 알고 선택한 방식이었으나 앞으로 상황이 어떻게 될지, 싸움이 언제 끝날지는 알 수 없었다. 우리는 우리의 혁신 쌓기 전략이 경쟁에 미치도록 강하다는 사실을, 아니 우리에게 그런 게 있다는 것조차 몰랐다.

스퀘어와 아마존의 전쟁은 1년 조금 넘게 이어졌다. 이상하게도 그 기간 동안 나는 아마존의 까만색 카드 리더기를 실제로 본 적이 단 한 번도 없었다. 우리가 뭔가 놓치고 있는 걸까? 조용해도 너무 조용한데? 하지만 스퀘어의 일상은 그대로여서, 그저 늘 하던 대로 제품을 만들고 고객을 지원하고 성장을 계속했다.

2015년 핼러윈에 또 초인종이 울렸다. 이번에는 반가운 소식이었다. 아마존은 레지스터의 판매를 중단한다고 발표했고, 그런 뒤에는 놀라울 정도로 깔끔하게 시장에서 퇴장했다. 레지스터를 이용했던 고객들은 웃는 얼굴이 그려진 아마존 택배 상자에 담긴 작고 하얀 스퀘어 리더기를 선물 받았다.

나는 우리가 무엇을 했는지를 알았고 또 그것이 성공을 거두었다는 것도 알았다. 하지만 그 이유를 깨닫는 데는 3년이 걸렸다. 그 성공은 단순히 운이었을까, 아니면 다른 요인이 작용했을까? 스퀘어는 어떻게 성공을 이어갈 수 있었을까? 아니, 아마존은 온갖 유리한 조건을 갖췄음에도 왜 실패한 것일까?

이 질문을 품고서 나는 다른 업계의 비슷한 사례를 찾아보기 시작했다. 풋내기가 대기업이나 업계 전체와 맞붙어서 이긴 경우 말이다. 비슷한 경험을 한 기업들을 찾아보면 기본적인 패턴이나 심오한 깨달음이 나올지도 몰랐다.

스퀘어는 분명 뭔가 다르기는 달랐는데 그게 도대체 뭔지를 알 수 없었다. 그러다 마침내 답을 찾아냈다. 스퀘어가 왜 다른지가 아니라 나머지 기업들이 왜 똑같은지를 생각해본 끝에 말이다.

CHAPTER 05

모방과 혁신의
상관관계

아마존을 상대로 거둔 승리에 나는 무척 신경이 쓰였다. 물론 패배했더라면 더욱더 그랬겠지만 이겼음에도 마음은 그리 기쁘지 않았다. 어째서 이긴 것인지를 도통 알 수 없었으니까. 매일 괴롭던 싸움이 끝나니 시간 여유가 생겨서 미친 듯 생각했다. '도대체 어떻게 된 거지?'

스타트업은 아마존을 이기지 못한다. 그러니 스퀘어가 분명 뭔가 독창적인 것, 적어도 엄청나게 희귀한 일을 한 것이 틀림없었다. 그런데 그게 과연 뭐란 말인가? 우리가 한 일은 그다지 특별할 게 없어 보였다. 그때는 아직 혁신 쌓기 전략도 알지 못하는 상태였다. 1년이나 답을 찾으려 애썼지만 진전이 없었다.

예술가와 수학자에게는 복잡한 주제나 개념의 본질을 포착하는 영리한 비책이 있다. 바로 정반대의 것에 집중하는 것이다. 수학자가

'간접증명(indirective proof)'이라고 부르는 것과 예술가가 '네거티브 스페이스(negative space, 예술에서 어떤 형상이 적극적으로 드러나지 않는 공간을 일컫는 말. 이를 이용해 형상을 강조하거나 새로운 의미를 활용하기도 한다 - 옮긴이)'라 일컫는 것은 사실 그 개념 자체가 똑같다. 주제에 집중하는 것보다는 그와 정반대되는 것에 집중하기가 더 쉽다는 것이다. 나는 답답한 나머지 독창적인 그 무엇을 찾으려는 시도를 멈추고 정반대되는 것을 찾기 시작했다. 알고 보니 답은 주변에 많았다. 아니, 많은 정도가 아니라 사방에 그득했다.

거의 모든 비즈니스 문제의 답

'기업가 정신'이나 '네거티브 스페이스' 같은 추상적인 세계를 살펴보기 전에, 나는 '사업'이나 '성공 공식' 같은, 그와 정반대되는 구체적인 세계부터 살펴봐야겠다고 생각했다. 성공한 경영서는 공식을 필요로 한다. 글머리 기호가 없으면 안 되고, 체크리스트가 없어도 안 팔린다(어느 대형 출판사에서는 체크리스트가 없다는 이유로 이 책의 원고를 읽어보려고도 하지 않았다). 체크리스트가 없는 책은 당연히 실망스러울 것이다. 미지의 영역이라면 누구나 지도를 원하지 않을까?

이 책의 주제가 바로 미지 영역의 탐구다. 성공 단계가 다섯 개에서 일곱 개 정도의 글머리 기호로 묶여 설명될 줄 알았던 독자들을 위로하는 마음으로, 모든 업계에 해당하는 보편적인 성공 공식을 알려주겠다. 천 년 전부터 내려오는 이 공식은 다리를 건설하는 일에서부터 비누를 파는 일에 이르기까지 세상에 존재하는 어떤 분야에서든 당신을 성공하게 만들어준다. 사실 당신은 이 공식에 필요한 기본적인 기술을 태어나기도 전부터 연습했고 이미 달인의 경지에 이르렀다.

자, 그럼 준비됐는가?

남을 모방하라.

이 공식은 경쟁이 치열한 산업에도 통하고 그리 복잡하지도 않다. 뉴욕시의 레스토랑 산업을 떠올려보자. 뉴요커들의 입맛을 맞춰야 하는 시장처럼 살벌한 곳도 없다. 환상적이라는 평가를 받지 못하면 찬밥 신세를 면하지 못한다. 레스토랑 사업에는 성공 공식이 있다. 쉐이크쉑(Shake Shack)의 CEO 랜디 가루티(Randy Garutti)[1] 같은 사람은 이 점을 잘 알고 있다. 그는 내게 이렇게 말했다. "우리가 햄버거를 발명한 건 아니죠. 사실 우리 메뉴는 전부 대니 마이어(Danny Meyer, 쉐이크쉑의 창업자. 쉐이크쉑 이외에도 10여 개의 외식업체 브랜드를 갖고 있으며, '뉴욕 외식업계의 황제'라 불린다 – 옮긴이)가 어릴 때 세인트루이스에서 먹었던 것들입니다. 햄버거와 감자튀김은 스테이크 앤 쉐이크(Steak 'n Shake)에서, 프로즌 커스터드는 테드드루스(Ted Drewes)에서 아이디어를 얻은 거고요." 물론 쉐이크쉑은 아이디어를 얻은 기업을 똑같이 따라 하지 않는다. 랜디와 팀원들은 매일 어떻게

든 다듬고 개선한다. 내가 그의 테스트 키친을 방문했을 때 그는 해외 지점에 사용할 스무 가지 햄버거 빵 레시피를 살펴보고 있었다. 소비자가 선택할 수 있는 햄버거와 감자튀김 브랜드가 수없이 많으므로 쉐이크쉑은 모든 디테일에 집착한다. "우리는 매일 무엇이든 아주 조금이라도 개선하려고 노력합니다."

레스토랑에 필요한 테이블, 의자, 냅킨, 음식, 청소부, 허가증 같은 것은 어떨까? 이에 대해서도 랜디가 설명해준다. "뉴욕의 모든 레스토랑은 똑같은 공급업체들과 거래합니다. 변기가 역류하면 모두 똑같은 곳에 전화를 걸죠." 다시 말해, 업계 전체가 모방을 도와주는 것이다.

특히 환대 산업(hospitality business)에서는 사람이 기업의 성패를 좌우하는데도 모든 레스토랑은 똑같은 인재 풀에서 인력을 고른다. 사람을 훔쳐 오기도 하고 도둑맞기도 한다. "대니 마이어가 운영하는 다른 레스토랑의 최고 셰프를 우리 테스트 키친에 스카우트했어요." 랜디가 말했다. "쉐이크쉑의 운영을 위해 최고 인재를 데려와야죠. 내 보스의 다른 사업체에서 훔쳐 오는 한이 있더라도."

다시 말해 무엇 하나 새로 발명할 필요가 없는 것이다. 목이 좋은 곳을 고르고, 다른 훌륭한 레스토랑에서 훔친 유능한 사람들을 고용한다. 테이블과 리넨, 보험 등도 다른 레스토랑들과 똑같이 준비하고, 음식값도 경쟁자들과 비슷하게 정한다. 긍정적인 온라인 후기도 뿌린다(쉐이크쉑은 예외지만 가짜 리뷰 작성을 전문으로 하는 업체가 있을 만큼 리뷰 조작이 성행하고 있다고 한다). 그다음에는 아주 열심히 일 하면 된다(나는 복잡하지 않다고 했지 쉽다고 하진 않았다). 이렇게 다른 레스토랑들을 그대로 따라 하면 뉴욕의 수많은 레스토랑과 비슷하 게 수입을 올릴 수 있을 것이다. 슘페터와 내가 말하는 성공한 '사업 가'도 될 것이고.

사실상 모든 사업이 이런 식으로 움직인다. 자리 잡힌 시장을 찾아 그곳에서 남을 모방한다. 그다음에는 모방한 것들을 약간 다듬어 좀 더 낫게 만든다. 더 낮은 가격, 더 나은 제품, 더 가까운 위치, 더 빠른 배송 혹은 외국어를 하는 고객을 위한 서비스를 제공하는 식으로 말 이다.

기존 시장에서 자리를 찾는 것은 북적거리는 엘리베이터에 비집고 타는 것과 비슷하다. 안에 탄 사람들은 당신이 반갑지 않아도 조금씩 움직여 자리를 만들어주고, 당신은 그들과 시선을 마주칠 필요도 없 다. 반려견 사료나 가정용 양조 기계를 파는 웹사이트를 만들고 싶은 가? 회계 소프트웨어나 치즈 관련 구독 서비스를 개발하고 싶은가? 매달 상자에 옷을 넣어 배송해주고 싶은가? 이 모든 사업에 해당하 는 성공 공식이 있고, 그 공식을 아는 사람들이 넘쳐나는 콘퍼런스에 참석할 수도 있다. 이미 존재하고 있는 시장 내에서 사업을 구축하는 일은 매일같이 벌어진다. 그 시험이 어려울 수도 있지만, 다른 학생 의 답을 베끼면 된다.

모방은 본능이다

스퀘어를 아마존과의 싸움에서 이길 수 있게 해준 독창성이 어떤 것인지 필사적으로 찾던 나는 기업가 정신을 이해하는 통찰을 얻게 되었다. 독창성과 정반대되는 힘을 연구하던 과정에서 그렇게 된 것이다. 기업가 정신이 무엇이 '아닌가'를 알면 기업가 정신이 무엇인지를 알 수 있다. 그런데 기업가 정신처럼 모호한 것의 정반대가 존재하긴 할까?

존재한다. 기업가 정신의 정반대는 무척 흥미진진하다. 진정한 혁신을 알게 해주기 때문만이 아니라 세상에서 가장 강력한 힘일 수도 있기 때문이다. 실제로 기업가 정신의 정반대는 우리 삶의 기본적인 요소다.

모든 생명체는 다른 무언가의 모방품이며 스스로 모방할 수도 있다. 벌레, 박테리아, 대왕고래 모두 비슷한 모체의 복제품으로 출발했다. 인류는 생명체가 어떻게 시작되었는지는 몰라도 어떻게 이어졌는지는 확실히 안다. 복제를 통해서다. 생명체는 모방으로 태어나고 모방하기 위해 태어난다.

왜 그럴까? 모방이 효과적이기 때문이다! 지금 당장 주변을 둘러보자. 당신 눈에 보이는 모든 것은 다른 무언가의 모방일 가능성이 크다. 모방은 엔트로피에 대한 자연의 답이다. 생명체의 복제가 성공하지 못했다면 세상에는 생명체가 없을 것이다. 생존의 방식이기에 우리는 모방을 하고, 또 잘한다.

우리는 부모 DNA의 복제품으로 세상에 태어난다. DNA의 유전자 암호는 수백만 번이나 복제되었고 아주 간단한 변화가 우리를 이웃이나 반려동물과 다르게 만들어준다. 당신과 금붕어는 DNA가 70퍼센트 이상 똑같다. 통계상으로 당신과 고양이는 쌍둥이다.[2] 세포가 성공적으로 복제되어 생명체가 태어나면 모방은 계속 증가한다. 우리는 태어나 몇 년 동안은 모방에 전력한다. 언어 사용이 그 한 예다. 아기는 들리는 소리를 인식하고 모방하는 방법을 먼저 배운다.[3] 아기의 뇌는 모방하게끔 만들어져 있다.[4]

그다음에는 10년 넘게 학교에 다니면서 모방을 공식화한다. 남들이 배운 것과 똑같은 것을 배우는 것이 학교의 기본 목표다. 독창적인 사고를 전혀 하지 않아도 석사학위까지 무사히 마칠 수 있다. 물론 박사 논문은 독창적이어야 하지만 이미 성공한 논문의 양식을 모방한다.

학교에서 모방하며 배우는 것은 교과목뿐만이 아니다. 우리는 집단 속에서 타인의 행동을 모방하며 일하는 것을 배운다. 좋은 모방은 곧 좋은 행동이다. 누군가로부터 호감이나 관심을 받고 싶다면 그 사람을 모방하라. 가장 권위 있는 정신의학자이자 최면치료사 밀턴 에릭슨(Milton Erickson)은 호흡을 비롯한 신체 기능까지도 환자들과 똑같이 맞추려 했다.*

기업가 정신을 배운다는 모순

적어도 이 책에서 사용되는 의미의 기업가 정신은 학교에서 가르쳐주지 않는다. 물론 강의실 문에 테이프를 덧붙여 과목명을 그렇게 바꿔놓기는 했지만 수업 내용 자체는 예전 그대로다. 테이프가 너덜너덜해지면 그 수업의 원래 제목은 '중소기업 개론'이라는 것을 알 수 있다(소셜미디어 마케팅도 같이 알려준다고 되어 있을지도 모른다).

내 친구 하워드 러너(Howard Lerner)가 실제로 그런 강의를 했는데 배꼽 빠지는 결과가 나왔다. 세인트루이스에 스타벅스가 진출하기 몇 해 전 하워드는 그곳에 최초의 고급 카페 체인을 차렸다. 나중에는 수백만 달러에 회사를 매각했고, 은퇴 생활이나 요트 경주를 즐기는 대신 워싱턴대학교에서 '기업가가 되고 싶다면'이라는 수업을 하게 되었다.

"기업가 정신은 가르칠 수 없어요. 적어도 나는 못 가르칩니다." 강의를 그만두고 몇 년이 지났을 때 하워드가 내게 말했다. "내가 학생들에게 독창적인 사고의 사례를 보여주면 다들 그냥 그 사례를 모방했지요. 아무리 지적해도 그냥 내 손가락만 쳐다보더군요." 하워드는 미래의 혁신가가 되고 싶어 하는 열정적인 학생들이 과연 어떻게 되

---

* 에릭슨은 어릴 적 소아마비로 몸을 움직이지 못할 당시 형제자매의 행동을 상세하게 관찰한 것이 큰 도움이 되었다고 말했다. 그는 흉내 내기 기술로 다른 의사들이 포기한 환자들과 유대 관계를 쌓고 그들을 치료해주었다.

는지 알아보기 위해 대학을 떠난 후에도 계속 연락을 취했다. 10년 후 그가 가르친 학생의 10퍼센트는 그냥 하워드를 따라 커피 사업을 시작했다. 나머지 절반가량은 하워드가 수업 시간에 가르쳤던 기업들에 들어가 일하고 있었다.

"내가 수업 시간에 베이비파우더를 예로 들었다면 아마 다들 존슨앤드존슨(Johnson & Johnson)에 취직했을 겁니다. 실제로 창업을 한 학생들은 나와 똑같은 사업을 했지요. 기쁘면서도 화가 나더군요. 그 학생들이 기업가 정신을 가르치는 사람이 된 것도 모순이죠."

하지만 학교에서 학생들에게 모방을 가르치는 것은 좋은 일이다. 모방은 사회의 일꾼들에게 가장 필요한 기술이기 때문이다. 크레이그리스트(Craigslist, 미국의 대표적인 온라인 벼룩시장 – 옮긴이)의 임시직원이든 CEO든 직무는 이미 다른 사람들에 의해 규정되어 있다. 답을 찾지 못했다면 엉뚱한 사람을 모방했기 때문일 것이다. 아무리 창의적인 직업군이라 해도 작업은 다른 사람들과의 동기화에 따라 이루어진다. 내가 어린 시절을 보낸 집에는 털이 기다란 올리브그린색 카펫이 깔려 있었는데 놀랍게도 친구들의 집도 똑같았다. 사람들은 주변 사람들과 보조를 같이하는 경향이 있어서 무언가의 발견이 따로, 동시에 이루어질 때도 많다.[5]

회사는 모방하는 집단일 뿐

그렇다면, 영어 단어 컴퍼니(company)에 '무리'와 '회사'라는 뜻 모두가 있다는 것은 얼마나 적절한 일인가. 이 두 가지는 실제로 밀접하게 연관되어 있다. 사업으로 성공하고 싶으면 효과적인 방법을 실행해야 하니 비슷한 일을 하는 무리가 형성된다. 다시 말해, 회사는 무리를 모방하는 무리로 이루어진다.

당신은 이렇게 말할지 모른다. "아니야, 나에게 중요한 건 독창성이야!"

뭐, 나도 그렇고 대부분이 다 그렇다. 독창적이지 않은 것을 좋아한다고 자랑하는 사람을 본 적 있는가? 그런데 아이러니하게도, 독창적이지 않은 것을 중요시하는 것이 실제로는 독창적인 생각일 수도 있다. 우리 주변 사람들은 물론 광고주들도 독창성을 중요시하라고 우리를 가르쳐왔다. 그리고 우리는 대량생산된 제품을 구매함으로써 개성을 표현한다. 내 친구 중 한 명은 샛노란 자동차로 개성을 표현한다. 코끼리를 타고 출퇴근하진 않는다.

하지만 사람이 누구나 독창성을 갈망한다는 사실에 대해 광고 에이전시들을 탓하지는 마라. 독창성을 중시하는 개념은 오래전부터 존재했으니까. 독창성은 으레 성적 욕망을 나타내는 물건과 함께 홍보된다. 원시적인 모방 충동을 이용해 독창성을 홍보한다는 역설이다.

모방은 거의 언제나 최선의 선택지다. 효과적인 방법은 그만큼 드문 것이다. 분자 결합, 음악, 경영 등 어떤 분야에서든 실패하는 방법이 대부분이다. 그래서 누군가가 우연히 해결책을 찾으면 모두 똑같이 따라 한다. 즉, 우리는 본능적으로 모방하고 의식적으로 모방하고 또 엄청나게 모방한다. 그만큼 모방은 인간의 뇌와 관습에 깊이 새겨져 있기에, 모방을 멈추는 순간 우리는 불편함을 느낀다.

모방은 변화를 일으키지 못한다

모방에 따르는 딱 한 가지 문제는 바로 아무런 변화도 일어나지 않는다는 것이다. 변화가 없으면 인류는 종(種)으로서도 한 사회로서도 앞으로 나아가지 못한다. 물론 변화는 대부분 실패로 끝난다. 만화책의 슈퍼히어로들은 DNA가 바뀌면 초능력을 얻지만 현실의 사람들은 암에 걸리는 것처럼 말이다.[6]

하지만 변화는 필요하다. 자연은 인간의 모방 기술이 너무 완벽해지지 않게끔 나름의 조치를 취해놓았다. 파트너나 화분 매개자를 찾아 종이 섞여야 살짝 앞으로 나아갈 수 있게 해놓은 것이다. 번식에는 두 명의 파트너가 필요하다는 사실을 수학자는 탐탁지 않아 하겠지만 이는 자연의 뜻이다.

생식적으로 수컷은 간접비용이다. 늑대, 명금류, 인간 등 수컷이 육아를 돕는 종도 소수 있지만(이 글을 쓰는 지금 나의 작은 복제품 녀석이 전깃줄을 깨물고 있다) 수컷 대부분은 그저 DNA의 주차 공간에 불과하다. 자, 계산해보자. 무성성체(암컷)가 넷이면 여덟 개체의 새끼를 얻지만 수컷과 암컷이 각각 둘이면 네 개체의 새끼밖에 얻지 못한다(수컷은 대부분 육아도 돕지 않고 새끼를 잡아먹기도 한다). 따라서 무성생식을 하면 유성생식보다 개체 수가 두 배로 더 빨리 늘어난다. 수학은 수컷을 싫어한다.

하지만 거의 모든 종은 유성생식을 한다. 왜 그럴까? 완벽한 복제품은 시간이 지날수록 뒤처지기 때문이다. 적응력이 없는 무성 종군(種群)은 진화가 느린 탓에 변화하는 세상에 대처하기가 어렵다. 따라서 수컷이 좀 얄밉기는 해도 결국은 유성생식을 하는 종이 승리한다. 이는 인위적인 실험 환경은 물론 자연에서도 이미 모두 증명된 바다.[7] 비즈니스에서도 기업들은 자연의 진화와 마찬가지로 제품과 서비스를 계속 개선하고자 노력한다.

대자연과 시장은 변화를 원한다. 변화는 보통 느리지만 항상 그런 것은 아니다. 간혹 종이나 기업은 생태계에 경쟁자가 없으면 폭발적으로 성장한다. 자연에서의 침입은 대개 나쁘지만 비즈니스에서는 좋을 수도 있다.

물질세계의 공간은 제한적이지만 비즈니스의 공간은 무한하다. 비행기가 발명되었어도 자동차는 죽지 않은 것처럼, 새로운 시장 창조는 제로섬이 아니다. 동물 개체들은 태양과 단백질을 두고 경쟁하지만 비즈니스의 세계에서는 꼭 이웃을 죽이지 않아도 성장할 수 있다. 실제로 인류 역사에서 경제 성장은 거의 끊임없이 이루어져왔고, 그 성장은 대부분 점진적으로 진행됐다.[8] 예전의 휴대전화는 느려터진 데다 불안정했지만 요즘의 것은 빠르고 안정적이다. 하지만 가끔은 폭발적인 성장을 일으키는 혁신이 있다. 최초의 휴대전화처럼 말이다.

모방과 혁신은 파트너다. 당신이 완벽한 문제를 풀고 폭발적인 성장에 도전한다 해도 하는 일의 대부분은 모방이겠지만 모방에만 그치지는 않는다. 할 수 있다면 모방하라. 해야만 할 때는 발명하라.

모방은 훌륭하지만 모방만 하면 안 된다. 모방은 경쟁자에게 반격하는 가장 확실한 방법이지만 상대를 완벽히 없애주지는 못한다. 모방은 편안함을 주지만 발명할 때의 흥분감을 주지는 못한다. 모방은 거의 항상 정답이지만 변화를 만들어내지는 못한다.

물론 모방만 해도 세상은 받아준다. 반대로 이미 증명된 방식을 거부하면 거부를 당할 수도 있다. 기업가가 성공할 가능성은 사업가가 성공할 가능성에 비하면 보잘것없는 수준이다. 위험이 이렇게나 큰데 기업가가 되겠다는 것 자체가 미친 짓일지도 모른다. 그런데도 하겠다는 사람들이 있다.

왜일까?

제2부

세상에 없던
비즈니스의 탄생

뱅크 오브 이탈리아 · 이케아 · 사우스웨스트 항공 이야기

생존을 위해 하는 일들은 선택이 아니다. 살아남겠다는 결심만 선택일 뿐 생존은 수많은 일을 꼭 해야만 하게 만든다. 따라서 진정한 선택은 완벽한 문제에 도전하느냐 하지 않느냐다. 결국 새로운 것을 해보겠다는 결정은 완벽한 문제를 해결하려는 배짱과 실패할지도 모른다는 두려움 간의 싸움, 얼마나 진심인가와 얼마나 큰 대가를 치를 수 있느냐의 대결이다. 중요한 일이라면 실패 따위는 상관없어진다.

잘사는 사람을 모방하면 당신도 잘살 수 있다. 모방은 너무도 강력한 도구인 만큼 이런 질문을 하게 만든다. 왜 어떤 사람들은 모방 말고 다른 시도를 하려는 것일까? 모방은 안전하고 예측 가능하며 점진적인 개선도 가능한데 그들은 왜 굳이 폭삭 망할 수도 있는 위험을 무릅쓰는 것일까? 성벽 도시를 떠나기로 선택하는 사람들이 있다. 그들은 미친 것일까? 도대체 무엇이 그들에게 동기를 부여하는 것일까?

성벽 도시를 떠나는 사람들에게 작용하는 동기부여에는 두 가지 유형이 있다. 첫째는 우리가 모두 아는 그것인데, 그것을 '끈기'라고 칭해보자. 끈기는 일을 끝내고 시작하고 계속하는 힘을 준다. 끈기를 전문으로 다루는 시장도 있어서, 끈기를 높여주는 한 주짜리 세미나에 참여할 수도 있다. 무슨 일을 하든 끈기는 성공의 열쇠다. 노동 윤리, 완수, 투지, 결의 등 끈기를 긍정적으로 가리키는 단어는 많다.

하지만 두 번째 유형의 동기부여는 기업가와 예술가에게만 적용되고 거의 입에 오르내리지도 않는다. 이것을 '배짱'이라고 해보자. 배짱은 벽이 둘린 도시를 떠나 지금껏 아무도 해본 적 없는 일을 해보겠다고 결심하는 이유가 된다. 사람들은 배짱에 찡그린 얼굴로 반응한다. 기껏해야 성공한 뒤에나 인정받을 뿐이다. 입증된 방식을 거부하는 사람들을 가리키는 좋은 말은 없다.

성벽 도시를 떠나 완전히 새로운 것에 도전할 배짱이 있는 사람이라면 끈기는 당연히 있을 것이다. 그만두면 죽으니까. 두려움이 생존 본능을 자극하고, 전적으로 필요 때문에 발명에 발명을 거듭하게 된다. 혁신을 위한 결정이 쉬워진다. 다른 선택지가 없다.

생존을 위해 하는 일들은 선택이 아니다. 살아남겠다는 결심만 선택일 뿐 생존은 수많은 일을 꼭 해야만 하게 만든다. 따라서 진정한 선택은 완벽한 문제에 도전하느냐 하지 않느냐다. 결국 새로운 것을 해보겠다는 결정은 완벽한 문제를 해결하려는 배짱과 실패할 지도 모른다는 두려움 간의 싸움, 얼마나 진심인가와 얼마나 큰 대가를 치를 수 있느냐의 대결이다. 중요한 일이라면 실패 따위는 상관없어진다.

성벽이 둘린 도시를 떠나는 결정이 더욱 어려운 이유는 큰 위험이 따르기 때문이다. 배짱은 매우 개인적인 주제라 이해하기가 힘들다. 나는 기업가들을 문헌이나 직접적인 만남을 통해 연구했음에도 그들의 행동 동기에 대해서는 그저 추측만이 가능할 뿐이다. 그들의 이야기를 들려줄 테니 독자 여러분이 직접 가늠해보는 편이 나을 것이다. 질문은 똑같다. 왜 그들은 안전한 성벽 도시를 떠났는가? 성벽 안에 있는 사람들은 전부 그게 미친 짓이라고 생각한다.

미친 짓을 이해하려면 그 사람의 머릿속을 알아야 하는데, 이게 배짱에 대한 토론이 이루어지지 않는 이유인지도 모른다. 미친 것처럼 보이는 행동의 동기를 알 수 있다면 좋을 텐데 어떻게 그게 가능할까? 기업가 정신을 이끄는 원동력은 너무 개인적이라 이해하기가 거의 불가능하다.

그래서 나는 사례 연구 대신 몇몇 기업가의 이야기를 들려주려 한다. 이야기를 읽은 뒤 여러분이 배짱에 대한 통찰을 직접 얻기 바란다. 내가 너무도 잘 아는 일곱 살짜리 소년의 이야기부터 시작하겠다.

CHAPTER 06

기업가를
만드는 것

내 첫 상업 거래는 동네의 현금만 받는 레모네이드 판매대에서였다. 인류가 처음으로 달에 발을 내디딘 뒤 3년이 지난 때였으므로 레모네이드 대신 혁신적인 오렌지 맛 탱(Tang, 1950년대부터 미국에서 팔린 주스 분말. 미 항공우주국의 우주 비행사들이 마시며 유명해졌다-옮긴이)이 팔렸다. 그 달달한 가루의 과학이라니! 세인트루이스의 뜨거운 오후에 그보다 좋은 것은 없었다.

어느 날, 10센트 동전을 내고 음료수가 든 컵을 받았는데 뭔가 이상했다. 음료수를 파는 형들이 물을 너무 많이 넣어서 내 혀가 오렌지색으로 변하지 않았다. 내가 불평했더니 형들은 미 항공우주국 기준에 맞춰서 제조한 것이라고 주장했다. 그들은 자신들의 말이 맞는다며 다른 아이들의 컵에 담긴 탱을 먹어보라고 했다. 절대 잘못이 없다고 내내 히죽거리면서 말이다. 1972년 당시에는 소비자의 싸움 실력과 소비자 보호가 직결되었다. 형도 누나도 없는 일곱 살짜리 빼빼 마른 꼬마는 그냥 사기를 당하는 것이 최선이었다. 무력함에 사로잡혀 화조차 낼 수 없었던 그 기분이 아직도 기억난다. 젖 먹던 힘까지 끌어모아 간신히 울음을 참고 자리를 빠져나왔다.

분노는 탱크에 든 휘발유처럼 미친 에너지원이다. 한때는 폭발성이 너무 강하고 위험하다는 이유로 산업 폐기물 취급을 받았던 휘발유가 이제는 지구를 움직이는 동력이다.* 어떻게 사용하느냐에 따라 거대한 폭발을 일으키거나 저 멀리 위스콘신으로 여행을 떠나게 해준다. 우리 집에서는 직접 본을 보임으로써 분노 관리의 열역학을 가르쳤다. 화학공학 교수이자 워싱턴대학교 공대 학장이었던 아버지는 절대로 이성을 잃는 법이 없었다. 50년 동안 아버지가 욕하는 모습을 본 것은 딱 두 번뿐이었다. 나는 세상에 태어난 순간부터 자동차에 기름을 채울 때 담배를 피우지 말라는 말을 들었다.

레모네이드 사건 덕에 나는 태어나서 처음으로 분노와 무력감을 맛보았다. 형들과 맞설 배짱도 재치도 없었기에 지금까지도 강렬하게 기억되는 듯하다. 놀림받는 것은 나나 친구들에게 일상다반사였다. 괴롭히는 아이들에게 우는 모습을 보이지 않는 것이 힘들었다.

---

* 휘발유는 등유의 정제 과정에서 의도치 않게 나온 산물이다. 등유는 미국의 가정으로 보내져 세상을 환하게 밝혀주었지만 그것과 똑같이 탄화수소로 이루어진 휘발유는 땅속에 파묻혀 강으로 흘러갔다. 그래서 오하이오의 쿠야호가강(Cuyahoga River)에서는 자주 불이 났다.

내 가스탱크에는 여러 해 동안 연료가 채워졌고 그 폭발력은 도시 하나쯤은 날려버릴 만큼 커졌다. 대학교에 들어갈 즈음에 그 탱크는 또 다른 시험에 놓였는데 이번에는 내가 반응을 했다. 가히 미친 반응이었다.

물론 '미쳤다'는 것은 주관적인 평가다. 매우 이성적인 이유에서 미친 짓을 할 수도 있는 반면 이성적으로 보이는 행동이 미친 이유에서 나올 수도 있다. 내가 교재를 집필한 일처럼 말이다. 나는 지금까지 세 권의 교재를 썼다. 컴퓨터 프로그래밍 교재 두 권, 유리공예 교재 한 권. 그런데 첫 번째 책을 쓴 것은 미친 짓이었다. 컴퓨터 프로그래밍 교재는 당연히 이성적으로 보일 것이다. 논리적인 문장을 논리적인 순서에 따라 논리적으로 설명하는 책이니까. 컴퓨터 교재에는 캐릭터도 플롯도 없지만 그래도 여전히 미친 짓일 수 있다.

나는 열여덟 살 때 분노 탱크가 가득 찬 상태에서 첫 교재를 썼다. 1983년 가을, 나는 워싱턴대학교에서 경제학을 전공하는 신입생이었고 컴퓨터에는 전혀 관심이 없었다. 옷차림만 보면 관련이 많아 보일 수도 있었지만. 나는 그때까지도 여전히 어머니가 사준 청바지를 입고 다녔다. 큰 사이즈로 샀다가 키가 커지면 밑단을 내어 입었는데, 밑단이 나이테처럼 동그랗게 발목을 감쌌다. 게다가 난 유난히 팔이 길어서 상의를 두 사이즈나 큰 것으로 샀기 때문에 밀짚모자를 잃어버린 허수아비처럼 보였다. 그럼에도 옷차림만 비슷했을 뿐이지 나는 컴퓨터공학과 아무런 관계가 없었다.

기계의 시대가 도래해 워싱턴대학교 공대의 창문 없는 연구실은 초록색 모니터로 채워져 우주비행 관제센터의 분위기를 풍겼다. 나는 'CS-135'라는 수업을, 그 후에는 'CS-236'이라는 수업을 들었다. 그냥 '236'이라고 불리던 그 수업을 들으려면 45달러짜리 교재를 사야 했다. 컴퓨터공학과 교수가 그 책의 저자라는 사실은 결코 우연이 아니었다. 나는 교재를 직접 집필할 정도로 훌륭한 교수진이 있는 학교에 다닌다는 사실이 자랑스러웠다.

그 교재는 딱딱한 양장본이었는데 컴퓨터로 타자를 입력하면서 책을 보려고 하면 마치 악어 입처럼 단단하게 닫혔다. 이 지나치게 공격적인 제본이 책의 내용으로부터 학생들을 보호하려는 출판사의 노력이었다는 것을 그때는 알지 못했다. 책상 아래와 무릎 사이에 책을 끼워 고정한 채로 타자 치는 법을 터득하면서 본격적으로 문제가 시작되었다. 그 두꺼운 책은 꼭 세법 관련 서적을 읽는 것처럼 도무지 무슨 말인지 이해가 되지 않았다. 더 큰 문제는 프로그래밍의 예시들이 하나도 맞지 않는다는 것이었다. 보기로 제시된 프로그램이 아예 틀렸는가 하면, 오류 없는 예시들은 캠퍼스의 그 어떤 컴퓨터에서도 사용되지 않는 PL/1이라는 고대 언어로 쓰여서 쓸모가 없었다.

그 책이 가진 유일하게 멀쩡한 기능은 한 권이 팔릴 때마다 저자가 인세로 책값의 15퍼센트를 받는다는 것뿐이었다. 시대에 뒤떨어지고 질도 나쁘고 가격은 바가지인 책을 강매해 학생들의 돈을 뜯은 것이다. 그 옛날의, 오렌지 맛이 나지 않던 탱이 떠오르면서 분노가 치밀었다. 하지만 이번에는 울면서 집으로 뛰어가지 않았다. 대신 미래의 학생들이 똑같은 절망을 겪지 않도록 내가 직접 새 교재를 만들겠다고 다짐했다.

하지만 동기부여도 목표도 모두가 제정신이 아니었다. 앙심 때문에 교재를 쓴다는 것도 이상한데 책의 주제에 대한 지식도 전혀 없었으니까. 나는 컴퓨터 프로그래밍이라는 것을 대학에 와서 처음 접한 데다 공대 학생도 아니었다. 저자로서의 자격도, 경험도, 주제에 대한 흥미도 없었던 것이다. 교재 집필은 학생, 더구나 대학교 신입생이 할 만한 일이 아니었다. 게다가 앞으로 몇 년 동안 내 성적을 줄 사람의 실수를 바로잡으려고 정신 나간 계획을 실행에 옮긴다는 사실이 만천하에 알려질 터였다.

어쨌든 책을 썼다. 친구들과 교수들의 도움, 여름방학 내내 도서관에서 보낸 시간이 합쳐져 한 권의 책이 나왔다. 아직 학생으로서 수업 중 정말 이해하기 어려운 내용도 있다는 사실을 잘 알고 있었으므로, 나는 어떤 식으로 책을 써야 할지 정확히 파악하고 있었다. 2학년이 시작될 무렵, 컴퓨터 프로그래밍을 배우는 학생으로서 내가 원했던 책이 나왔다. 당시의 '정상적인' 교재들과 사뭇 달랐던 그 책은 미국 최고의 교과서 출판사 프렌티스 홀(Prentice Hall)과 워즈워스(Wadsworth)의 관심을 끌었다. 워즈워스의 선임 편집자는 아버지의 사무실로 전화해 "매켈비 교수님, 교수님이 쓰신 책을 출간하고 싶은데요."라고 했다. 상황을 파악한 아버지가 침착하게 대답했다. "아, 다른 매켈비 교수 말이군요."

그 책은 CS-236 수업 교재가 될 만큼 훌륭했다. 워즈워스에서는 내게 한 권 더 써달라고 요청했고, 두 번째 책도 이내 베스트셀러가 되었다.* 신입생이 교재를 썼다는 소문이 학교에 퍼졌고 컴퓨터 전문가라는 터무니없는 평판도 생겼다. 헌신이 자격을 대신할 수 있다는 사실을 그때 처음 배웠다.

첫 교재를 쓴 것은 미친 짓이었을까? 나를 지켜본 사람들은 분명 그렇게 생각했다. 자료 조사와 집필을 하느라 너무 바빠서 그런 반응에 신경 쓸 틈이 없었지만 확실히 미쳤다는 말이 어울리는 일이었다. 나는 내 목표나 행동 동기가 미친 것처럼 보여도 상관없다. 어쩌면 그런 꼬리표에 무감각해졌는지도 모르지만.

그 후로도 나는 사람들이 미쳤다고 말한 프로젝트를 여러 번 시도했다. 예술가로 먹고살겠다고 유리공예 작업실을 차렸다. 소프트웨어, 도서 출판, 지붕 공사, 신용카드 결제 회사를 창업했다. 국가적인 프로그래머 부족 문제를 해결하는 비영리 기업도 만들었고, 현재는 사람들이 온라인 정체성을 통제할 수 있게 해주는 프로젝트를 추진 중이다. 지금까지 해온 일들에 확실한 공통점이 하나 있다면, 내가 진정으로 관심을 쏟는 문제가 중심에 있었다는 것이다.

---

* 순전히 타이밍이 좋아서였다. 견본 요청 건수도 판매 통계에 포함된다. 내 책은 딱 한 달 동안 행복을 누렸다.

관심은 매우 대담한 에너지원이다. 당신이 관심 있는 문제는 살인, 허리케인, 자살, 가짜 뉴스 등 뭐든지 될 수 있다. 이제 분노는 더 이상 내게 동기를 부여하지 않지만 그 일곱 살짜리 아이는 여전히 매일 나와 함께 일한다.

CHAPTER 07

역사 속의
스타트업을 찾아서

스퀘어가 아마존의 공격에서 살아남은 후, 나는 다른 생존자들을 만나 사연을 주고받고 싶었다. 기념 티셔츠를 교환하는 것도 괜찮을 것 같았고. 하지만 다른 생존자를 찾을 수가 없었다. 아마존 때문에 회사를 잃은 사람은 찾았는데, 이 책을 위한 인터뷰를 부탁했으나 공식적인 인터뷰는 모두가 거부했다. 싸움이 끝났는데도 그들은 입을 열고 싶어 하지 않았다. 나름대로 애써봤으나 기념 티셔츠의 최소 주문 수량도 맞출 수가 없었다.

나는 친구도 좋지만 항상 형이나 멘토가 있으면 했다. 내가 가려는 길을 먼저 걸어간 사람 말이다. 안타깝게도 유리공예를 하는 엔지니어이자 경제 전문가의 모임은 아무리 복장 규정이 느슨해도 회원을 모으기가 힘들다. 대신 운 좋게도 내게는 규칙을 찾는 법을 가르쳐준

아버지가 있었다. 데이터에는 더 큰 진실이 숨어 있지 않을까?

하지만 아버지는 과학자였기에 그의 조언은 연구실 바깥, 말하자면 성벽 바깥에서는 효과가 없었다. 나는 재앙이 닥쳐서 손바닥에 땀이 날 때마다 아버지라면 이런 상황에서 어떻게 하실까 생각했고, 그때마다 답은 항상 똑같았다. '아버지라면 애초에 이런 상황에 부닥치지도 않았겠지!' 결국 난 멘토 찾기를 그만두고 유머 감각 개발에나 힘썼다.

나는 생존 기술의 대부분을 외향적이고 용감한 뉴요커 어머니에게서 배웠다. 어머니는 내가 남들의 시선을 완전히 무시하게 되기 전에 돌아가셨지만 그래도 배짱을 가르쳐주신 분이다. 고등학생 때 나는 어머니가 "너무 꾸몄다."고 묘사한 여자 친구와 함께 TV를 보고 있었다. 우리에게 무슨 말인가를 하려고 방으로 들어왔던 어머니는 커튼을 기어 올라가는 바퀴벌레 한 마리를 발견했다. 엄마는 내 여자 친구에게 하던 말을 멈추지도 않고서 자연스럽게 한 손으로 바퀴벌레를 잡았다. 붙잡힌 바퀴벌레와 괴로움에 사로잡힌 여자 친구는 꼼지락대기 대결이라도 벌이는 듯했다. 둘 다 이디스 매켈비 여사와의 만남을 후회하고 있었다. 그리고 둘 다 다시는 우리 집을 찾지 않았다. 어머니는 내가 누구를 사귀든 간섭하지 않았지만 마음에 들지 않는 대상을 겁줘서 쫓아버리는 일은 서슴지 않았다. 어머니는 특이한 해결책의 여왕이었다.

하지만 결국은 어머니도 아버지도 내 길을 이해하시지 못했다. 아무도, 아니 나조차도 그랬다. 스승을 찾는다면 가장 먼저 던질 질문이 내게는 준비되어 있었다. "성공의 공식이 있나요?" 우리는 성공의 실체를 알아보거나 모방할 수 있을까? 내가 거둔 성공들조차도 무작위적이었다. 데이터에서 규칙이 발견되지 않았다. 순전히 운이었는지도 몰랐다.

사람들은 행운을 인정하지 않는다. 한번 이런 사고실험을 해보자. 한 공간에서 천 명이 동시에 동전을 던져 앞면이 연속 열 번 나오면 성공이라 정의된 게임을 시작한다. 성공 가능성은 1024분의 1이니 성공하는 사람이 나오기는 할 것이다. 하지만 그 성공이 어떻게 이루어질지를 상상해보자. 동전을 여섯 번 던지고 나면 대부분의 사람들은 뒷면이 한 번은 나왔을 테니 탈락이다. 이제 사람들은 얼마 되지 않는 생존자들을 구경할 것이다. 일곱 번째 시도를 하고 나면 약 여덟 명이 남는다. 그들은 계속 앞면이 나오게 하는 데만 집중한다. 여덟 번째 시도가 끝난 후에는 네 명 정도가 살아남고 구경꾼들은 '비결이 뭐지?' 하며 궁금해한다. 아홉 번째 이후에는 통계적으로 두 명이 남는다. 그중 한 명은 동전을 던진 후 손의 물기를 제거하는 것과 동전 앞면이 나오는 상상을 하는 것이 비결이라고, 다른 한 명은 손을 천천히 아래로 내렸다가 던지는 것이 비결이라고 말한다.

열심히 노력하는 도중에 행운을 만나면 절대 운으로 느껴지지 않는다. 성공한 사람들은 자신의 성실함이나 지능을 성공 비결로 꼽기 좋아하지만 사실은 그저 운이 좋아 동전 앞면이 연속으로 열 번

나온 것일 수도 있다. 나는 스퀘어의 사례가 좀 더 일반적인 교훈, 남들도 모방할 수 있는 무언가를 보여주는지도 모른다고 생각했다. 하지만 질문할 스승도, 조사해볼 다른 사례도 없으니 그저 손의 습기를 닦고 앞면이 나오는 상상을 하면서 동전을 던지고 있을 뿐이었다.

역사에서 답을 찾다

그러던 어느 날, 성에서 열린 파티에 참석하게 되었다. 과거에 무척 부유했던 역사 깊은 가문이 소유한 성이었다. 그 어떤 사업이라도 이종교배로 탄생하는 법이다. 조상들이 물려준 집을 사람들에게 빌려주는 이른바 귀족 에어비앤비 사업이 현재 그 가문의 주요 수입원이었다. 당시 그 성의 위험 허용 수준은 레드와인 반입을 허락하는 정도였는데, 성에 깔린 카펫의 역사적 가치를 생각하면 그조차도 대단히 너그러운 처사였다. 하지만 서재에 진열된 물건들을 보니 그 가문은 한때 벤처 캐피털리스트였음을 분명히 알 수 있었다. 그리고 그 가문의 조상들이 남긴 유물을 조사해보니 그들은 역사상 가장 담대한 사업을 지원했다는 사실도 드러났다.

그 성의 서재에는 친필 편지들이 전시되어 있었다. 훗날 바다의 제독이 되는 크리스토퍼 콜럼버스(Christopher Columbus)가 대서양을 건너 서쪽으로 항해해 인도로 가는 대담한 계획의 자금을 지원해달라고 부탁하는 편지였다. 그리고 이 가문은 그에게 답장을 보냈다. 콜럼버스의 후원자가 되어준 것이다! 나는 경이로움을 느꼈다. 서신들을 읽자 당시 콜럼버스의 상황에 깜짝 놀랄 수밖에 없었다. 그가 예비 투자자들을 위해 준비했을 파워포인트 자료가 그려졌다. 설득하기가 절대 쉽지 않았을 것이다.

유럽 제국들은 인도 제국으로 가는 새로운 항로가 필요했다. 지중해에 강력한 방어선을 갖춘 오스만 제국의 해군 탓에 유럽은 동쪽 무역로에 제한적으로만 접근할 수 있었기 때문이다. 새로운 상업 항로는 매우 가치 있겠지만, 콜럼버스가 처음 접근한 포르투갈의 국왕 주앙 2세(John II)는 그런 모험을 지원해줄 마음이 없었다. 카스티야의 이사벨라(Isabella I) 여왕도 6년을 망설였다. 성공하면 엄청난 값어치가 있는 일이라는 점을 고려해보면, 다들 콜럼버스의 계획이 과연 실행 가능한지에 대해 심각한 의문을 품은 게 틀림없다.

하지만 끈질기게도 콜럼버스는 미친 짓을 멈추지 않았다. 한때는 지구가 평평하지 않다는 것을 콜럼버스가 증명했다고 알려지기도 했지만, 물론 이제 우리는 그게 사실이 아님을 안다. 당시의 항해자들은 지구가 둥글다는 사실을 알고 있었다. 하지만 지구가 얼마나 큰지는 몰랐다. 콜럼버스는 목적지까지 얼마나 걸릴지, 도착하면 과연 뭐가 있을지 정확히 알지 못했다. 그런 여행은 어떻게 계획해야 할까? 짐은 어떻게 싸야 할까? 목숨을 걸고 싶어 하지 않는 선원들은 또 어떻게 설득해야 하고?

콜럼버스의 투자설명회를 상상해보자. 저는 누구도 돌아오지 못한 방향, 지도에 나와 있지 않은 목적지로 항해를 떠나려 합니다. 얼마나 걸릴지, 또 거기 뭐가 있는지도 모릅니다. 제 생각이 틀리면 다들 죽을 수도 있지만 배와 선원들을 마련하게 돈을 대주세요.

성공이었다! 콜럼버스는 배와 선원들을 얻었다. 이 날을 싫어하는 사람도 있을 것 같지만, 은행들이 문을 닫는 콜럼버스 데이(Columbus Day)라는 휴일까지 생겼다. 모방할 사람도 없었지만 콜럼버스의 행동은 세상을 바꿨다. 콜럼버스는 기업가였다! 내 문제는 크기만 작을 뿐 그의 문제와 똑같았다. 또 다른 차이점이 있다면 우리 직원들에게는 의료보험이 필요했지만 콜럼버스의 직원들에게는 비타민C가 필요했고, 우리 직원들은 내가 회의에 끼어들지 않기를 원했지만 콜럼버스의 직원들은 그를 죽이고 싶어 했다는 것이다.

순간 나는 멘토를 어떻게 찾으면 되는지 깨달았다. 얼마나 놀랐는지 레드와인을 쏟을 뻔했다. 시간을 거슬러 올라가 찾아보면 될 일이었다. 기업가는 드물기도 한 데다 살아 있는 기업가들은 너무 바빠서 나와 담소를 나눠줄 시간이 없다. 죽은 사람에 대한 선입견을 버리고 나니* 멘토 찾는 일이 훨씬 더 쉬워졌다.

---

* 콜럼버스도 나처럼 과거에서 영감을 찾으려 했다. 그는 직접 주석을 잔뜩 달아놓은 마르코 폴로의 『동방견문록』 1485년 판을 늘 가지고 다녔다.

시간여행

　사회에 발을 들인 후로 줄곧 멘토를 찾으려 애써왔는데 그간 나는 잘못된 장소가 아닌 잘못된 시대에서 찾고 있었다. 성공한 기업가와 그들의 혁신 쌓기 전략은 세상에 커다란 발자취를 남겼으니 찾아보면 역사에 가득할 것이었다. 정말로 그랬다. 나는 그동안 다른 사업 분야에서 다른 기업가를 찾으려고만 했다. 그러나 그것은 도시 한복판에서 별을 찾으려는 것이나 마찬가지였다. 먼지와 빛 공해가 심해서 별이라고는 고작 몇 개뿐이었으니까(움직이는 걸 보니 별이 아니라 비행기인가?). 하지만 그런 도시를 벗어나면 선명하게 반짝거리는 수많은 별이 나타난다.

　인간이 역사에 남기기로 한 사건들을 생각해보자. 가장 중요한 일은 기록되지만 나머지는 전부 잊힌다. 한마디로 역사는 글로 된 선택 편향(selection bias)이다. 혁신 쌓기 전략은 드물지만 일단 만들어지기만 하면 막대한 영향력을 지닌 장수 기업을 탄생시킨다. 당연히 역사는 그런 사례로 가득할 것이다. 과거를 살펴보니 기업가 정신의 사례가 엄청나게 많이 발견되었다. 어쨌든 내게 데이터가 생긴 것이다!

　나는 스퀘어가 해낸 일이 논외에 가까울 정도로 비정상적이라 여겼는데 역사를 살펴보니 그와 비슷한 일들은 흔해 보일 정도로 너무나 많았다. 수천 가지 사례 가운데 멘토를 선택할 수 있으니 까탈스럽게 골라도 상관없었다. 덕분에 나는 제대로 된 연구가 가능할 정도로 자료가 넘치는 특별한 호사를 누렸다. 아버지가 아셨다면 자랑스러워하셨을 것이다.

선택의 가장 중요한 기준은 기술과 전혀 관계없는 산업이어야 한다는 것이었다. 무어의 법칙, 입소문 성장(viral growth) 등 기술과 관련된 현상들은 너무 강력해서 데이터를 왜곡할 수 있다. 혁신 쌓기 전략을 활용하는 훌륭한 기술 기업은 많지만 그들이 낸 성과가 과연 기술 덕분일까, 전략 덕분일까? 어떤 효과든 극명한 차이를 가져오는 따분한 산업들에 혁신 쌓기 전략이 끼치는 영향을 연구하기로 했다.

내 망원경이 향할 세 개의 별을 고르기로 했는데 첫 번째 별을 찾는 것이 가장 힘들었다. 나는 스퀘어 같은 기업을 찾고 싶었다. 비전문가가 소외된 사람들을 포용하기 위해 설립한 미국의 금융 기업 말이다. 그런 기업이라면 컴퓨터만 없을 뿐이지 스퀘어와 거의 비슷한 여정을 거쳤을 것 같았다. 그리고 샌프란시스코에 있는 스퀘어 본사로부터 도보로 10분밖에 걸리지 않는 곳에서 완벽한 사례를 찾았다. 그 회사와의 시대 차이는 한 세기나 되지만.

두 번째 사례는 세상에서 가장 흔한 산업 부문의 업체였으면 했다. 몇천 년 전부터 존재했고 혁신이 수면으로 드러나기까지도 몇천 년이라는 시간이 걸린 산업 말이다. 또한 전 세계 거의 모든 사람에게 영향을 끼쳤으되, 기술력은 최대한 낮은 분야를 찾고 싶었다.

사례 연구의 마지막으로는 상상 가능한 최악의 산업을 원했다. 창조한 것보다 파괴한 부(富)가 더 클 정도로 무자비하고 치열한 산업 말이다. 체스나 바둑처럼 모든 참여자에게 똑같은 말이 주어져 그 어떤 기업에도 기술적 우위가 있을 수 없는 산업, 그리고 규제가 너무 심해서 창의성이 억압당할 때에도 혁신 쌓기 전략의 위력이 드러나는 산업이 필요했다.

과거의 혁신 쌓기 전략을 살펴볼 때의 어려움 중 하나는 시간이 지남에 따라 그것이 산업 자체가 되었다는 것이다. 처음 혁신을 쌓은 기업이 몇십 년 동안 우위를 차지할지라도 결국에는 다른 기업들이 다 모방하기 때문이다. 첫 번째 멘토를 찾기가 어려웠던 것도 그 때문이었다. 그의 혁신은 너무도 성공적이어서 결국 하나의 산업이 되었다.

자, 이제 한 세기를 거슬러 올라가 내 첫 번째 멘토 아마데오 피에트로 지아니니(Amadeo Pietro Giannini)를 만나보자. 애초에 스퀘어가 존재할 수 있도록 금융 산업에 커다란 발자취를 남긴 남자를.

CHAPTER 08

업계의 표준을
바꿔라

• 뱅크 오브 이탈리아 •

시간의 흐름에도 변치 않는 혁신 쌓기 전략의 힘을 보여주고자 여러분에게 어느 은행의 이야기를 들려주려 한다. 그냥 은행이 아니라 너무도 강력한 혁신 쌓기 전략 덕에 세계에서 가장 큰 은행이 된 이곳은 수많은 사람에게 금융의 세계를 개방했고 미국 은행 대부분을 만들었다. 지점, 저축, 당좌수표, 소액대출 등 지금 우리가 은행 하면 떠올리는 것들이 한 세기 전의 혁신이다. 하지만 인정할 것은 인정하자. 은행 이야기는 지루하다. 그러나 이것은 슈퍼히어로의 이야기다. 여행과 모험 이야기인 데다 사악한 조직, 살인, 첩보는 물론 대도시가 파괴되는 이야기도 나온다. 죽음과 아수라장도 빠뜨릴 수 없다! 우리의 영웅은 쩌렁쩌렁 울리는 목소리를 가진 녹갈색 눈의 풍채 좋은 미남인데다 가끔 망토도 착용했다. 1800년대에는 남성이 쫄바지를 입지 않아도 망토를 입을 수 있었고 그게 이상한 행위도 아니었다. 엄청나게 대서사적인 이야기라서 사실 이 장의 초고는 그래픽노블이었지만, 안타깝게도 전자책과 오디오북으로는 인쇄용지에 잉크로 표현된 극적 요소를 재현할 수 없기에 어쩔 수 없이 글자로 돌아갔다.* 형식은 좀 아쉽지만 역사상 가장 멋진 슈퍼히어로로 은행가를 만나보자.

A. P. 지아니니

1869년에 22세의 루이지 지아니니(Luigi Giannini)와 그의 열네 살 아내 버지니아는 대륙횡단철도로 미국 새너제이에 도착했다. 1870년에는 아들 아마데오 피에트로 지아니니가 태어났다. 근면성실한 젊은 부부는 호텔을 운영했고 이내 돈을 모아 비옥한 산타클라라 밸리에 5만 평 규모의 농장을 샀다.

루이지는 훌륭한 농부였고 버지니아는 훌륭한 관리자였다. 농장은 점점 커졌고 아들 둘이 더 태어나면서 식구도 늘어났다. 하지만 어느 날 오후 루이지와 아마데오는 들판에서 돌아오던 길에 성난 농장 일

---

* 이 장의 그래픽노블 버전은 jimmckelvey.com에서 볼 수 있다. 다운로드도 가능하니 팝콘을 먹으면서 읽고 이 장은 건너뛰어도 된다.

꾼과 마주쳤고, 루이지는 고작 1달러에서 시작된 논쟁 때문에 여섯 살짜리 아들이 보는 앞에서 총에 맞아 죽었다. 우리의 어린 영웅은 돈 문제가 얼마나 비극적인지를 너무도 끔찍한 방법으로 깨우쳤다.

21세의 어머니가 농장을 꾸려나가며 세 아들을 키웠고 얼마 후 농산물 상인 로렌초 스카테나(Lorenzo Scatena)와 재혼했다. 냉장고가 없던 시대의 농산물 거래는 매우 흥미진진한 사업이었기에 어린 지아니니를 매료시켰다. 그는 열다섯 살에 새아버지의 농장에 합류했다.

지아니니의 노동 윤리는 전설적이었다. 그는 꼭두새벽에 일어나 다른 사람들은 너무 멀다고 생각하는 농장까지 찾아가 농부들이 곡식을 시장에 내다 파는 것을 도왔다. 어느 날 지아니니는 경쟁자가 자신보다 앞서 강 건너 농장으로 향하는 모습을 보았다. 그 사람보다 먼저 다리에 도착할 방법이 없던 지아니니는 말을 묶어놓고 옷을 머리 위로 든 채 강을 건너갔다. 물에 한 방울도 젖지 않은 경쟁자가 도착했을 무렵, 지아니니는 이미 농부와 계약한 뒤였다.

강을 헤엄쳐 가는 것이 미친 짓 같은가? 나는 중요한 회의를 놓치지 않으려 표가 매진된 비행기를 몰래 탄 적이 두 번이나 있는가 하면(9·11테러로 공항 보안이 강화되기 전이었다) 옷을 벗고서 교통 엔지니어 연구소(Institute of Transportation Engineers)와 계약한 적도 있다(자세한 사연은 내 홈페이지에 올리겠다. 사진은 말고). 두 가지 행동을 정당화하려는 것은 아니다. 아몬드를 구매하려고 옷을 벗고 강을 헤엄쳐 간 남자의 모습이 너무도 이해된다고 말하고 싶을 뿐이다. 내게 지아니니 같은 형이 있었다면 얼마나 좋을까.

머지않아 스카테나 앤드 선즈(Scatena & Sons)는 서부에서 가장 큰 농산물 기업이 되었다. 겨우 서른한 살에 평생 놀고먹어도 될 만큼 부자가 된 지아니니는 은퇴 후 어느 은행의 이사회에 들어갔다.

1901년의 은행은 오늘날의 은행과 달랐다. 당시의 은행들은 영세 사업자를 무시했고, 절박해하는 그들을 고리대금업자의 손아귀로 몰아넣거나 아예 장사를 그만두게 했다. 지아니니는 그런 방식을 바꾸기 위해 은행가들을 설득했지만 실패했다. 답답한 마음에 그는 이사회를 나와 친구가 일하는 다른 은행으로 달려갔다. "은행을 이용하지 않는 이들을 위한 은행을 열려고 하네. 자코모, 나한테 그 방법을 알려주게." 지아니니는 은행의 이름을 뱅크 오브 이탈리아(Bank of Italy)라고 지었다.

지아니니의 이야기를 처음 들은 뒤[1] 나는 내가 올바른 별을 찾았음을 알 수 있었다. 우리가 선택한 도시 역시 샌프란시스코였다. 유리공예가와 마사지 치료사(잭 도시는 전문 마사지 치료사 자격증을 가지고 있다)가 신용카드 결제 서비스 업체를 차리기 150년 전에 그 농산물 판매업자는 이곳에 은행을 차렸다. 더 많은 사람이 서비스를 이용할 수 있도록 불공정한 시스템을 공정하게 바꾸겠다는 동기도 똑같았다. 아무것도 모른 채 시작했다는 점도.

기존의 시스템에서 배제된 사람들을 위해 공정한 시스템을 만들겠다고 결정한 순간, 스퀘어는 다른 신용카드 결제 서비스 업체나 은행들과는 다른 길을 걷게 되었다. 지아니니의 표현처럼 '힘없는 사람들 (little fellow)'[2]을 끌어안는 시스템을 만들겠다고 결정한 순간, 우리는 혁신을 쌓기로 한 셈이었다. 우리는 성벽으로 둘러싸인 도시를 떠났다. 하지만 지아니니는 문자 그대로 활활 불타는 도시를 향해 뛰어가야 했다.

대지진

1906년 4월 18일 새벽 5시 12분, 잠자고 있던 지아니니와 그의 가족은 침대에서 내동댕이쳐졌다. 캐나다에서도 느껴질 정도로 강력했던 샌프란시스코 대지진 때문이었다. 하지만 샌머테이오에 있는 지아니니의 집은 무너지지 않았다. 온 가족이 무사한 것을 확인한 그는 재빨리 옷을 입고 샌프란시스코로 달려갔다. 문을 연 지 얼마 안 된 은행이 무사한지 확인해야 했다.

처음에 샌프란시스코는 무사한 듯 보였다. 무너진 건물도 있었지만 건물들은 대부분 나무로 지어졌고, 나무 구조물은 벽돌 구조물보다 지진에 강하니까. 물론 목재에도 단점은 있다.

우리 집 거실에는 마른 나무 더미 아래에 가스관과 불꽃을 내는 장치가 있다. 가스 벽난로 말이다. 하지만 1906년에는 샌프란시스코시 전체가 거대한 가스 벽난로였다. 지진으로 망가진 지하 가스관은 폭발하는 가스를 목재 건물의 램프들로 보냈다. 도시 전역에 걸쳐 서른 군데에서 동시에 불꽃이 폭발했다. 가스관을 망가뜨린 바로 그 힘은 잔혹하게도 수도관까지 망가뜨렸고, 불을 끌 수 있다는 희망을 앗아가버렸다. 단지 시간문제일 뿐 샌프란시스코는 불에 탈 운명이었다.

지아니니는 집에서 출발한 지 다섯 시간 만인 정오에 뱅크 오브 이탈리아에 도착했다. 문은 열려 있었고 피해가 간 곳은 없었지만 은행으로 오는 길에 그는 불이 점점 시내로 퍼지는 것을 보았다. 망가진 것은 가스관과 수도관뿐만이 아니었다. 문명을 떠받치는 약하디약한 실가닥도 끊어져버렸다. 경찰과 소방관들은 활활 불타는 도시를 보며 어쩔 줄 몰라 했고 무법자들은 불꽃보다도 빠른 속도로 퍼졌다. 약탈자들이 미친 듯 날뛰었지만 자그마한 뱅크 오브 이탈리아가 가진 것이라고는 내화금고도 아닌 평범한 금고 하나와 권총 한 자루가 전부였다.

지아니니는 직원 한 명을 스카테나 앤드 선즈로 보내 말 두 마리가 끄는 농산물 수송용 마차를 가져오게 했다. 금과 서류를 마차로 옮긴 지아니니는 약탈자들이 알아차리지 못하도록 그것들을 농산물 밑에 숨겼고, 직원과 함께 해가 질 때까지 기다렸다가 어두워진 틈을 타 마차를 몰고 27킬로미터쯤 떨어진 자신의 집으로 갔다. 그런 뒤 난로의 재 구덩이에 금을 숨겼다.

마침내 나는 기업가라면 누구나 공감할 수 있는 사람을 발견했다. 나는 약탈자도, 불타는 도시도 경험해본 적 없지만 반입 금지된 CD

롬 4만 장을 몬스터 트럭에 실어 피켓 라인(picket line)을 몰래 통과한 적은 있다. 차체가 워낙 높고 우스꽝스럽게 생긴 트럭이라 뒷문을 열어보자는 사람이 없었다. 하지만 내 멘토의 이야기는 독보적이다. 후에 지아니니가 "몇 주일 동안 은행 돈에서 오렌지주스 냄새가 났다."라고 한 말까지도 완벽하다.

지진 발생 이틀 후 아직도 도시 전체에 연기가 피어오를 때, 샌프란시스코의 은행 대표들이 앞으로의 대책을 세우기 위해 한자리에 모였다. 사실 그들은 아무것도 하지 않기로 했다. 6개월 동안 은행 문을 닫기로 결정했으니까. 지아니니는 화가 치밀었다. 어느 때보다 돈이 간절히 필요한, 도시 재건을 위해 대출을 해줘야하는 시기였던 것이다. 다른 은행들이 두려움에 꼼짝도 하지 못하고 있을 때 지아니니는 금이 든 자루와 장부를 가지고 부두로 나갔고, 샌프란시스코를 재건하려는 이들에게 돈을 빌려주기 시작했다.

뱅크 오브 이탈리아의 혁신 쌓기 전략은 한 세기 후인 스퀘어의 것과 놀라울 정도로 닮았다. 뱅크 오브 이탈리아도 스퀘어도 누구나 쉽게 접근하고 사용할 수 있는 시스템을 만들어 혁신을 이뤘다. 그 새로운 시스템은 급속히 성장했고 입소문으로 이어졌다. 위험을 감수하고 새로운 자격 심사 시스템을 마련했다. 규정을 바꾸기 위해 관계자들과 싸우는가 하면 간청도 했다. 둘이 정말로 닮았는지 한번 살펴보자.

뱅크 오브 이탈리아의 혁신 쌓기 전략

1) 힘없는 사람들에 집중

지아니니는 말했다. "적은 금액의 예금 및 대출을 하려는 고객을 전문으로 다루는 것이 우리의 목적이다. 아무리 적은 금액이라도 정기적으로 저축하는 봉급생활자나 영세사업자가 우리 은행의 가장 소중한 고객이다."[3] 하지만 영세사업자의 다수는 남성이 아니었으므로 그다음 혁신이 필요했다.

2) 여성을 위한 은행

여성의 참정권이 허락된 수정 헌법 제19조 이후 뱅크 오브 이탈리아는 미국에서 최초로 여성을 위해 여성 은행부(Women's Banking Department)를 설치했다. 이 부서는 샌프란시스코의 파월 스트리트에 있는 지아니니의 새 은행 건물 위층에 들어섰다. 이로써 미국 역사상 처음으로 여성들이 은행 계좌를 만들고 배우자의 개입 없이 재정 관리를 할 수 있게 되었다. 하지만 뱅크 오브 이탈리아의 새로운 남녀 고객들 모두가 가난했으므로 그다음 혁신이 필요했다.

3) 낮은 금리

스퀘어와 마찬가지로 뱅크 오브 이탈리아는 다른 은행보다 수수료를 한참 낮게 설정했다. 경쟁업체들의 금리는 12퍼센트였지만 뱅크 오브 이탈리아는 7퍼센트였다. 이러한 정책 덕에 대출 건수가 폭발적으로 늘어났고 예금 유치의 필요성이 커졌다. 또한 근검절약하고 책임감 강한 고객들이 더 모여들었다. 지아니니는 이렇게 말했다. "10퍼센트나 12퍼센트의 금리를 책정하면 돈을 빌리려는 이들은 사업을 접어야 한다. 낮은 금리를 위해 싸우는 사람이 바로 우리가 돈을 빌려주고 싶은 고객이다."[4] 하지만 저금리 정책을 유지하려면 거래 건수가 많아야 했으므로 그다음 혁신이 필요했다.

4) 직접 판매

뱅크 오브 이탈리아는 모든 가정, 결혼식과 교회 야유회, 세례식, 지역 행사마다 판매사원을 보냈다. 은행이 적극적으로 상품을 판매하지 않던 그 시절에 뱅크 오브 이탈리아가 감행한 새로운 도전은 효과만점이었다. 후에 다른 은행을 인수하면서 직접 판매 효과는 더욱 두드러져 매년 신규 고객이 두 배로 증가했다.

판매사원은 자기가 파는 제품에 대해 잘 알아야 유능할 수 있는 법이다. 그래서 뱅크 오브 이탈리아는 또 다른 혁신에 나섰다.

5) 광고

당시 은행들은 광고를 하지 않았지만 뱅크 오브 이탈리아는 첫해부터 사람들에게 적극적으로 다가갔다. 이를테면 이런 광고로.

1달러는 적은 돈이지만 저축할 가치가 있습니다. 단돈 1달러로 미래의 출발점이 되는 은행 계좌를 만드세요. 생각 없이 써버리거나 그냥 가지고만 있을 1달러가 있다면 지금 우리 은행으로 가지고 와서 예금하세요. 그 후에 계속 저축하면 이자가 붙어납니다.

그러나 적은 돈으로 계좌를 열 수 없다면 소액 저축 고객을 대상으로 하는 광고도 무용지물이 될 것이었다. 이 필요성에 따라 그다음 혁신이 추가됐다.

6) 낮은 최소 금액

다른 은행에서 계좌를 만들려면 1달러보다 훨씬 더 많은 돈이 필요했지만 뱅크 오브 이탈리아는 누구나 쉽게 계좌를 열 수 있게 했다. 소액 저축 고객이 늘어날수록 은행 자산도 증가했다. 하지만 소액 고객이 너무 많아지자 등록 절차를 간소화할 필요성이 생겨났다. 그래서 또 혁신했다.

7) 심사 절차의 단순화

뱅크 오브 이탈리아 계좌를 만드는 서류 절차는 다른 은행들보다 훨씬 단순했다. 지진과 화재 사건 이후로는 특히나 더 간단해져서 악수만으로 충분할 때도 있었다. 지아니니는 서류 심사나 신용 확인 절차를 거치지 않고도 대출이 가능하게 했다. 관리자들에게는 숫자에 얽매이지 않고 대출을 승인할 수 있는 권한이 주어졌다. 대출을 하려는 사람의 인성도 본 것이다. 하지만 은행 직원이 아무리 친절하다 해도 고객과 언어가 통하지 않으면 소용없었고, 이 점이 그다음 혁신으로 이어졌다.

8) 영어를 못 하는 고객을 위한 직원 채용

새로운 고객 중에는 영어를 거의 하지 못하는 이민자들이 많았다. 뱅크 오브 이탈리아는 고객들이 사용하는 언어를 구사하는 직원을 채용했다. 하지만 창살과 유리문을 사이에 두고 이루어지는 은행 직원과의 대화는 고객 입장에서 부담스럽게 느껴질 수밖에 없었다. 그래서 또 혁신했다.

9) 고객 친화적 공간 배치

뱅크 오브 이탈리아 지점 내부는 개방적이고 친절한 분위기였다. 직원과 매니저들은 철창 뒤쪽이 아닌 앞쪽에 앉거나 탁 트인 공간에 따로 배치되었고, 지아니니는 자신의 책상을 은행 맨 앞쪽에 두었다. 뱅크 오브 이탈리아는 고객들이 방문하고 싶어지는 은행, 또 실제로 자주 가게 되는 친절한 은행이었다. 그래서…….

10) 영업시간 연장

뱅크 오브 이탈리아는 영업시간을 고객의 일상생활에 맞추었다. 은행 영업시간에는 일터에서 일하는 사람이 많았으므로 지아니니는 고객들의 시간을 따랐다. 1907년 8월 1일에 문을 연 첫 번째 지점은 저녁과 일요일에도 문을 열었다. 수많은 가정이 거래 고객이었으니 이 은행은 각 가정의 가장 중요한 자산에 대해서도 고려해야만 했다. 그래서 또 혁신했다.

11) 주택 담보대출

뱅크 오브 이탈리아는 주택 담보대출이 보편화되기 전부터 이 서비스를 제공했다. 내 집 마련을 꿈꾸는 사람들뿐 아니라 건축업자부터 가구 제작자에 이르기까지 부동산 업계에 종사하는 모든 고객에게 이 서비스는 도움이 되었다. 이렇게 주택 담보대출이 성공을 거두자 사업 확장이 필요했다.

12) 자동차 담보대출

형편이 나아진 사람들은 자신만의 교통수단을 원하게 되었다. 뱅크 오브 이탈리아는 최초로 자동차 대출 상품을 만들었고 자동차 판매점에도 대출을 지원해 자동차 수요를 급증시켰다. 자동차는 담보로 사용 가능한 자산이지만 가치가 빠르게 떨어지므로 대출 승인 여부는 고객의 인성에 크게 좌우되었다. 자산이 아니라 대출자에 따라 대출을 승인해 주는 방법을 터득한 후 뱅크 오브 이탈리아는 또 다른 혁신을 추구했다.

13) 할부 대출

은행으로서는 급진적이고 개인으로서는 무척 고마운 할부 대출 정책 덕분에 사람들은 어려움이 닥쳤을 때 고리대금업자와 얽힐 필요가 없어졌다. 이 정책은 뱅크 오브 이탈리아에 대한 호감도를 크게 높여 성장을 더욱더 가속시켰다.

14) 급속한 확장

일련의 혁신은 급속한 확장이 꼭 필요하게 만들었다. 뱅크 오브 이탈리아는 새로운 은행을 만들기도 했지만 기존의 은행을 인수하는 쪽을 선호했고, 그 덕에 해당 지역에 대한 지식과 인력을 확보할 수 있었다. 하지만 거느린 은행이 너무 많아지자 어쩌면 가장 강력한 도구라고 할 수 있는 혁신을 추구하지 않으면 안 됐다.

15) 지점 시스템

은행 업무가 특정 지역과 연결되어 있는 것은 위험했다. 자연재해가 덮치면 그 지역 전체에서 대출 부도 사태가 일어날 수도 있었으니까. 때문에 여러 지역에 지점을 두었고, 그 덕에 효율성이 커졌다. 안정된 지역에서는 저축액이, 성장하는 지역에서는 대출 수요가 넘쳤다. 어떤 지역에는 가뭄이 닥칠 때 어떤 지역에는 풍년이 들 수 있을 것이다, 지점 시스템은 이런 요소들의 균형을 잡아주어 아무리 작은 지역에서도 은행 하나가 무소불위의 힘을 휘두르지 못하게 되었다.

지점 시스템은 재정적 측면에서 매우 합리적인 방식이었으므로 뱅크 오브 이탈리아는 계속 은행을 사들였고, 어느 지역의 은행을 인수하면 그동안 구축해온 혁신 쌓기 전략을 적용했다. 그에 따라 그들은 이 확장 전략의 재정적 측면을 뒷받침해줄 무언가가 필요해졌다.

16) 모두에게 주식을

막대한 성장에는 막대한 자금이 필요했다. 뱅크 오브 이탈리아는 다수의 사람들에게 주식을 조금씩 판매하는 방법을 개척해 직원과 고객들에게 부와 희망을 나눠주었다. 지아니니는 자신을 포함해 그 어떤 개인과 기관도 일정 비율 이상의 주식을 소유하지 못하도록 했다. 자금 유치 과정은 번거로워졌지만 위기가 닥쳤을 때 단 한 사람이나 기관이 은행을 차지하는 일은 막을 수 있었다. 지아니니는 힘없는 사람들을 위한 은행을 만들었을 뿐만 아니라 그들이 은행을 소유할 수 있게도 했다.

뱅크 오브 이탈리아는 백 년 전에 사람들에게 주식을 팔았다. 직원들이 기업 일부분을 소유한다는 것은 멋진 일이었다. 이는 주식을 산 사람들에게도 유익했지만 은행이 해로운 세력에 좌지우지되는 것도 막아주었다.

나의 첫 번째 멘토

지금까지 소개한 열여섯 가지 혁신이 따분하고 별것 아닌 것처럼 느껴진다면 그건 당신이 백 년 전에 태어나지 않았기 때문이다. 이 열여섯 가지는 당시로서는 매우 파격적인 혁신이었다. 안전하게 돈을 맡기고 꼭 필요할 때 빌려주는 곳이 있으면 사람들의 삶이 바뀌고 국가를 건설할 수도 있다. 다른 은행가들은 누구나 은행을 이용할 수 있게 해주는 것은 무모하고 급진적인 일이라며 지아니니를 경멸했다. 어쩌면 지아니니는 마티니를 곁들인 저녁식사에 수없이 초대되어 충고를 들어야 했을지도 모른다.

오늘날 거의 모든 은행이 뱅크 오브 이탈리아[이 명칭은 후에 뱅크 오브 아메리카(Bank of America)로 바뀌었다]를 모방하고 있다는 사실은 기업가 정신과 포용의 힘이 어느 정도인지를 보여주는 증거다. 기업가의 배짱과 끈기는 결국 한 산업을 완전히 장악하고 경쟁을 잠재운다.

그러니 별것 아니라고 생각하면 안 된다. 지금은 흔해 빠진 것들이라도 처음에는 매우 극적이었으니까. 지아니니의 혁신 쌓기 전략은 현대의 거의 모든 은행이 사용한다. 힘없는 사람들을 위한 은행을 만드는 과정에서 지아니니는 세계에서 가장 큰 은행을 만들었다. 세상에는 거물보다 힘없는 사람이 훨씬 더 많다. 가장 작고 가난한 고객을 위한 혁신을 쌓으면 거대한 시장에 독점적으로 접근할 수 있게 된다.

지아니니의 여정은 놀라울 정도로 우리 스퀘어와 비슷했다. 잘 알지도 못하는 산업에 뛰어들기로 한 결정부터가 그랬다. 그도 우리도 선택된 집단을 위해 만들어진 산업에 진출했고 부당함과 비겁함, 남용을 목격했다. 문제를 바로잡는 방법은 알지 못했지만 우리 같은 외부인이 보기에도 무엇이 근본적인 문제인지는 명백했다. 우리는 배제된 사람들을 환영하고 격려해주는 시스템을 만들고자 했다. 그래서 저항했고 새로운 시스템을 만들었다.

스퀘어가 지나온 여정이 얼굴도 본 적 없는 남자의 생애에서 똑같이 나타난 것을 확인하고 나자 이제야 모든 것이 이해가 갔다. 내가 살아 있는 멘토를 찾을 수 없었던 것은 당연한 일이었다. 어느 시대든 혁신을 추구하고 성공까지 하는 사람은 소수에 불과하니까(그런 사람과 커피 한잔 마실 수 있다면 정말 행운이고). 이런 멘토가 세상을 바꾸는 기업만큼 드문 것도, 또 그런 멘토의 대부분이 나와 동시대 사람이 아닌 것도 당연했다. 성공한 사람들은 대부분 모방으로 성공하지만 나는 다른 길을 택했다.

시간을 거꾸로 올라가보면 성공한 기업가들의 이름이 역사에 가득하다. 백 년 전에 정신 나간 사람 천 명이 새로운 도전을 했다면 그중 성공한 세 명의 이름은 길이길이 남는다. 세상 사람들에게 새로운 기회를 열어준 그들에 대해서는 수많은 글이 쓰인다. 시련을 이겨내고 거둔 성공인 만큼 훌륭한 이야깃거리가 되는 것이다.

다음과 같은 동일한 패턴은 아무 산업이나 골라 들여다봐도 나타난다. 한 기업가가 시장이 존재하지 않는 곳에서 여정을 시작한다. 해결해야 하는 문제가 줄줄이 생기고 그에 따라 혁신도 쌓인다. 혁신 쌓기 전략은 앞으로 살펴볼 다른 기술들과 합쳐져 세상을 바꾸는 기업을 탄생시킨다.

과거를 살펴보니 당황스러울 정도로 혁신 쌓기 전략의 사례가 많았다. 자료가 너무 없다가 갑자기 너무 많아졌다. 이젠 너무 많은 훌륭한 후보들 가운데에서 사례를 선택해야 한다는 게 문제가 되었는데, 그 덕에 따분한 산업에서 흥미진진한 사례를 고를 수 있었다.

어떤 주제를 연구할 때는 배경이 단조로운 게 도움이 된다. 폭발적인 극적 요소가 빠지면 진정한 효과가 더욱더 잘 보이기 때문이다. 그런 의미에서 다음으로 살펴볼 사례는 역사상 가장 지루하기 짝이 없는 산업이다.

신기술 없는
스타트업은 가능한가

· 이케아 ·

스퀘어가 해낸 일이 내게는 이제 더 이상 우연처럼 보이지 않았다. 지아니니와 뱅크 오브 이탈리아의 이야기를 알고 나니 똑똑한 형을 만난 기분마저 들었다. 스퀘어와 뱅크 오브 이탈리아는 도저히 간과할 수 없을 정도로 분명한 유사점이 있었지만 내 연구에는 아직도 심각한 문제가 하나 있었다.

앞서 말했듯 앞 장의 초고는 그래픽노블 형식이었다. 지아니니는 슈퍼히어로의 조건에 안성맞춤인 인물이었는데, 바로 그것이 문제였다. 워낙 강력한 인물이다 보니 뱅크 오브 이탈리아의 성공은 혁신 쌓기 전략 덕분이 아니라 그의 추진력과 독창성 덕분이 아닐까 하는 생각이 들었던 것이다. 영향을 끼치는 변수가 너무 많다는 것, 이는 실험실을 벗어난 자연에서 흔하게 일어나는 문제다.

때문에 혁신 쌓기 전략의 힘을 제대로 증명하려면 또 다른 사례를 찾아야 했다. 이번에는 특별한 산업의 특별한 기업가라야만 했다. 인류 역사에는 혁신 쌓기 전략의 사례가 수백 가지나 있지만 일부러 극적인 요소가 가장 적은 것을 찾고 싶었다. 살인 사건이나 불타는 도시, 망토 두른 영웅이 등장하지 않는 이야기. 무엇보다 컴퓨터나 바이럴 마케팅이나 네트워크 효과가 나오지 않는 이야기로.

기술 산업은 흥미진진하고 부를 창조하는 능력도 탁월하지만 데이터에는 끔찍한 짓을 한다. 산업 부문을 막론하고 성공한 기술 기업을 연구해보면 그 성공을 기술의 효과와 따로 떼어놓기가 어렵다. 내가 구글의 경영 방식을 모방하는 사람들을 비웃는 이유다. 200억 달러의 가용 현금은 경영상의 많은 실수를 바로잡아준다. 구글의 경영 방식이 전 세계에서 가장 뛰어나다고 쳐도, 우주 사업에 뛰어들 정도로 돈이 많은 회사라는 점은 어떻게 따라 할 것인가?

나는 흥미진진한 데이터를 원했기에 평범한 산업을 골랐다. 인간이 절단 도구를 발견했을 때부터 존재해온 산업, 문자가 만들어지기도 전부터 있었던 산업이라면 당연히 웬만한 혁신은 이미 이루어졌을 것이다. 그리하여 전 세계 어디에든 수많은 경쟁자가 있어 경쟁의 장이 공평한 산업, 너무 따분해서 오히려 흥미로운 혁신 사례가 되는 산업을 선택했다.

어떤 기업가인지도 중요했다. 망토 두른 영웅과는 정반대의 인물이었으면 했다. 수줍음 많고 내성적인 성격의 사람, 쫓겨나지만 않았더라면 기꺼이 성 안에 머물렀을 사람. 그리고 이 조건에 완벽하게 들어맞는 스웨덴 소년을 찾았다. 다만 너무 정반대라서 탈이었다. 영웅이기는커녕 악당이었으니까.

17세의 나이에 세상을 바꾸는 기업을 설립하기 한 해 전, 소년은 스웨덴의 친나치당에 가입했다. 훗날 단호하게 그 선택을 버리기는 했으나 끔찍한 파시즘과 얽혔다는 사실이 불쾌해서 나는 다른 사례를 찾아보려 했다. 결국은 이렇게 그 이야기를 하기로 했지만 영웅적인 기업가의 사례로서 소개하는 것은 아니다. 권리를 박탈당한 사람들을 도와야겠다고 생각하지 않는 사람의 혁신 쌓기 전략이라도 매우 강력하고 선한 영향력을 끼칠 수 있음을, 기업가의 카리스마나 관용과 관계없이 혁신 쌓기의 힘이 얼마나 강한지를 보여주고자 이 이야기를 소개한다.

17세 소년이 세운 회사

1943년의 어느 날, 17세 소년 잉바르 캄프라드(Ingvar Kamprad)는 가족이 운영하는 농장 엘름타뤼드(Elmtaryd)에서 자전거를 타고 시내로 향했다. 그는 서류를 작성해 10크로나(krona, 스웨덴의 화폐 단위 – 옮긴이) 지폐와 함께 아군나뤼드(Agunnaryd) 시의회 앞으로 보냈다. 그렇게 Ingvar Kamprad, Elmtaryd, Agunnaryd의 앞 글자를 딴 이케아(Ikea, 나중에는 IKEA로 표기를 바꾼다)라는 회사가 탄생했다.

처음에 캄프라드는 성냥갑을 팔았다. 이 어린 기업가는 숙모의 도움으로 성냥갑 백 개를 88외레(ore, 스웨덴의 화폐 단위로 100분의 1크로나에 해당 – 옮긴이)에 사 하나에 2~3외레를 받고 팔았다. 캄프라드는 10대에 이케아를 설립한 후 회사의 첫 번째 대표 상품인 만년필을 팔기 위해 기차로 스웨덴 남부 전역의 작은 상점을 찾아다녔다. 처음 몇 년 동안 이케아는 펜, 크리스마스카드, 사진 액자, 스타킹, 씨앗 같은 잡동사니를 팔았다.[1]

5년 동안 캄프라드는 보통 사업가들처럼 경쟁자를 따라 했다. 모방의 첫 결과물로 통신판매 회사가 된 이케아는 고객들이 구매 신청서를 보내면 물건을 공장에서 배달해주었다. 이케아의 가장 큰 경쟁업체였던 군나르스 파브리케르(Gunnars Fabriker)가 가구를 팔기 시작하자 이케아는 그것을 또 모방했다. 두 업체의 카탈로그에는 겹치는 판매 상품이 많아 가격 전쟁으로 이어질 수밖에 없었다.

최저가격 경쟁

한 예로, 군나르스와 이케아는 모두 카탈로그로 멜뷔(Melby)라는 다리미판을 팔았다. 이케아가 그 제품을 23크로나에 판매하기 시작하자 군나르스는 그보다 0.5크로나 낮은 가격에 팔았다. 그러자 이케

아는 22크로나로 가격을 인하했고 최저가 경쟁은 계속되었다. 캄프라드는 그 경쟁을 이렇게 설명했다.[2]

> 가격 전쟁은 차차 제품의 품질에 영향을 끼쳤다. 다리미판은 점점 더 간략해진 데다 끔찍해졌다. 가구도 마찬가지였다. 고객들의 불만이 빗발치기 시작했을 때에야 비로소 상황을 파악했다. 이케아는 평판이 나빠지는 위험을 무릅쓰고 있었고 그런 식으로 가다가는 오래 살아남을 수 없었다. 통신판매의 핵심적인 문제는 소비자가 제품을 직접 볼 수 없으므로 광고나 카탈로그의 설명에만 의존해야 한다는 것이었다. 소비자 보호가 발달하지 않은 만큼 속이는 것도 쉬웠다. 이케아는 중대한 결정과 마주했다. 그대로 죽느냐, 아니면 소비자의 신뢰를 얻으면서도 돈을 벌 수 있는 새로운 방법을 찾느냐.

위기였다. 두 회사가 똑같은 제품을 두고 최저가 경쟁을 계속하면 품질도 수익도 엉망진창이 될 것이 뻔했다. 캄프라드는 해결책을 발견할 수 없었다. 하지만 결국 그가 문제를 풀 수 있게끔 도와준 것은 경쟁자들이었다. 이번에는 모방할 거리를 준 것이 아니라 모방하지 못하도록 함으로써 말이다. 캄프라드는 기업가가 되어야 했다.

새로운 문제, 아찔한 기회

스웨덴의 다른 가구 판매업체들의 압박으로 이케아는 1950년부터 가구 박람회 참가가 금지되었다. 가구 박람회라니 시시하게 들릴지도 모르지만 당시에는 새로운 제품을 전시하고 판매업체와 공급업체를 연결해준다는 점에서 판매자와 구매자 모두에게 매우 중요한 행사였고, 나중에는 일반 대중에게도 개방되었다. 하지만 이케아는 가구 박람회에 전시조차 하지 못했고 캄프라드는 입장 자격까지 박탈당했다. 어떻게든 박람회장에 들어가려 애썼던 그는 예테보리에서 열린 박람회에서는 안으로 옮겨지는 카펫에 몸을 숨겨 몰래 들어가기도 했다.

캄프라드는 스톡홀름에 있는 세인트 에릭 박람회장 근처에 공간을 빌려 이케아의 가구를 대중에게 보여주었다. 가구 박람회 전시를 금지당한 회사가 궁금한 사람들이 떼를 지어 몰려들었다.

이 대여 공간이 성공을 거두자 캄프라드는 영구적인 공간을 마련해 두 가지 문제를 한번에 해결하는 모험을 하기로 결심했다. 상품을 보여주고 품질을 입증할 필요가 있었다. 캄프라드는 사람들이 가구를 직접 보고 만지고 비교도 하면서 자신들이 돈 주고 사게 될 제품에 대해 자세히 알 수 있기를 바랐다. 그는 낡은 건물을 사들여 깨끗하게 청소하고 창문도 새로 달아 가구 전시장으로 만들었다.

이케아의 첫 카탈로그는 그 낡은 건물로 와서 가구를 직접 보라고 사람들을 초대하는 내용이었다. 그러자 정말로 사람들이 왔다. 1953년 전시장을 처음 공개한 날, 밖에 기다란 줄이 생겨났다. 캄프라드와 몇 명 되지 않는 직원들은 전시장 바닥이 싸구려 다리미판처럼 부서질까 봐 걱정했지만 다행히 바닥은 잘 버텨주었다. 사람들은 계속 찾아왔고, 첫해 스웨덴 전역에서 수만 명이 전시장을 방문했다. 드디어 다리미판 문제가 해결되었다. 캄프라드는 훗날 이렇게 회상했다. "이제 싸구려 다리미판을 5코로나 더 비싸고 품질도 좋은 다리미판과 나란히 진열해서 보여줄 수 있게 되었다. 우리가 바란 대로였다. 사람들은 지혜롭게도 더 비싼 다리미판을 선택했다."[3]

하지만 경쟁자들의 공격은 끝나지 않았다. 이케아와 캄프라드는 여전히 박람회 참가가 금지되었을 뿐 아니라 스웨덴의 가구 판매업자들은 이케아와 거래하는 공급업자들을 단체로 보이콧하기 시작했다. "자유시장 스웨덴의 가구업체들이 우리가 너무 싸게 판다고 보이콧을 시작했다. 우리는 하는 수 없이 폴란드에서 공급업자를 찾았다."[4] 캄프라드의 회상이다.

이 공격은 결국 평범한 스웨덴 남자를 세계에서 가장 성공한 가구 기업가로 만들었다. "회사의 존재 자체가 위협받는 것을 느끼며 수많은 날을 눈물로 지새웠다. 맞서 싸울 방법을 찾아내야겠다는 의지도 더욱 강해졌다. 새로운 문제가 아찔한 기회를 제공했다. 다른 업체들과 똑같은 가구를 공급받을 수 없으니 직접 가구를 디자인하는 수밖에 없었다. 덕분에 우리만의 스타일과 디자인이 생겼다. 우리가 직접 공급업자가 되니 완전히 새로운 세상이 열렸다."[5]

 이케아가 금지와 보이콧에 떠밀려 만든 혁신 쌓기 전략은 가구 산업을 바꿔놓았다.

이케아의 혁신 쌓기 전략

1) 카탈로그와 전시장의 결합

이케아는 다른 기업가적 기업들과 마찬가지로 혹독한 환경 때문에 혁신할 수밖에 없었다. 캄프라드는 이케아 혁신 쌓기 전략의 핵심 요소를 다음과 같이 설명했다.

> 그 순간 현대 이케아의 개념적 토대가 마련되었고, 이 원칙은 지금까지도 적용되고 있다. 첫째는 카탈로그를 활용해 사람들이 전시장, 즉 오늘날의 매장에 오게끔 유혹하는 것이었다. 둘째, 우리는 매우 널찍한 전시장을 제공했다. 사람들이 카탈로그를 손에 들고 돌아다니며 직접 심플한 인테리어를 구경하고, 사고 싶은 가구를 만져보고, 공장에서 가구를 배송해주는 주문서를 작성할 수 있게 하기 위해서였다. 통신판매와 가구 판매장이 하나로 합쳐졌다. 내가 알기로는 그 어느 곳에서도 실현된 적 없는 사업 아이디어였고, 그걸 처음 시도한 것이 이케아였다.[6]

하지만 스웨덴에서 가구를 만들 수 없었던 이케아는 다음과 같은 선택을 해야 했다.

2) 해외 제조

스웨덴 공장들의 보이콧 때문에 다른 제조 공장을 알아봐야 했던 캄프라드는 인건비가 싸고 자연자원이 풍부한 폴란드를 선택했다. 당시 폴란드의 경제는 엉망이었다. 덕분에 이케아는 스웨덴에서보다 훨씬 저렴한 비용으로 훌륭한 노동자들을 고용할 수 있었다. 하지만 폴란드 공장은 시설도 낙후되고 품질 문제가 있었으므로 다음과 같은 선택을 해야 했다.

3) 공장 재설계

폴란드의 공장을 다시 설계하자 품질 문제가 개선되었을 뿐만 아니라 효율성이 올라가고 비용도 절감되었다. 공장에서 많은 가구를 만들어 내니 운송 물량도 증가했다. 하지만 부피만 크고 안은 텅 빈 가구를 폴란드에서부터 운송하는 것은 비효율적이고 돈도 많이 들었다.

4) 가구를 조립식으로

조립식 가구는 운송 시 차지하는 공간도 적고 손상 위험도 적었다. 하지만 운송 뒤 조립을 위한 인력이 필요했으므로 인건비가 늘어났고 최종 소비자에게 배송하는 문제도 있었다.

5) 셀프 조립

이케아는 고객들이 가구를 직접 조립하게 함으로써 낮은 가격을 계속 유지하고 시간과 공간도 절약하는 방법을 생각해냈다. 하지만 고객들이 가구를 조립하기란 쉽지 않았다.

6) 맞춤 디자인

조립이 어려운 문제를 해결하기 위해 이케아는 가구 디자이너들로 구성된 팀을 꾸렸다. 디자이너들은 최종 조립 과정을 단순화했을 뿐 아니라 폴란드의 맞춤형 공장 시설에서 효율적으로 생산할 수 있는 가구를 디자인하여 비용을 더욱더 절감시켰다. 또한 그들은 원자재를 이케아의 전체 제품 라인에 최적화했고, 그 덕에 다음이 가능해졌다.

7) 교체 가능한 부품들

동일한 디자인의 나사를 무수히 많은 제품들에 사용하는 것이 가능해졌다. 사뭇 다른 제품이라도 기본적인 조립 과정이 비슷한 덕에 소비자들은 한층 쉽게 가구를 조립할 수 있었다. 이케아는 한정된 부품 세트를 표준화함으로써 재고 목록을 단순화하고 규모의 경제를 이루었다. 하지만 이내 이케아의 거래량은 폴란드 공장의 생산 역량을 넘어섰다.

8) 세계적 공급망

이케아는 세계적 공급망을 갖추었다. 엄청난 성장과 거래량 덕에 이케아는 세계 어디에서든 특정 제품의 생산지로 가장 적합한 장소를 선택할 수 있었다. 이러한 효율성 덕분에 비용이 절약되었고 공장의 작업도 단순화되었다. 하지만 제품들을 보관할 장소가 필요하다는 문제가 생겼다. 그래서…….

9) 창고 전시장

그들은 창고 전시장을 만들었다. 이케아의 셀프 조립식 가구는 공간 효율성이 뛰어나 가구를 전시장에 붙어 있는 창고에 보관할 수 있었다. 덕분에 운송비가 절약되고 고객들은 맞춤 주문 건이 공장에서 배송되기까지 몇 달을 기다릴 필요 없이 제품을 즉각 손에 넣을 수 있었다. 하지만 운영 방식이 이렇게 성공적이었음에도 매장 면적이 너무 커서 사람들이 길을 잃었다. 그래서…….

10) 구불구불한 매장 동선

이케아는 매장 통로를 미로처럼 구불구불하게 만들고 그 통로를 따라 제품들을 영리하게 배치했다. 덕분에 고객 입장에서는 덜 부담스러운 느낌으로 다양한 제품을 구경할 수 있었다. 사람들은 쇼핑을 위해 몇 시간 혹은 며칠을 들여 이케아 매장을 찾아왔고, 동선에 따른 배치 덕분에 매장에서 보내는 시간이 더욱 늘어났다. 그래서…….

11) 푸드코트와 놀이방 서비스 제공

이케아는 푸트코트와 놀이방 서비스를 제공한다. 이케아에서는 고객들이 온종일이라도 머물 수 있다. 이제 매장을 떠날 이유가 없어졌다. 식사도 하고 아이들은 놀이방에 집어넣고 무수히 많은 종류의 제품을 구경한다. 게다가……

12) 저렴한 가격

이케아는 차곡차곡 쌓인 혁신이 가져다준 효율성을 낮은 가격을 통해 고객들과 나눈다. 사람들은 이케아라는 브랜드를 알고 신뢰하며 그 상징을 소중하게 여긴다.

평범한 사람들의 가구를 위하여

캄프라드는 왜 육각 렌치 하나로 전부 조립할 수 있는 가구를 만들게 됐는지에 대해 이렇게 설명했다.

밀라노 박람회에서 대형 카펫 공급업자를 방문한 경험이 아이디어를 깨워주었다. 그 사람 덕분에 나는 평범한 이탈리아 가정, 단순 사무직 혹은 노동자의 집을 볼 수 있었다. 내가 본 광경은 놀라웠다. 무겁고 칙칙한 가구, 무거운 식탁 위에 걸린 전등 하

나. 박람회의 우아한 가구들과 평범한 사람들의 집에 놓인 가구
는 엄청난 차이가 있었다.

철학이 언제 머릿속에 그려지기 시작하는지는 알기 어렵다. 내
선견지명을 과대평가하고 싶지는 않지만 밀라노는 나를 '민주주
의적 디자인'의 방향으로 떠밀었다. 멋질 뿐만 아니라 처음부터
기계 생산에 알맞아 저렴한 비용으로 제작 가능한 디자인. 그런
디자인과 셀프 조립 혁신으로 생산과 운송비용을 크게 줄였을
뿐 아니라 고객들에게도 낮은 가격에 제품을 제공할 수 있었다.[7]

가구 시장을 공정하게 만들겠다는 캄프라드의 비전은 이케아의 사
훈에도 스며들었다. 이케아는 더욱더 많은 사람을 위해 멋진 디자인
과 기능의 다양한 홈퍼니싱 제품을 합리적인 가격에 제공하고자 노
력하고 있다.[8]

이케아에서도 역시 혁신 쌓기 전략과 공정화에 대한 갈망이 나타
났다(정치적 요소가 끼어 있기는 하지만 말이다). 그러나 이케아의 수익
성보다 내 관심을 더 끈 것은 그 과정이었다. 스퀘어와 이케아는 즉
각 혁신의 길을 선택한 것이 아니었다. 처음에 스퀘어는 신용카드 산
업의 좋은 사례를 모방하려 했지만 기존 시스템으로는 우리가 끌어
안고자 하는 이들을 끌어안을 수 없음을 첫날부터 깨닫고 그 생각을
버렸다. 이케아도 여러모로 다른 가구업체를 모방하려 했지만 결국
박람회와 공장은 물론 조국에서도 쫓겨났다.

성벽 도시에서 쫓겨난 17세 소년은 역사상 가장 큰 가구 회사를 만들었다. 이케아의 혁신 쌓기 전략은 혁신이 세상에서 가장 극적이지 않은 산업조차 바꿀 수 있음을 보여주는 완벽한 사례다. 이케아는 엄청난 성공을 거둔 기업이고 당연히 수익성도 어마어마하지만 비상장 기업이라 자세히는 알 수 없다.*

캄프라드도 내 흥미를 끌었다. 친나치에서 전향한 온화한 성격의 그는 여러모로 지아니니와 정반대처럼 보였다. 그에게 연락해서 직접 이야기를 듣고 싶었지만 안타깝게도 그는 내가 이 책의 연구조사를 하는 동안 세상을 떠났다.

역사적인 사실을 모아 이론을 만드는 것과 그 이론을 가지고 실제 당사자와 이야기를 나눠보는 것은 완전히 다른 이야기다. 그래서 마지막은 훌륭한 자료를 제공할 뿐만 아니라 당사자에게 직접 가르침을 얻을 수 있는 경우였으면 했다.

그 조건에 완벽하게 들어맞는 기업을 찾았다. 게다가 창업자도 살아 있었다. 말 그대로 아직 숨 쉬고 있었다.

---

* 실제로는 전 세계에 수십 개 넘게 퍼져 있는 기업들이다.

규제를 뛰어넘고
비상하는 법

· 사우스웨스트 항공 ·

"짐! 나 허브 켈러허(Herb Kelleher)요."[1]

　사우스웨스트 항공(Southwest Airlines)의 전 CEO에게 연락하려고 몇 달을 애썼다. 허브는 이메일을 사용하지 않아서 댈러스에 있는 그의 사무실로 연락해 이런 책을 쓰고 있다고 설명한 뒤 전화번호를 남기고 기다렸다. 허브는 약속 날짜를 이메일로 보내지 않는다. 그의 목소리는 내 휴대전화를 박살내기라도 할 것처럼 우렁찼다. "사우스웨스트의 이야기를 듣고 싶다고? 댈러스로 오면 전부 다 이야기해드리리다." 허브는 화상회의를 하지 않는다.

　영화배우, 노벨상 수상자, 국가원수도 만나봤지만 나는 허브 켈러허와의 만남이 훨씬 더 기대됐다. 그가 30년 동안 이끈 기업 사우스웨스트 항공은 내 이론을 확인해볼 사례가 되기에 완벽했다. 애초에 그 어떤 기업도 차별화될 수 없도록 설계된 듯한 항공업계에서 사우스웨스트는 모든 전통을 뒤엎고 하늘로 날아올랐다. 연구자가 기업가 정신과 혁신 쌓기 전략 사례 연구를 위한 시장을 선택한다면 아마 항공 산업 분야를 고를 것이다. 그만큼 끔찍한 산업이기 때문이다.

과연 사우스웨스트가 내가 발견한 법칙에 들어맞을까? 나는 아마존과의 전쟁 이후 3년 동안 자료를 모았지만 그 자료를 실제 기업가에게 보여줄 수는 없었다. 자료, 특히 역사 자료의 경우에는 반박해 줄 사람이 살아 있지 않다는 특징이 있다. 에이브러햄 링컨이 정말 그 은행 고객이었을까? 알베르트 아인슈타인이 정말 그 헤어 젤을 사용했을까? 진실은 알 수 없다. 역사 공부는 재미있지만 당사자에게 직접 물어볼 수 없으니 답답하다. 내가 세운 이론이 당사자의 심사를 통과하지 못할까 봐 걱정스러웠다.

허브 켈러허는 살아 있는 전설이다. 그를 만나러 사우스웨스트 비행기를 타고 댈러스 본사를 찾아가는 길에 그가 정말로 전설임을 실감할 수 있었다. 공항이 들어선 길 이름 자체가 '허브 켈러허 길(Herb Kelleher Way)'이었다. 사우스웨스트 항공 본사 로비로 들어가자 항공사의 실시간 업무 처리 현황을 보여주는 커다란 모니터가 눈에 띄었다. 그런데 뭔가 이상했다. 중앙표준시(Central Time Zone)가 '허브 타임(Herb Time)'이라는 이름으로 바뀌어 있었던 것이다. 은퇴한 지 10년이 넘었는데도 허브 켈러허는 자신의 이름을 딴 시간대는 물론 본사에 특별 임원 사무실까지 갖고 있었다.

사우스웨스트 항공이 얼마나 멋진 창조물인지를 알려면 우선 이 회사가 처음 진출했을 당시의 항공업계가 얼마나 끔찍했는지부터 알아야 한다. 한마디로 최악의 산업이었다. 실제로 허브는 32년 동안 여러 산업을 연구한 와튼 스쿨의 한 교수가 항공 산업을 맨 꼴찌로 꼽은 연구 자료를 갖고 있었다(허브는 이 교수에게 항공 산업이 더 끔찍한 이유를 더 지적해주었다). 하지만 꼭 교수가 아니라도 항공 산업의 재정 역사가 공중충돌 사고보다 끔찍하다는 것은 알 수 있다.

라이트 형제는 기술을 독점하고 있었음에도 비행기로 돈을 벌지 못했다. 1903년부터 어제까지의 항공 산업 대차대조표를 보면 인간은 하늘을 날면 안 되는 운명이었다는 생각이 들지도 모른다. 눈에 보이지 않는 어떤 힘이 비행기를 계속 띄웠는지 모르겠으나 자본주의의 보이지 않는 힘이 아니라는 것만은 확실하다.

항공 산업은 끊임없이 적자를 기록했다. 1967년, 텍사스에 작은 항공사가 만들어지기 전까지. 그 후 사우스웨스트 항공은 몇십 년 동안 단지 항공 산업뿐 아니라 전체 비즈니스에서도 신기록을 세웠다. 이 회사는 최악의 산업 분야에 진출해 오랫동안 무자비한 공격을 받았으나 오히려 그것을 즐겼다. 사우스웨스트는 허브의 리더십 아래 최저가 항공료와 최고의 고객 만족도, 최고의 정시 운항률, 가장 빠른 성장, 가장 높은 수익을 달성했다. 허브가 직접 증명해줄 수 있다.

허브의 사무실은 수집품으로 가득한 트로피 진열장 같다. 약간 다른 점이 있다면 공식적으로 수상한 상패마다 사우스웨스트 항공 직원과 고객들이 직접 만든 수많은 선물이 함께한다는 것이다. 대개는 사우스웨스트 항공의 로고를 본뜬 하트 모양이다. 직원과 고객들이 이 회사를 너무도 사랑한 나머지 직접 시간을 내어 CEO에게 진심이 가득 담긴 하트를 만들어준 것이다. 그 수많은 선물 가운데 서 있자니 가슴이 따뜻해지면서도 한편으로는 약간 기가 죽었다. 허브라는 인물 자체도 비슷한 느낌이다. 매력적이고 유쾌하지만 신 같은 분위기를 풍긴다. 마치 구름에서 뿜어져 나오는 듯한 바리톤의 묵직한 목소리까지 더해지면 더욱더 그렇다. 그는 연신 쿨 블루 멘솔 담배를 피우며 담배 연기로 구름을 만든다. 새털구름이 드리워진 그의 사무실에서 우리는 대화를 시작했다.

성벽 밖에서 태어난 항공사

첫 번째 목표는 사우스웨스트가 다른 항공사를 모방하지 않은 이유를 알아보는 것이었다. 허브가 설명했다. "항공사들은 자기들끼리 벌이는 경쟁을 막으려고 1938년에 연방정부 규제안을 마련했지. 아주 성공적이었어. 1938년에 유상여객마일(revenue passenger mile, 항공사의 유료 고객이 이동한 마일 수를 모두 더한 값－옮긴이)의 90퍼센트를 차지한 항공사들이 1978년에도 90퍼센트를 차지했으니까."

미국 정부는 혁신을 금지했을 뿐만 아니라 아예 항공 산업에 진출하는 일 자체를 어렵게 만들었다. 유일한 방법은 법정을 통하는 것뿐이었다. 사실 허브는 항공사 임원도 사업가도 아니었다. 그는 사우스웨스트의 변호사였다. 사우스웨스트는 그가 정부 및 항공사들을 상대로 4년간 싸운 후에야 비로소 비행기를 띄울 수 있었다. 싸움은 텍사스 법원을 거쳐 연방 대법원까지 올라갔고, 사우스웨스트 항공이 승소했을 때 허브는 눈물을 흘리며 비행기에 입을 맞췄다.

항공 산업에서는 규제가 모방을 강요할 정도였다. 모든 항공사가 정부의 규칙을 따라야 했는데, 그 규칙에는 역효과가 뒤따랐다. 혁신을 꺾을 뿐만 아니라 사람들의 생각까지 바꿔놓는 역효과였다.

"정부에서는 돈이 많거나 법인카드를 쓰는 사람들만 비행기를 타기를 '원한다'는 생각이 기정사실화되어 있었지." 순간 내 입이 그의 재떨이에 닿을 정도로 떡 벌어졌지만 허브는 말을 계속했다. "정말이라네. 자네 표정이 보여서 일부러 그런 표현을 사용했어. 내가 법정에서 민간항공위원회 변호사들과 싸울 때 그 사람들이 그러더군. 그 외의 사람들은 비행기를 타고 싶어 하지 않는다고. 장난하나 싶었지. 리오그란데 밸리에서 휴스턴의 MD 앤더슨 암 센터까지 15달러를 내고 비행기로 45분 만에 갈 수 있다면 스테이션왜건 뒷좌석에 놓은 매트리스에 앉아 여섯 시간을 가지는 않을 텐데 말이야. 난 그들이 그냥 말을 지어내고 있다고 생각했는데 아니었어."

성벽 안에서 오래 지내다 보면 그곳에 적응될 뿐만 아니라 벽 너머에 아무것도 없다고 믿게 된다. 밥이 카드를 받거나 계좌를 열거나 근사한 가구를 사거나 할머니 댁을 방문할 이유가 뭐가 있겠는가? 평범한 사람들이 왜 부자들이 누리는 것을 원하겠는가?

결국 사우스웨스트는 하늘을 날 수 있는 권리를 따냈지만 운항은 텍사스 내에서만 가능했다. 다른 항공사들을 모방하는 것이 법적으로 금지된 셈이었다. 허브는 사우스웨스트가 성벽 바깥에서 태어났다는 사실을 확인해주었다.

"우린 모방할 생각이 없었어. 같은 항공사니까 운영 방식은 같을지언정 다른 항공사들을 절대 따라 하지 않기로 했지." 유나이티드 항공(United Airlines)의 부사장을 지냈고 3년간 사우스웨스트 항공의 CEO를 역임한 하워드 퍼트넘(Howard Putnam)은 언젠가 말한 적 있다. "유나이티드에서 배운 것을 절대로 실행하지 않은 것"이야말로 자신이 사우스웨스트를 위해 했던 가장 훌륭한 일이었다고.[2]

역시나 이 기업에서도 '배짱'이 확인되었다. 사우스웨스트는 낮은 항공료를 고객에게 제공하고 다른 항공사들을 모방하지 않는 길을 택했다. 허브는 내가 알아낸 기업가 정신의 가장 기본적인 요소를 확인해주었다. 완벽한 문제를 해결하는 것 말이다. 사우스웨스트의 완벽한 문제는 항공 산업의 문을 활짝 열어 누구나 비행기를 탈 수 있게 하는 것이었다. 아름다운 담배 구름에 둥둥 떠 있는 기분이 들었다.

허브는 내 이론을 확인해주었을 뿐만 아니라 온갖 공격과 싸움 덕분에 기업이 강해질 수 있었다고 설명했다. 사우스웨스트는 정부 규제 및 30회가 넘는 청문회를 감당해야 했고 다음과 같은 업계의 적극적인 공격 세례도 버텨야 했다.

- 항공사 신용카드 시스템에서 배제하려는 시도
- 항공기 급유 방해 공작
- 사우스웨스트와 일하는 납품업체들에 대한 보이콧
- 사우스웨스트의 항로를 제한하는 연방법*

업계의 방해 공작이 어찌나 거셌던지 브래니프 인터내셔널 항공(Braniff International Airways)과 텍사스 인터내셔널 항공(Texas International Airlines)은 1975년에 사우스웨스트를 몰아내려고 공모한 죄로 기소되었다. 그들은 아무런 이의를 제기하지 않고 10만 달러의 벌금을 냈다. 작은 항공사는 이 모든 공격을 받으며 더욱 강해졌다.

"공격을 받은 게 우리에겐 오히려 유익했지. 전투 정신이 생겼거든. 당장 다음 주에라도 문을 닫아야 할지 모르니까. 우리 직원들은 전쟁을 했어." 허브가 말했다. 다시 말하자면 직원 모두가 회사의 생존을 위해 싸운 덕분에 혁신이 활발해지는 환경이 조성되었던 것이다. 그렇게 쌓은 혁신으로 사우스웨스트는 50년 동안 승승장구했다.

---

* 라이트 수정안(Wright Amendment)은 사우스웨스트 항공이 댈러스의 러브필드 공항에서 인접하지 않은 주로는 운항할 수 없도록 금지했다.

사우스웨스트 항공의 혁신 쌓기 전략

1) 항공기 활용 최대화

허브는 '비행기는 땅이 아닌 하늘에서 돈을 번다'라는 신조로 출발했다. 당연한 말처럼 들리겠지만 사실 비행기는 지상에 머무르는 시간이 많다. 사우스웨스트는 비행기를 자주 띄울수록 회사가 돈을 많이 벌 수 있다는 사실에 집중했다. 경쟁사들보다 항공편을 두 배나 많이 운항한 것도 그래서였다. 어떻게 그럴 수 있었을까?

2) 턴어라운드 시간 단축

사우스웨스트는 창업한 지 몇 년도 되지 않아 재정적 압박으로 비행기 네 대 중 한 대를 팔아야만 했고, 따라서 즉각 문제에 부딪혔다. 남은 세 대로 어떻게 운항 일정을 유지할 것인가?

이 회사는 다른 항공사들이 불가능하다고 생각하는 일을 했다. 비행기의 턴어라운드 시간(turnaround time, 비행기 도착 후 재출발까지 걸리는 시간-옮긴이)을 10분 이하로 줄이기 시작한 것이다. 비행기가 게이트에 도착해 승객이 내리고 짐을 빼내고 청소와 급유가 이루어지고 새로운 승객이 탑승하는 그 모든 과정이 10분 만에 끝났다. 덕분에 회사는 운항 일정도 유지하고 적은 비행기로 더 많은 수익을 올릴 수 있었을 뿐 아니라 정시 운항률도 이내 업계 최고가 되었다. 하지만 업계 평균 한 시간인 턴어라운드 시간을 10분으로 줄였기 때문에 더 많은 혁신이 필요했다.

3) 항공기 표준화

턴어라운드 시간을 10분으로 유지하는 것은 포뮬러원의 정비 담당자 (pit crew)라 해도 엄청난 스트레스일 것이다. 짐을 내리고 싣고 화장실을 점검하고 비행기를 청소하고 물품을 보충하고 미국연방항공청 (Federal Aviation Administration)의 점검 규정을 준수하는 등의 일을 모두 마쳐야 하니까. 사우스웨스트는 자사 보유 항공기를 보잉 737기로 표준화함으로써 이 모든 과제를 단순화했다. 다른 항공사들이 보유한 항공기 모델은 약 열 가지나 되었다. 사우스웨스트의 지상, 수화물, 보수유지팀은 할리데이비슨 오토바이를 애지중지하는 폭주족처럼 737기를 속속들이 꿰고 있었다.

단일 종류 항공기 운항은 턴어라운드 시간에만 유리한 것이 아니었다. 항공기 모델이 다르면 조종사와 승무원들도 다시 교육을 받아야 하는데 사우스웨스트에서는 그럴 일 없이 간단하게 인력 교체가 이루어졌다. 보잉은 충실하게 737기만 사용하는 사우스웨스트 항공의 요구를 충족시키고자 특수 737기를 제작해 팔기까지 했다. 허브는 보잉 CEO에게 말했다. "우린 다른 항공기는 쓰지 않을 겁니다. 대신 좌석 수가 더 많은 똑같은 보잉기를 띄울 거예요." 항공업계에서 누군가가 그런 말을 한 것은 역사상 처음 있는 일이었다.

4) 일괄 탑승

사우스웨스트의 승객은 재사용 가능 플라스틱 탑승권을 탑승구에서 받아 도착 순서대로 탑승했다. 색 분류 체계의 탑승권 덕분에 직원들은 비행기표가 아니라 승객의 얼굴을 보고 환영해줄 수 있었고, 30명씩 일괄 탑승했기에 그 속도도 빨랐다. 왕족의 결혼식 좌석 배치보다 복잡한 등급에 따라 승객들을 태우는 다른 항공사들의 시스템은 엄청나게 느리고 비효율적일 수밖에 없었다. 사우스웨스트는 모든 승객을 동등하게, 그것도 극진히 대우했다.

5) 비지정 좌석

비행기에 탑승한 승객들은 자신이 원하는 자리에 앉을 수 있었다. 이에 따라 탑승 속도도 빨라지고 예약도 간소화되었다. 약간의 논란도 있었지만 비지정 좌석제는 사우스웨스트의 가장 수익성 높은 승객들, 즉 막판에 서둘러 비행기를 타고 앞쪽 좌석에 앉고 싶어 하는 사람들이 선호하는 방식이다. 허브는 설명했다. "연구해보니 놀랍게도 비즈니스 목적으로 비행기를 타는 승객들은 좌석 지정을 원하지 않더군. 항상 시간 여유 없이 막판에 비행기를 탄 뒤 '좋은 좌석은 다 나갔구나' 하는 사람들이더라고." 하지만 비지정 좌석제는 누가 어디에 앉는지에 대한 법칙이 있으면 시행할 수 없다. 사우스웨스트는 그런 차별을 없애는 혁신을 추가해야만 했다.

6) 하나뿐인 좌석 등급

사우스웨스트 항공의 비행기에서는 모두가 평등했다. 좌석 등급이 하나뿐이었던 덕에 탑승 시간은 줄이고 좌석 수는 늘릴 수 있었다. 사우스웨스트의 성장 초기 시절은 컴퓨터 사용이 보편화되기 전이었음을 기억하라. 그렇기에 단순화가 가져다준 혜택은 더욱더 컸다. 다른 항공사들은 승객들을 등급별로 줄 세우고 라운지와 화장실, 탑승구, 문, 좌석도 힘들게 따로 구분했지만 결국 모든 승객이 탑승구를 지나 비행기로 이어지는 연결 통로로 우르르 몰린다는 점은 똑같았다.

7) 인기 없는 공항 이용

비행기가 이륙 허가를 받고 게이트에 이르기까지 계류장에서 30분이나 대기해야 한다면 10분의 턴어라운드 시간도 무용지물이 되어버린다. 그래서 사우스웨스트는 별로 혼잡하지 않은 공항을 선택했다. 뉴욕시에 가려는 승객들? 사우스웨스트 항공기를 타면 아이슬립(Islip) 공항에 내려주었다. 워싱턴 D.C.에 가는 승객들은? 철도역까지 무료 버스가 제공되는 볼티모어(Baltimore)에 내려주었다. 휴스턴의 하비(Hobby) 공항이나 시카고의 미드웨이(Midway)처럼 시내에서 가까운 공항인 경우도 있었다. 사우스웨스트는 지상과 상공의 교통체증을 피함으로써 정시 출발과 도착을 지켰고 승객들에게도 편리함을 제공했다. 게다가 인기 없는 공항은 착륙료도 더 저렴했다.

8) 직항 노선

사우스웨스트는 비행기를 쉬지 않고 띄우겠다는 목표를 위해 다른 항공사와 달리 허브 앤드 스포크(hub-and-spoke, 물량을 중심 거점에 모아 각각의 도착지로 분산 운송하는 방식-옮긴이) 방식을 거부하고 직항 노선을 고수했다. 일단 중심 거점으로 가서 승객들을 하차시킨 뒤 실제 목적지로 가는 비행기에 다시 태우는 방식은 노선이 늘어난다는 장점이 있다. 하지만 도착 항공기와 환승 승객을 기다려야 하고 거점 공항의 날씨가 안 좋아 항공기가 연착되면 일정도 엉망진창이 되어버린다. 게다가 승객들을 비행기에 두 번 태워야 하니 직항보다 돈도 많이 든다. 사우스웨스트는 직항 노선으로 쉬지 않고 비행기를 띄운 덕분에 지상 직원들과 수화물 담당자들이 계속 바삐 움직였고 비행기와 사람의 생산성을 모두 높일 수 있었다.

9) 기내식 없음

그다지 맛있지도 않은 기내식은 대개의 승객들에게 별 우선순위가 아니라는 사실을 사우스웨스트는 알고 있었다. 낮은 항공료나 정시 출발 및 도착에 비하면 더더욱 그러했다. 사우스웨스트가 운영하는 노선의 비행시간은 평균 1시간 정도였으므로 땅콩과 음료수만 제공해도 승객들은 불만이 없었다. 이른 아침에만 탑승구 근처에서 간단한 유럽식 아침 식사를 제공할 뿐 기내식은 주지 않는 간단한 해결책 덕에 승무원들의 시간이 크게 절약되었다. 비행시간이 좀 더 긴 노선에서도 이 단순함은 유지되었다. 허브가 설명했다. "우리가 샌안토니오와 로스앤젤레스 구간 운항을 처음 시작했을 때의 편도 요금은 겨우 400달러였어. 어느 기자회견에서 '비행시간이 꽤 긴데 기내식이 제공되나요?'라는 질문이 나왔을 땐 이렇게 답했지. '로스앤젤레스에서 400달러면 맛있는 샌드위치 값이죠, 아마?'"

10) 친절한 서비스

모든 항공사는 저마다 친절한 서비스를 내세운다. 연방교도소에 수용된 죄수들을 이송하는 항공기인 콘에어[ConAir, 미 연방보안청이 운행하는 죄수호송기를 일컫는 말로, 여기에서의 Con은 재소자(convict)를 뜻함-옮긴이]는 예외겠지만 말이다. 그럼에도 승객들은 항공사 직원들이 하나같이 불친절하다고 느낀다(이것은 콘에어의 승객들도 마찬가지일 것이다). 하지만 사우스웨스트 항공은 눈에 띄게 친절했다. 이 회사는 직무 관련 교육을 시킬 필요성이 느껴진다 해도 성격 좋은 사람을 우선적으로 채용했다. 친절은 무엇보다 사우스웨스트의 기업가치였고, 경영진은 부당한 행동을 일삼는 고객을 거부하는 등 기업가치를 지키고자 노력했다. 성격 자체가 친절한 직원들에 고객과 주주들보다도 직원의 니즈를 우선시하는 기업문화가 합쳐지니 직원들의 사기가 올라갔다. 그 결과 고객들도 더욱 기분 좋은 경험을 할 수 있었다.

사우스웨스트는 다른 항공사들, 어쩌면 다른 그 어떤 기업들보다도 직원들을 전폭적으로 지지했다. "경영대학원에서는 나를 비판했어. '직원과 고객, 주주 중 과연 누가 우선인가?'라는 수수께끼를 냈는데 난 그건 수수께끼도 아니라고, 당연히 직원이 먼저라고 생각했거든." 허브가 담배 구름 속에서 설명했다. "수수께끼랄 것도 없어. 당연히 직원이 먼저야. 회사가 직원들에게 잘하면 직원들은 고객들에게 잘하고, 그렇게 단골이 생겨나면 주주들도 좋아하지."

11) 어이없는 규칙 제거

항공사들이 수많은 책략으로 승객들의 돈을 최대한 빼내던 시절에 사우스웨스트 항공은 분별 있는 항공료 정책을 지켜나갔다. 다른 항공사들은 왕복 항공권이 단거리 편도 항공권보다 싸고 장거리 항공권이 단거리 항공권보다 싼 정신 나간 운임 정책을 고수했다. 그러나 사우스웨스트는 항공권을 취소해도 다음에 그 금액만큼 사용하게까지 해주었다.

허브는 탑승구 직원이 고객을 도와주기 위해 운영 지침서를 뒤지는 모습을 목격한 후 전 직원이 보는 앞에서 지침서를 태워버렸다. "운영 지침서를 태우는 의식을 거행했지." 허브가 천 페이지에 달하는 지침서를 태우며 뿜어져 나왔을 연기구름을 즐겁게 상상하며 말했다. "대신 리더들을 위한 지침을 마련했어. 첫 문장은 이거였지. '이것은 단지 지침일 뿐, 얼마든지 어겨도 된다는 것을 기억하라.' 우린 천 페이지에 달했던 규칙을 스물두 가지 지침으로 바꿨다네."

12) 독립적인 판매 시스템

사우스웨스트는 그 어떤 항공권 판매 시스템에도 합류하지 않았다. 사우스웨스트 항공권은 사우스웨스트에서만 살 수 있었고, 덕분에 항공사와 고객 모두 돈을 아낄 수 있었다. 시간이 지나면서 승객들은 항공권을 사야 할 때면 습관처럼 자연스레 사우스웨스트를 가장 먼저 찾게 되었다.

허브가 설명했다. "사우스웨스트는 세계 항공권 판매 유통 시스템에 합류하지 않은 유일한 항공사야. 유통을 통제당하면 결국 모든 것을 통제당하게 되지. 그렇게 포로로 잡혀버리면 남들이 수수료를 한도 끝도 없이 올리지 않겠어?"

13) 저렴한 항공료

비행기를 이용할 형편이 되지 않았던 사람들도 비행기를 탈 수 있도록 하겠다는 목표로 출발한 사우스웨스트에게 있어 가격은 가장 중요한 전략이었고, 특히나 초기에는 더욱 그랬다. 사우스웨스트는 '비행기를 타고 싶어 하지 않는' 사람들을 위해 누구에게나 공평한 항공 산업을 만들고자 했고, 결국 미국 정부도 사우스웨스트가 옳다는 것을 인정해야만 했다. 미국 교통부(Department of Transportation)의 1993년 보고서[3]는 업계 전체의 항공료가 저렴해지고 있는 이유가 사우스웨스트의 항공료 덕분임을 밝혔다.

사우스웨스트 항공은 설립 후 20년 동안 항공업계를 바꿨다. 다른 항공사들이 줄줄이 파산할 때 사우스웨스트는 흑자와 성장을 기록했다. 사우스웨스트가 거둔 초기 성적만큼 놀라운 것은 창업자들이

국내 노선으로 시작하기를 원했다는 사실이다. 창업과 동시에 다른 항공사들이 소송과 법원 명령, 가격, 관련법 제정, 급유 시설 접근 차단 등으로 공격해 이들은 혁신을 추구할 수밖에 없었다. 기존 항공사들의 운영 방식을 모방할 수 없었던 사우스웨스트는 남들과 다른 길을 가지 않으면 안 됐다.

모든 면이 내 이론에 들어맞았다. 사우스웨스트는 최악의 산업에서 최고의 수익을 올리는 기업이 되었다. 내가 녹음기를 껐을 때 허브의 재떨이에는 열 개도 넘는 담배꽁초가 쌓여 있었다. 하지만 허브가 가장 훌륭한 통찰을 나누어준 것은 정식 인터뷰가 끝난 다음이었다. 혁신을 추구하는 것이 얼마나 즐거운 일인지!

혁신은 즐거워야 한다!

허브는 새로운 도전이 얼마나 즐거운 일인지를 내게 일깨워주었다. 사람들에게 새로운 여행 방식을 제공하는 것은 사우스웨스트의 직원들에게 대단히 즐겁고 신나는 일이었다. 수화물 담당자부터 탑승구 직원, 친절한 승무원까지, 즐거움은 사우스웨스트의 기업문화에 깊숙이 새겨져 있었다. 이 회사는 전 직원의 생일 및 삶에서 일어나는 주요 사건들을 축하해주었다. 사우스웨스트는 다른 항공사들과 달랐고, 직원들은 그 차이를 사랑했다.

그 즐거움은 CEO에게까지 거슬러 올라갔다. 허브는 유쾌하다. 그는 자신이 평소에는 더 재미있는 성격이라고까지 주장했다. 점심을 먹을 때에는 술을 마시지 못해 미안하다는 사과도 했다. 간은 인체에서 재생되는 유일한 장기라 1년에 한 달씩은 간의 재생을 위해 금주를 한다는 것이었다. 매년 2월이 그 기간인 이유는 1년 중 가장 짧은 달이라서라나.

즐거움은 중요한 요소다. 비행기에 짐을 싣고 내리는 직업이 반복적이고 따분한 일로 보이는가? 업계의 다른 사람들은 30분 동안 비행기에 짐을 싣고 내려야 하는데 당신은 그 일을 8분 이내에 해내야만 하는 회사에 고용되었다. 당신과 동료들이 실패하면 회사도 실패한다. 조종사와 매니저들이 계류장으로 나와 도와주는가 하면 당신의 팀이 일하는 속도에 감탄하기도 한다. 비행기를 만드는 회사에서는 당신이 제안하는 업무 개선 아이디어에 귀를 기울인다. 그렇게 수화물 처리의 대가가 되는 상상을 해보라.

허브가 경영하던 시절의 사우스웨스트는 영웅들을 치하하는 기업이었다. 맨 윗선부터 맨 아래에 이르기까지 가득한 영웅들 말이다. 사업가와 대화를 하다 보면 자신은 열심히 일하는데 업계 경쟁이 너무 치열하고 직원들은 믿을 수 없다는 말을 자주 듣는다. 하지만 허브와의 대화는 새로운 시도를 하는 팀의 일원이라는 것이 얼마나 즐거운 일인지를 일깨워주었다. 경쟁자가 아닌 고객에 집중하면 더욱더 즐거워진다.

우리는 점심 식사 후 자동차로 허브 켈러허 길을 지나쳐 사우스웨스트 비행기의 출국장으로 향했다. 여섯 시간 동안 자욱한 담배 구름 속에서 얻은 수많은 깨달음으로 머릿속이 몽롱해졌다. 누군가에게 사인을 부탁해본 적이 한 번도 없는 나였지만 이 전설의 사인을 받을 기회를 놓칠 수 없었다. 그런데 아뿔싸, 종이가 없었다. 메모장에 공간이 남아 있지 않았던 탓에 허브의 차 안에 널브러져 있던 대여섯 개의 쿨 멘솔 담뱃갑 중 하나를 집어 사인을 부탁했다. 허브의 사인이 담긴 그 담뱃갑은 서재에 있는 아버지의 계산자 옆에 고이 모셔져 있다.

　몇 주 후 갑자기 내 휴대전화에 댈러스의 지역 번호인 214로 시작하는 전화번호가 떴다. "짐, 담뱃갑에 사인을 해준 건 내 실수였네." 허브였다. 내 서재의 보물 2호를 버리라는 말인가 싶었다. 흡연 반대 운동의 점점 거세지는 물결이 마침내 허브 타임에도 닥친 것일까? "그땐 볼펜밖에 없었지 않나. 다음에 또 댈러스에 오면 사인펜으로 제대로 해주겠네." 자욱한 담배 구름 사이에서 말하는 그의 모습이 그려졌다.

CHAPTER 11

성공과 타이밍

타이밍이 기업가의 성공에 영향을 미칠까? 당연하다.

나는 타이밍에 통달한 대가가 아니라 그저 배우는 학생일 뿐이다. 이 장에서 나는 여러분과 같이 배우고 몇 가지 정보를 공유하고자 한다. 이미 시간예술을 공부하는 사람이라면 다음 장으로 건너뛰어 시간을 아껴도 되고.

타이밍에 통달하지 않더라도 그 중요성을 아는 것은 큰 도움이 된다. 나는 타이밍 공부를 늦게 시작했다. 30년 넘게 수백 번의 기회를 놓쳤는데 이탈리아 노인의 단 두 마디로 타이밍의 중요성을 알아차렸다.

거장의 가르침

기업가로서는 멘토를 만나지 못했다고 한탄한 나였지만 예술가로서는 그렇지 않았다. 유리공예가에게는 스승이 있다. 사실 모든 유리공예가의 스승은 똑같다. 리노 탈리아피에트라(Lino Tagliapietra)다. 내가 알기로 유리공예는 업계 최고가 누군지에 대해 만장일치가 이루어지는 유일한 직업군이다. 회계사나 장의사, 고리대금업자는 자신들의 분야에서 누가 최고인지 아무도 모르지만 유리공예 세계의 최고는 리노 탈리아피에트라다.

유리공예가라면 누구나 거장 리노 탈리아피에트라를 통해 배운다. 그에게 수업을 받은 사람을 아는 사람을 만나서 배우는 식이다. 거장의 수업은 실로 전설이었다. 그의 유리공예 수업을 들으려면 그 과정이 얼마나 까다로운지 하버드 입학사정관마저 감탄할 수준이었다. 에세이 시험까지 쳐서 수강자를 뽑았다. 각종 티셔츠도 판매되어(가장 인기 있는 문구는 "리노가 하라는 대로 하라."다) 탈락한 학생들의 아픔을 달래주었다. 비록 15년이나 걸렸지만 나도 마침내 그의 수업을 듣게 되었다.

리노의 수업은 2주 과정인데 수업을 듣는 동안 거장에게 한 가지 질문을 할 수 있다. 모든 학생이 질문에 집착하다 보니 결국 질문 대부분이 비슷한 형식이었다. 유리로 절대 불가능해 보이는 것을 만들어달라고 부탁하는 것이다. 학생들은 질문 후 자리에 앉아 황홀한 얼굴로 거장이 그 불가능한 일을 시연해주는 모습을 바라보았다. 하지만 드디어 내가 질문하게 되었을 때는 리노가 해준 대답에 주의를 기울이는 학생이 아무도 없었다. 그들이 전부 안다고 생각하는 기본적인 질문이었기 때문이다. 그도 그럴 것이 내가 세계 최고의 유리공예가에게 물은 것은 우묵한 유리 볼에 굽을 붙이는 방법이었다.

유리 볼에 굽을 붙이는 작업은 초보 유리공예 수업에서 가르치는 기본적인 기술이다. 복잡하지도 않다. 리노에게 그 질문을 했을 때 나는 이미 그것을 수천 번은 시도해본 상태였지만 이상하게도 익숙해지지 않았다. 성공할 때도 있고 실패할 때도 있었다. 여러 방법을 써보고 다양한 도구도 사서 해봤지만 굽이 볼에 자랑스럽게 솟아 있을 때가 있는가 하면 도망치려다가 굳어버린 것처럼 될 때도 있는 등 결과물에 일관성이 없었다. 나는 굽을 만들 때마다 긴장이 됐다. 그렇게 15년 동안 실패와 스트레스를 겪고서 마침내 거장에게 질문 하나를 할 수 있는 소중한 기회를 활용한 것이었다.

나는 거장이 다른 학생들에게 그랬듯 제대로 하는 방법을 직접 시연함으로써 질문에 답해주리라고 생각했다. 하지만 아니었다. 리노는 나에게 볼을 만들어보라고 했다. 나는 곧장 그렇게 했다. 그다음에는 굽을 만들라고 했다. 불가마에서 가져온 뜨거운 유리로 테니스공만한 방울 모양을 만들라는 이야기였다. 이번에도 시키는 대로 했다.

그다음에는 볼에 굽을 올리라고 했다. 내가 방울 모양의 뜨거운 굽을 차가운 볼에 놓으려고 할 때 그가 말했다. "기다리세요." 나는 왼

손에는 볼을, 오른손에는 굽을 들고 있었다. 그의 가르침을 마무리하는 말이 떨어질 때까지. "지금입니다." 약간 식은 굽을 내려놓자 완벽하게 붙었다. 감탄스러웠다.

예상과 달리 리노는 '어떻게(how)'가 아니라 '언제(when)'를 가르쳐주었다. '어떻게'에 대해서는 나도 이미 알고 있었다. 15년 동안 그 방법을 연습해왔으니까. 내 문제는 '언제'였다. 너무 뜨거운 유리로 형태를 잡으면 모양이 잡혀도 나중에 무너지고, 반대로 유리가 너무 차가우면 뻣뻣해서 형태가 잘 잡히지 않는다. 핵심은 기술이 아닌 타이밍이었다.

그날 작업실을 나서면서 선택은 옳았지만 타이밍이 잘못됐던 일들을 전부 떠올려보았다. 상대방이 들을 준비가 되지 않았을 때 말한 적이 몇 번이었던가? 정답이 너무 늦거나 너무 일렀던 적은 또 얼마나 많았는가? 살면서 방법은 알았지만 타이밍을 무시해서 실패한 적이 얼마나 잦았는가? 나는 타이밍을 배우는 학생이 되기로 했다.

올바른 타이밍 배우기

학교에서는 '어떻게'를 가르친다. 우리는 언제나 '언제'가 아닌 '어떻게'에 중점을 두고 효과적인 방법을 모방하라고 배운다. 나는 복잡한 수학 모델을 만드는 방법은 배웠지만 그런 모델이 언제 부적합한

지 배운 적은 없었다. 논리적으로 생각하는 법은 배웠지만 언제 논리가 상대를 불쾌하게 하는지는 배우지 못했다. 계약하는 법은 배웠지만 그냥 악수만 하면 되는 때가 언제인지에 대해서도 배운 적이 없다.

사실 '언제'를 배우는 것 자체가 매우 어려우므로 '어떻게'를 강조한다는 이유로 학교를 탓할 수는 없다. 어떤 일을 어떻게 해야 하는지를 알려면 성공적인 결과에 이를 때까지 무수히 반복해야 한다. 우리가 무언가를 하는 방법을 배우면 형식적인 학습은 보통 중단된다. 그런 뒤 우리는 다른 일을 하는 방법을 배운다.

우리는 항상 '어떻게'를 먼저 배워야 하기에, 똑같은 일이라도 '어떻게'보다 '언제'를 배우는 것이 훨씬 더 어렵다. '어떻게'를 먼저 배워야만 매번 정확하게 일을 해낼 수 있고, 그래야만 비로소 그 일을 여러 번 해보며 타이밍에 따라 결과가 어떻게 바뀌는지 살펴볼 수 있다.

실험실에서만 가능한 일이 아니라면 어떤 일에 작용하는 변수는 무수히 많다. 나는 계량경제학 수업에서 이를 직접 목격했다. 계량경제학은 열성적인 젊은 경제학자들이 자신들의 분야가 왜 '우울한 학문(Dismal Science)'이라고 불리는지를 배우는 학문이다. 어쨌든 그 수업 시간에 나는 역사적 자료를 가져다 미래의 행동에 투영하는 수학적 기법을 잔뜩 배웠고, 미래를 보는 힘을 주는 복잡한 예측 기법에 파묻혔다. 하지만 기법마다 예측하는 미래가 다르므로 언제 어떤 기법을 사용해야 하는지를 파악하는 것이 관건이었다. 교수는 종강

때가 되어서야 그 타이밍은 아무도 모른다고 털어놓았다. 수학은 매우 효과적이지만 가장 똑똑한 경제학자들도 어떤 기법을 언제 써야 하는지 알지 못했다. 내가 계량경제학 시간에 해낸 정확한 예측은 앞으로 절대 그 학문을 공부할 일이 없으리라는 것뿐이었다.

타이밍을 배우지 못하는 것은 경제학자들만이 아니다. 타이밍 연구는 압도적으로 복잡하다. 하지만 실망할 것 없다. 우리의 목적은 완벽한 타이밍 공식을 도출하는 것이 아니라, 기회가 왔을 때 도움이 될 수 있는 규칙을 알아보는 방법을 배우는 것이니까. 실제로 내가 연구한 기업가적 기업들에서는 몇몇 규칙들이 계속 나타났다.

지금 아니면 나중에

시간을 무한하고 압도적인 선택지로 보는 대신 그냥 이렇게 생각하면 더 쉽다. '언제 시작해야 하는가?' 이 질문에는 답이 두 개뿐이다. 지금 아니면 나중에. 우리가 자주 애통해하듯 과거는 가능한 선택이 아니다.

'지금'은 대개 정답이다. 비슷한 제품이 많은 요즘 시대에 속도는 엄청난 경쟁력이다. 경제학에서는 남보다 빨리 혁신을 이뤄내면 경쟁자가 모방하기 전까지 수익을 올릴 수 있다고 말한다. 시간이 별로 없다는 사실은 믿어도 된다. 똑같은 혁신이 동시에 일어난 역사 속 사례를 보면 나와 똑같은 생각을 하는 사람은 어딘가에 또 있으니 제일 빨리 움직이는 사람이 보상을 받는다는 것을 알 수 있다.

'지금'이 대개 정답이다. 성공한 사람들은 "언제 시작해야 하는가?"라는 질문에 무조건 "지금!"이라고 답한다(보통은 느낌표가 꼭 붙는다). 성공한 사람들은 항상 첫 번째가 되고자 한다. 하지만 실제로는 어떤 경주이냐에 따라 달라진다.

1등이 최고가 아닌 경우

유럽의 길거리에서 경주할 때 중요한 것은 어떤 경주인가다. 포뮬러원 드라이버들은 모나코의 매우 좁은 거리를 바람처럼 달린다. 보통 폴 포지션(pole position, 예선에서 우승한 차가 결승전에서 차지하는 맨 앞의 출발점 – 옮긴이)에서 출발하는 차가 이긴다. 하지만 같은 거리에서 열리는 자전거 경주라면 경주가 끝나기도 전에 선두주자가 지쳐버려 인내심을 가지고 묵묵히 뒤따라오던 사람에게 승리를 내어주기 쉽다.

기업가의 세계에서는 1등이 항상 최고는 아니다. 혁신의 요소들은 서로 의존하기 때문이다. 중요한 요소를 통제할 수 없다면 그냥 기다리는 것이 최선의 선택이다. 아무리 세상을 바꾸는 기술이라도 타이밍이 너무 빠르면 도루묵이다.

세계 최초의 소셜 네트워크가 무엇인지 아는가? 당신이 생각하는 그것은 아니다. 놀랍게도 최초의 것은 1995년에 나온 지오시티(GeoCities)다. 그다음으로 2002년에 나온 프렌드스터(Friendster)는 성과가 좀 더 나았고, 2003년부터는 마이스페이스(MySpace)가 프렌드스터를 밀어내기 시작했다. 그러나 결국에는 페이스북이 시장을 장악했다. 왜 지오시티는 세상 모두를 연결해주지 못했을까? 지오시티와 프렌드스터, 마이스페이스는 모두 모바일 컴퓨팅이 보편화되기 전에 나왔기 때문이다. 24시간 시스템에 접근할 수 없는 환경에서는 소셜 네트워크의 매력이 떨어진다. 또 스마트폰이 나오기 전까지 사람들은 항상 카메라를 들고 다니지도 않았다.

모바일 기기를 어디에서나 보게 되리라는 사실을 예측하지 못한 것이 지오시티와 프렌드스터, 마이스페이스의 잘못일까? 당시에는 이 기업들도 그럭저럭 괜찮았다. 다만 페이스북의 타이밍이 가히 환상적이었을 뿐이다. 모바일이 폭발적으로 성장할 당시 페이스북이 쌓아놓은 혁신의 요소는 열 가지가 넘었고, 모바일에서 앞서가기 시작하는 인스타그램도 재빠르게 사들였다.

이렇듯 타이밍은 너무 일러도 안 된다. 그런 의미에서 열여덟 번째로 등장한 검색 엔진 기업은 어디인지 찾아보길.*

---

* 검색해보라. '구글'로.

혁신의 핵심 요소가 없는 경우

혁신의 핵심 요소가 빠져 있을 때도 있다. 승차공유 시장이 좋은 예다. 승차공유라는 아이디어는 적어도 40년 전부터 존재했다. 내가 승차공유를 처음 경험한 것은 1986년, 워싱된 청바지를 한가득 가지고 적극적으로 물물교환을 하며 소비에트 연방의 레닌그라드를 여행하던 때였다(당시 내가 말할 수 있던 유일한 러시아어 문장은 "이 청바지 서른 벌은 제가 개인적인 용도로 들고 다니는 것입니다."였다). 나는 레닌그라드에 사는 사람들이 2인승 차량을 택시처럼 여긴다는 사실을 알게 되었다. 그들은 언제든 조수석이 빈 차를 잡아타고 이동할 수 있었다.

환상적인 시스템이었다! 운전자들은 조수석이 비어 있으면 길가에서 손을 든 이방인을 태웠다. 가격도 저렴했고 언제든 쉽게 이용할 수 있는 데다 안전했다.

안전함. 그게 포인트였다. 승차공유의 단점은 모르는 사람의 차에 타거나 모르는 사람을 차에 태운다는 것이다. 내가 어렸을 때만 해도 승차공유를 '히치하이킹'이라고 일컬었고, 아이들은 그것이 운전자와 승객 모두에게 위험한 일이라고 배웠다.

소비에트 연방에는 문제가 많았지만 폭력 범죄만큼은 걱정할 필요가 없었다. 정부는 차량 소유자를 전부 알고 있었고, 사람들도 그 사실을 알았다. 실은 정부가 사람들에 대해 너무 많이 알아서 문제였으나, 어쨌든 승차공유는 사람들이 안전함을 느꼈기에 가능한 일이었다. 그곳에서만 가능한 일.

승차공유 시스템을 미국에 도입하면 좋겠다는 생각은 수많은 사람이 했겠지만 몇십 년 동안 타이밍이 맞지 않았다. 안전 문제가 해결되지 않으면 미국에서는 불가능한 일이었다. 신분 확인 시스템, 내비게이션, 별점 제도, 현금 없는 결제가 가능한 휴대전화가 나올 때까지 기다려야만 했고 마침내 30년이 지난 뒤에야 미국에서도 승차공유가 가능해졌다. 러시아어를 쓰는 운전기사들도 볼 수 있게 됐고.

일부 요소가 빠져 있다면 혁신 쌓기 전략이 무너질 수도 있다. 승차공유에서 빠진 요소는 안전 영역이었다. 혁신의 다른 요소들이 아무리 훌륭해도 꼭 필요한 요소가 빠져 있다면 기다려야 한다. 우리 스퀘어도 첫해에는 혁신 쌓기 전략의 일부 요소가 빠져 있었다. 출근 첫날 발견한 그 빈 곳은 바로 신용카드 회사들이 우리가 하려는 일을 금지하는 규정을 가지고 있다는 사실이었다. 2장에서 소개한 것처럼 마스터카드가 규정을 바꾸겠다고 한 것은 스퀘어의 탄생에 중요한 순간이었다. 규정이 바뀌지 않았다면 우리가 추구한 다른 수많은 혁신도 무용지물이었을 것이다. 하지만 그렇다 해도 중대한 혁신이 일어날 때까지 우리가 가만히 손 놓고 기다리기만 한 것은 아니었다.

기다리는 데에도 방법이 있다

혁신의 중요한 요소가 준비되기를 기다리는 와중에 할 수 있는 일은 없을까? 있다. 기다리겠다는 결정은 다시 말해 때가 되면 움직여야 한다는 뜻이므로 할 일이 많다. 이때에는 혁신의 다른 요소들을 위해 힘써야 한다. 마지막 요소가 도래했을 때 다른 요소들이 다 준비되어 있게끔 말이다. 단, 여기에는 위험이 따른다.

일례로 우리의 경우에는 마스터카드와 비자가 우리를 위해 규정을 바꾸리라는 보장이 없었다. 이들이 조항을 바꾸기까지는 1년이 걸렸고, 우리는 그 시간 동안 마지막 요소가 결국 이루어질 것이란 희망을 안고 혁신의 다른 요소들에 공을 들였다. 사실 도박이나 마찬가지였다. 카드사들이 우리의 깊은 뜻을 헤아려주리라는 보장이 없었다. 그럼에도 우리는 미래의 그 순간을 위해 열심히 일했고 마침내 그 시간이 왔을 때 우리 혁신 쌓기 전략의 나머지 요소들은 모두 준비되어 있었다. 도박이 성공한 것이다.

물론 필수적 요소가 빠진 상태에서 혁신의 나머지 요소들을 구축하는 일은 그 빠진 요소가 기업에 얼마나 중요한가에 달려 있다. 나는 처음 스퀘어의 시스템을 구축할 때 카드사들의 열일곱 가지 조항과 규제를 어겨도 괜찮겠다고 생각했다. 만약 문제가 심각해지면 시스템을 폐쇄하면 되고, 돈을 잃은 사람들에게는 잭과 내가 배상해줄 수도 있었으니까. 배상금의 규모란 것이 시스템이 승인을 받기 전에 결제한 몇천 달러 정도였다.

반면 허브와 사우스웨스트가 직면했던 상황은 우리와 엄청난 차이가 있었다. 사우스웨스트는 연방정부의 승인이 없으면 활주로를 달릴 수도 없었으므로 기다려야 했다. 승객과 수화물, 비행기가 없으면 지상팀이 턴어라운드 시간을 10분으로 줄이는 훈련을 한다는 것은 거의 불가능했다.

하지만 일반적으로 혁신의 여러 요소를 일찍 구축할수록 그 요소들이 서로 적응하고 진화할 시간도 충분히 주어진다. 하나의 요소가 채워질 때까지 기다리는 것이 다른 요소들에 방해가 되면 안 된다. 물론 위험한 일이지만 내가 연구한 기업가들은 거의 모두가 불편과 위험을 무릅썼다.

올바른 타이밍은 이르게 느껴진다

지아니니의 어록 중 내가 가장 좋아하는 것은 그가 변호사들에게 한 말이다. "불가능하다는 말을 듣는 것에 진저리가 납니다. 나는 내가 옳다는 것을 알고 스스로에게 정당화가 된다면 위험을 무릅쓰고 도전합니다."[1] 이 말에는 내가 만나고 연구한 기업가들의 태도가 잘 나타나 있다. 불확실함을 받아들이고 앞으로 나아가려는 의지의 태도 말이다.

그럴 때는 어떤 기분이 들까? 나는 초조하고 불안해진다. 스퀘어를 창업하고 한 해가 끝나갈 무렵에는 아직도 해결되지 않은 문제들 때문에 미약한 공황발작까지 일으켰다. 서둘러 갓길에 차를 세우고 아스피린을 사러 약국으로 달려갔을 때가 기억난다. 나는 심장마비가 온 줄 알았다.

올바른 타이밍은 이른 것처럼 느껴진다. 적절한 시기처럼 느껴진다면 이미 너무 늦은 것이다. 5장에서 살펴본 것처럼 우리는 무언가를 다른 사람들과 동시에 할 때 옳다고 느낀다. 어떤 혁신 쌓기 전략의 아이디어가 옳다고 느껴진다면 이미 수많은 사람이 그렇게 느낀 후일 것이다. 내 경험상 너무 이르다고 느껴질 때야말로 성벽 도시를 떠날 최적의 타이밍이다. 미지의 요소가 언제 도착할지는 알 수 없지만 당신의 생각보다는 일찍 도착할 것이다.

가능성의 지평선

서로 연결된 혁신으로 이루어진 세상을 생각해보자. 누군가의 새로운 발명품이 당신의 혁신 쌓기 전략에 빠져 있던 요소일 수 있다. 매일 새로운 도구가 추가된다. 나는 이것을 '가능성의 지평선'이라고 부른다. 당신의 목표를 실현해줄 일은 당신이 볼 수 있는 곳 바로 그 너머에서 일어나고 있다.

예를 들어보자. 스마트폰은 다른 수많은 혁신을 가능하게 했다. 잭과 내가 스퀘어를 창업했을 때 확신했던 한 가지는 앞으로 모바일 기술이 세상을 바꿔놓으리라는 것이었다. 우리 회사가 실제로 무엇을 할지조차 확실히 알지 못하는 상태였음에도 아이폰 프로그래머를 채용한 것은 그래서였다.

다시 말하자면 2009년에 우리는 모바일 기술이 세상을 바꿀 거라는 데에 판돈을 걸었다. 아직 세상이 바뀌기 전이었다. 어떤 변화가 될지는 몰랐지만 다수의 새로운 혁신이 필요한 문제에 돌입하면서 우리는 최대한의 준비를 했다. 우리가 일군 혁신에는 우리가 이룬 것도 있었지만 대부분은 역시 적응과 변화가 이루어지고 있던 다른 부문에서 가져온 것들이었다.

변화와 혁신은 점점 빠른 속도로 끊임없이 일어난다. 변화의 속도에 익숙해지면 이미 뒤처진 것이다. 이러한 변화의 대부분은 우리의 이해나 통제를 벗어난다. 하지만 전부가 다 그런 것은 아니다.

혁신 쌓기 전략이 변화를 이끈다

기업가적 기업의 행동은 변화를 주도하고, 때로는 혁신 쌓기 전략에서 빠져 있는 핵심 요소를 제공해주기도 한다. 다시 말해, 멀리 점프하면 날개가 생겨나기도 한다.

스퀘어의 경우 그 요소는 카드 네트워크사들의 승인이었다. 우리는 합법적이지는 않지만 제대로 작동되는 결제 시스템을 만들어 적극적인 변화를 추구했다. 만약 우리가 시스템을 만들어놓지 않았더라면 마스터카드와 비자는 굳이 규정을 바꾸지 않았을 것이고, 바꿨다 해도 스퀘어의 기능을 막는 새로운 조항을 추가했을지도 모른다. 우리가 만들어놓은 시스템은 그들에게 지향점을 제공했다. 마스터카드가 규제 조항을 수정하기로 한 후 우리의 대화는 '스퀘어는 멋지다. 어떻게 하면 스퀘어를 우리 카드사의 조항에 들어맞게 할 수 있을까?'라는 분위기로 확 바뀌었다.

사우스웨스트가 미국 최고 항공사로 도약하는 과정에서 일어난 중요 사건이 바로 연방정부의 항공사 규제 완화다. 사우스웨스트가 영업을 시작하고 7년 만에 생긴 일이었다. 허브는 이렇게 설명했다. "연방정부가 규제 완화를 발표한 데는 사우스웨스트 항공의 영향이 컸다네. 우리가 이루어낸 성과 덕분이었지. 케네디 의원이 전화로 '보스턴에서 뉴욕까지의 비행기 티켓값이 댈러스에서 휴스턴까지의 티켓값보다 비싼 이유가 도대체 뭡니까?'라고 물었거든. 그래서 답해줬지. '사우스웨스트 항공은 연방정부의 규제를 받고 있지 않기 때문이지요.'라고." 텍사스 내에서만 노선을 운행했던 사우스웨스트는 연방정부의 가격 규제를 피할 수 있었다. 케네디 의원은 항공사 규제 완화 정책을 지지하면서 사우스웨스트 항공이 가진 독보적으로 훌륭한 가격과 속도, 서비스를 예로 들었다. 다시 말해 사우스웨스트의 혁신 쌓기 전략은 추가적인 혁신 요소를 낳았다. 빠르게 성장만 할 수 있다면 사우스웨스트를 미국 최대의 항공사로 거듭나게 해줄 요소였다.

미리 준비하라

타이밍과 관련하여 중요한 점은, 빠진 요소가 갑자기 등장할 때 나머지 모든 것들의 준비는 이미 끝나 있어야 한다는 것이다. 수많은 기업가적 기업에서 동일한 패턴이 나타난다. 그들의 혁신 쌓기 전략이 작동하기 시작하면 갑자기 세상이 바뀐다. 하지만 그 혁신 쌓기 전략은 아직 진화 중이므로, 그들은 다른 기업이 새로운 생태계에 적응하기 전에 이 새로운 질서를 빠르게 이용한다.

1978년에 항공사에 대한 규제 완화가 발표되었을 당시 사우스웨스트 항공은 이미 7년 동안 작은 지역 항공사로 영업해온 상태였다. 예전에 다른 항공사들 및 정책 입안자들과 벌인 치열한 싸움 덕분에 비행, 비행기, 재정, 가격, 직원, 조종사, 승객 등 수많은 부문에서 혁신 요소가 이미 준비되어 있었다. 규제 완화라는 변화가 찾아오자 사우스웨스트는 시속 500노트로 하늘을 날았다. 그들만이 유일하게 그 새로운 세계를 맞을 준비를 해둔 항공사였다. 혁신 쌓기 전략 덕분에 이미 텍사스에서 만족스러운 고객 서비스와 저렴한 항공료, 높은 정시 운항률, 안전을 이루어낸 상태였으므로 이제 확장만 하면 되는 것이었다. 빠른 적응에 익숙한 사우스웨스트의 기업문화도 중요했다.

뱅크 오브 이탈리아 역시 지아니니가 오랫동안 기다린 규제 완화에 준비되어 있었다. 그는 혁신 쌓기 전략을 개발한 덕에 캘리포니아에서 개인과 영세상인들의 필요를 충족하며 수익을 창조하고 있었다. 그러나 지점과 주간(州間) 은행 업무를 제한하는 주와 연방법 때문에 성장이 막혀 있었다. 지아니니는 장벽을 없애고자 직접 정치에 뛰어들었고 장벽이 하나씩 제거될 때마다 뱅크 오브 이탈리아는 그 변화를 따를 모든 준비를 마친 상태였다.

스티브 잡스가 세상을 또 한번 놀라게 했을 당시 스퀘어도 혁신을 준비해두고 있던 상태였다. 물론 전혀 생각지도 못한 사건이었다. 우리가 알고 있는 것은 애플이 우리더러 보안이 철저한 창문 없는 공간을 준비하게 한 뒤, 강한 어조의 문구가 적힌 계약서에 서명하라고 했다는 것뿐이다. 한 팀이 오더니 뭔가를 사슬로 고정시킬 수 있을 만한 공간인지까지 확인했다. 6주 동안 그 방에 드나들 사람은 단 6명뿐이었다. 그 안에서 벌어지는 일에 대해서는 여전히 발설 금지였다.

나중에야 세상 모두가 알게 되었다. 스티브 잡스가 최초로 아이패드를 공개했을 때 그가 소개한 앱 중 스퀘어만이 유일한 금융 앱이었다는 것을. 그 앱은 오늘날 우리의 주력 상품이 되어 전체 사업을 움직이는 도구들의 생태계를 단단히 받쳐준다. 아이패드는 스퀘어가 완전히 새로운 판매자 생태계를 만들게 해주었다. 이는 우리가 전혀 예측하지 못한 일이었다.

이것이 폭발적인 성장의 패턴이다. 기업가적 기업은 외부 시장의 변화가 일어날 때 제대로 작동하는 혁신 쌓기 전략을 보유하고 있다. 새로운 변화로 폭발적인 에너지가 더해진 혁신은 빠르게 적응하고 시너지를 만들어낸다. 우리는 그 상호 관계가 어떻게 작용하는지를 정확하게 모형화할 수는 없지만 그 패턴은 볼 수 있다. 우리는 혁신 이후 세상을 바꿔놓은 결과물도 볼 수 있다. 그리고 이렇게 폭발적으로 성장할 때에는 시간적 압박을 새롭게 느끼게 될 것이다.

성장의 기회를 놓치지 마라

정답이 항상 '바로 지금!'일 때가 있다. 일련의 혁신이 완성되었고 새로운 고객을 위해 시장을 확대해야 한다면 그때가 바로 성장할 때다. 그것도 아주 빠르게 성장해야 한다.

스퀘어의 경우를 살펴보면, 우리는 쌓아둔 혁신이 작동하기 시작하자 막대한 수요를 충족시켜야 했다. 다행히 우리가 이룬 혁신은 속도와 성장에 최적화되어 있어서 아무런 탈 없이 고객 0명에서 200만 명으로 도약할 수 있었다. 물론 스트레스가 없었던 것은 아니다. 두 달마다 규모가 두 배로 커지는 기업은 언제 폭발할지 모르는 압력솥이나 마찬가지니까. 하지만 다른 선택권은 없다. 어떻게든 성장을 이루어내 시장의 수요를 맞추지 못하면 모든 것을 잃게 된다.

빠르게 돌아가는 시장에서 혁신 쌓기 전략을 보유한 기업을 이기기는 어렵다. 아마존이 스퀘어를 모방한 서비스를 내놓았을 때조차도 아마존의 고객이 되기보다 스퀘어의 고객이 되는 편이 훨씬 더 쉬웠다. 다시 말하자면, 우리는 고객들이 기다리게 하지 않았다.

고객을 기다리게 하면 시장을 잃는다

기다리는 줄이 너무 길어지면 조심해야 한다. 혁신 쌓기 전략은 당신이 신경 쓰지 않고 있던 시장에서는 당신의 기업을 보호해줄 수 없다. 오히려 그 반대다. 다른 사람들은 당신의 혁신 쌓기 전략을 가져다가 당신이 간과하는 시장에서 응용하려 할 것이다. 당신이 경쟁자가 아니라면, 그들은 성공할지도 모른다.

스웨덴의 아이제틀(iZettle)이라는 회사는 스퀘어의 혁신 쌓기 전략을 전부 모방하고 거기에 자체적으로 몇 가지를 추가했다. 스퀘어는 미국에서만 운영되므로 그 회사는 스웨덴 시장을 거저 얻었고, 모방 제품으로 큰 성공을 거둘 수 있었다.

사우스웨스트의 경우, 그들은 브루클린 다리에 긴 줄이 만들어지게 했다. 사우스웨스트가 뉴욕에서 이용하는 공항은 롱아일랜드의 아이슬립에 있는 공항이었다. 이용하려는 고객들이 너무 많아 저가 항공을 이용하려면 줄 서서 기다려야만 하는 일이 31년 동안 계속되었다. 미국에서 가장 치열한 여행 산업 시장 뉴욕에서 말이다. 그러다 1999년에 제트블루(JetBlue Airways)가 JFK 공항 이착륙 횟수 75회를 확보하면서 10년 동안 뉴욕 시장을 장악했다. 이는 고유의 혁신 쌓기 전략을 구축하기에 충분한 시간이었다. 제트블루는 허브의 재임 기간에 창업한 기업들 중 유일하게 살아남은 사우스웨스트의 경쟁자였다. 가격에 대해 이야기할 14장에서 살펴보겠지만 현재 제트블루는 저가항공 부문의 선두를 차지하고 있다.

세계 최고의 경제학자라도 언제 움직여야 할지는 정확히 알지 못한다. 경험은 도움이 되지만 완전히 새로운 분야에서 경험을 얻기란 불가능하다. 하지만 내가 깨달은 바에 따르면, 타이밍이라는 요소를 인지하기만 해도 훨씬 더 민첩해진다. 나는 빨리 준비하기 위해 경쟁한다. 그리고 준비가 됐다고 느끼면 머릿속에서 강한 이탈리아 악센트로 "세상도 준비가 되었는가?"라고 묻는 목소리가 들린다.

세상도 준비가 되었다면 가능한 한 많은 새로운 고객을 위한 시장을 만들어야 하는 책임과 함께 혁신 쌓기 전략이 올 것이다. 빠르게 성장만 한다면 경쟁자들이 훔칠 수 없는 거대한 시장이 보상으로 주어진다. 이는 신나는 일, 스트레스가 심한 일, 그리고 반드시 필요한 일이다.

이 같은 막대한 성장은 사람들의 일반적인 생각과 크게 다른 시장에도 영향을 끼친다.

제3부

어떻게
운영할 것인가

스타트업에 걸맞은 비즈니스 운영법

'완벽한 문제'나 골치 아픈 혁신 쌓기 전략을 꼭 알아야 할 필요는 없다. 내가 오랫동안 그랬던 것처럼 그냥 발명은 점진적인 것이고 폭발적인 성장은 행운일 뿐이라고 생각하며 살아도 된다. 기업가 정신이 필요한 경우는 많지 않으니 그냥 피해도 된다. 하지만 기업가 정신을 알면 수많은 사람을 위한 해결책을 만들 수 있다.

양자역학은 가설과 실험이 끝도 없어서 과학자들도 어려워한다. 하지만 양자역학에 대한 지식이 진화하는 동안 최초의 양자 컴퓨터는 이미 만들어지고 있다. 이와 마찬가지로, 기업가 정신의 세계 역시 아직 모르는 것 천지지만 그 특별한 힘을 얼마든지 활용할 수 있다.

지금까지 내가 발견한 패턴에 들어맞는 네 기업을 살펴보았다. 기업가들은 완벽한 문제를 푸는 일에 착수한다. 하지만 모방할 해결책이 없으므로 어쩔 수 없이 혁신의 길을 가야 한다. 그렇게 나온 혁신은 시장을 확장해 이전에 배제되었던 많은 사람을 끌어안는다(은행 계좌를 열고 가구를 사고 비행기를 타고 신용카드를 받도록 말이다).

이제 패턴을 알았으니 당신 주변에서도 보이기 시작할 것이다. 혁신 쌓기 전략은 보이지 않는 곳에서, 언젠가 크게 될 작은 기업에 숨은 채 진화하는 경향이 있다. 초창기에 있는 기업가적 기업을 찾기란 아직 신발에 낀 씨앗에 불과한 해로운 잡초를 발견해내는 것이나 마찬가지다. 혁신 쌓기 전략이 만들어지고 기업이 성장하면 그때는 좀 더 눈에 잘 띈다.

그 자체가 고유한 시장이 된 몇십 년 전 혹은 몇 세기 전의 혁신 쌓기 전략은 찾기가 더 쉽다. 과거를 파헤쳐보면 되니까. 자동차와 냉동식품 산업이 좋은 사례지만 그 밖의 예도 수없이 많다. 예를 들어 뱅크 오브 이탈리아의 사례가 그다지 급진적으로 다가오지 않는 이유는 거의 모든 은행이 뱅크 오브 이탈리아를 모방했기 때문이다. 백년의 세월에 걸쳐서 말이다. 과거를 보면 혁신 쌓기 전략이 보인다.

하지만 과거에서 배움을 얻는 데는 대가가 따른다. 역사는 극적 요소를 데이터와 맞바꾸기 때문이다. 고대에 있었던 전투의 요약 내용을 보면 전쟁의 공포가 체스 게임처럼 느껴진다. 하지만 극적 요소는 이해를 위해 중요하다. 기업가 정신은 책이 아닌 전쟁이기 때문이다. 그 전쟁에서 이길 확률은 높지 않다.

새로운 시장은 알려지지 않거나 알 수도 없는 측면이 너무 많아서 모든 시야를 가린다. 유사한 시장의 전문가들이 해주는 조언도 우스울 정도로 완전히 빗나간다.* 존재하지도 않는 것을 어떻게 연구하겠는가? 미지로의 여정은 지도 없이 이루어진다.

앞이 보이지 않는다.

믿을 만한 예측이 없으니 시야가 가려지고 투자자들도 두려워한다. 투자자들에게 투자 수익보다 더 중요한 것은 투자 원금의 회수

---

* 스퀘어가 처음에 도움을 구한 결제 산업 전문가 두 명의 조언은 너무도 형편없어서 오히려 마음에 들 정도였다. 우리는 그 조언과 정반대로 했고 그 뒤에는 전문가와 일하는 것을 그만두었다.

다. 평평한 지구의 끄트머리에 용이 그려져 있는 지도로는 배를 마련할 돈을 투자받을 수 없다. 정상 가동되는 제품과 팀, 만족하는 고객이 갖추어지기 전까지 잭과 나는 굳이 투자자들을 찾으려고 하지도 않았다. 자원을 조금은 얻을 수 있겠지만 성벽 안의 기업들만큼은 절대 아니다.

앞이 보이지 않고 가난하기까지 하다.

그런 상황에서는 투자자들만 겁먹는 것이 아니다. 익숙함이 부재한 상황에서는 잠재적 파트너들도 겁을 먹는다. 완전히 새로운 것을 설명하기란 정말이지 어려운 일이다. 잭과 나는 스퀘어의 사업 아이디어가 무척 단순했음에도 시제품을 만들기 전까지 누군가에게 설명하기가 너무나도 힘들다는 데 놀랐었다. 기존의 유사한 제품을 예로 들어 설명하지 않으면 대부분의 사람들은 절대 이해하지 못할 것이다. 따라서 다른 기업들과 파트너십을 이룬다는 것은 불가능하다. 당신을 따르는 작은 무리라도 모으면 운이 좋은 것이다.

앞도 보이지 않고 가난하고 혼자이기까지 하다.

사실 완전히 혼자인 것은 아니다. 당신과 비슷한 시장에 몸담은 기업들이 머지않아 당신의 움직임을 위협으로 받아들일 테니까. 스퀘어는 절대 비자의 위협이 될 수 없었는데도 비자는 우리를 문 닫게 하려는 계획을 세웠다.* 기업들은 어떻게 해서든 공격할 것이다. 자신들이 쌓아올린 위치를 이용해, 언론을 통해서든 법정에서든 말이다. 공격이 실패하면 자신을 지키기 위해 관련 법을 통과시키려 할 수도 있다. 당신의 목적은 현재 기업들이 무시하는 이들을 위한 시장을 만드는 것이지만 그럼에도 상대는 분명히 싸움을 걸어올 것이다. 앞도 보이지 않고 가난하고 혼자인데 공격까지 당한다.

하지만 그런 당신을 지켜주는 강력한 무언가, 일련의 다른 규칙들이 있다. 새로운 기업가적 세계는 정상적인 비즈니스 법칙을 거꾸로 뒤집는다. 고객이 직원이 되고, 낮은 가격이 수익을 보장해주고, 막대한 성장이 대체 불가능한 입지를 쌓게 해주고, 아무것도 하지 않음으로써 공격을 물리칠 수 있다. 이상한 말처럼 들릴 것이다.

이는 양자역학과 고전물리학의 관계와 비슷하다. 두 가지 모두 에너지의 개념을 갖고 있지만 일상생활에서는 양자역학에서 설명하는 에너지의 개념이 거의 필요 없다. 심지어 양자역학을 비유에 활용하는 것조차도 이상한 일이 된다. 물리학자가 아닌 이상 양자역학이 뭔지도 전혀 모를 테니 말이다.

내가 말하고자 하는 핵심이 그것이다. 세상의 수많은 사람은 섭동 이론(perturbation theory)이나 고유상태(eigenstate) 같은 양자역학의 개념을 모르고도 잘만 살아간다(내가 물리학자가 아니라 설명할 수도 없지만, 별로 개의치 않을 당신의 긍정적인 모습에 존경을 표한다). 반면 고전물리학은 일상생활을 설명한다. 양자역학으로 세상을 이해해야

---

* 새 직장을 구하고 있던 전직 비자카드 임원에게서 들은 바로는 3공 바인더에 스퀘어를 없애기 위한 전략이 들어 있었다고 한다. 물론 내가 그 바인더를 본 적은 없다.

하는 경우는 매우 드무니 그냥 피하면 된다. 하지만 양자역학을 아는 소수의 사람들은 이전 것보다 백만 배는 강력한 컴퓨터를 만들 수 있다.

기업가 정신도 비슷하다. 완벽한 문제나 골치 아픈 혁신 쌓기 전략을 꼭 알아야 할 필요는 없다. 내가 오랫동안 그랬던 것처럼 그냥 발명은 점진적인 것이고 폭발적인 성장은 행운일 뿐이라고 생각하며 살아도 된다. 기업가 정신이 필요한 경우는 많지 않으니 그냥 피해도 된다. 하지만 기업가 정신을 알면 수많은 사람을 위한 해결책을 만들 수 있다.

양자역학은 가설과 실험이 끝도 없어서 과학자들도 어려워한다. 하지만 양자역학에 대한 지식이 진화하는 동안 최초의 양자 컴퓨터는 이미 만들어지고 있다. 이와 마찬가지로, 기업가 정신의 세계 역시 아직은 모르는 것 천지지만 그 특별한 힘은 얼마든지 활용할 수 있다.

CHAPTER 12

싸움의 기술

그림은 가끔 거짓말을 한다. 서부개척의 상징물로 세워진 게이트웨이 아치(Gateway Arch)가 있는 미주리주 세인트루이스에서 자란 사람이라면 누구나 어릴 때 개척자들이 서부에 정착한 이야기를 배운다. 평화로운 마차 행렬과 라쿤 모피로 만든 털모자를 쓴 행복한 얼굴의 백인들이 그려진 그림은 누구든지 석양을 따라가 광활한 땅을 차지하고 싶게 만든다. 사실 그 그림들은 대부분 뉴잉글랜드에서 그려진 것이다. 지겨운 이웃들이 그 그림을 보고 제발 서부로 떠나기를 바라는 사람들이 그렸는지도 모른다(뉴잉글랜드는 미국 북동부에 위치한 6개 주를 일컫는 말로, 영국에서 이주한 이들의 초기 정착지였다. 반면 세인트루이스는 미국 중부에 위치해 있으며, 서부개척 시대에 서부로 향하는 관문 역할을 했다-옮긴이). 실제 정착민들은 이젤을 들고 다니며 그림을 그리지 않았다. 서부로 떠나기 전 못을 구하려고 자신이 살던 집을 불태웠던 그들은 물감을 들고 다니지 않았다. 개척지에서의 삶은 목숨이 위험했다.

기업이 시장을 확장해 주인 없는 땅을 차지한다 해도 그 과정은 절대 평화로울 수 없다. 내가 기업가를 연구하려고 살펴본 모든 산업에는 무조건 불에 그을린 땅이 있었다. 전쟁은 항상 존재한다.

기업가적 기업들은 공격을 받는다. 여기에서 말하는 공격은 일반적인 경쟁이 아니라 헤이그에 있는 국제사법재판소까지 갈 수 있는 치열한 수준의 경쟁이다. 기존 기업들은 기업가적 기업이 눈에 띄는 순간 싹까지 잘라내려 든다. 싸우는 법을 알아야 한다.

비즈니스는 전쟁이다

사우스웨스트 항공은 법정에서 태어났다. 허브 켈러허는 그 항공사의 임원도 아닌 변호사였다. 허브와 사우스웨스트가 판결에서 이겼지만 다른 항공사들은 사건을 텍사스 대법원과 연방 대법원까지 가져갔다. 대법원에서 이긴 후에도 활주로에는 장애물이 기다리고 있었다. 사우스웨스트가 첫 비행기를 띄우기도 전에 다른 항공사들은 기업 상장 주관사들을 압박해 사우스웨스트의 기업공개가 이루어지지 못하게 했고 금지 명령을 신청해 영업을 방해했다.

그런가 하면 이케아의 초기 경쟁업체들은 서로 단합해 이케아와 일하는 제조업자들을 보이콧했고 무역협회를 통해 이케아를 가구 매매 시장에서 차단해버렸다. 창업자 캄프라드를 박람회장에 입장 금지시키고 개인적, 정치적으로 잔혹한 공격을 가했다.

스퀘어도 수많은 공격을 받았다. 어떤 기업 CEO는 영세상인들을 상대하려 한다는 이유로 나를 바보 취급했다. 심지어 그 CEO는 유리 공예가가 사람들의 신용카드 데이터를 훔치려 든다고 말하는 영상을 만드는 등 스퀘어를 비난하는 홍보 활동까지 벌였다. 하지만 우리는 그런 공격에 별로 관심을 기울이지 않았다. 세상에서 가장 위험한 기업이 우리를 노리기 전까지는.

스퀘어가 이긴 것은 우연이 아니다

스퀘어와 아마존의 첫 싸움에 대해서는 앞에서 이미 이야기했지만, 어떤 일이었는지만 말했을 뿐 우리가 이긴 이유는 말하지 않았다. 그 승리를 단순히 행운이나 재현할 수 없는 이례적인 현상으로 치부하기에는 두 가지 중요한 질문이 떠오른다. 스퀘어의 생존에는 단순한 행운 그 이상의 것이 있었을까? 스퀘어가 살아난 그 이유가 다른 기업들도 살려줄 수 있을까? 답은 모두 '그렇다'이다.

주요 항공사들이 급유 시설을 차단해버렸으니 사우스웨스트 항공은 망하는 게 당연했다. 이케아는 업계의 보이콧 때문에, 뱅크 오브 이탈리아는 동부 은행들의 공격이나 정부 규제 때문에 망하는 게 당연했다. 이들 모두 아직 작은 기업이었을 때 무자비한 공격을 당했다. 하지만 결국 살아남았을 뿐 아니라 자기 업계에서 가장 크고 강력한 기업이 되었다. 절대 행운 덕이 아니었다.

혁신 쌓기 전략은 쉽게 모방할 수 없다

혁신 쌓기 전략은 단순히 기존의 사업 모델에 일련의 독자적 변화를 더한 것이 아니다. 혁신은 통합적이다. 혁신 쌓기 전략을 이루는 블록들은 함께여야만 효과가 있다. 블록 하나만 빠져도 혁신 쌓기 전략 자체가 실패한다. 예를 들어 스퀘어의 혁신에서 온라인 회원 등록은 훌륭한 요소지만 전통적인 FICO(Fair, Isaac and Company, 주로 개인 신용평가 서비스를 제공하는 데이터 분석 기업 – 옮긴이)의 심사 절차가 사라져야만 효과적이었다. 이는 새로운 리스크 모델을 개발해야만 가능한 일이었으며, 모델을 개발하려면 거래량이 많아야만 했다. 즉, 다수의 다른 블록이 필요했던 것이다. 경쟁업체들이 우리의 혁신 블록을 하나 혹은 몇 개만 모방하는 것으로는 우리를 이길 수 없었다. 아마존이라 해도 이 모든 것을 성공적으로 모방해야만 우리를 이길 수 있었다. 따라서 이는 수학적으로 매우 복잡해지는 문제였다.

앞에서 우리는 스퀘어의 혁신을 이루는 열네 가지 요소를 살펴보았다. 어떤 기업이 그중 무엇이든 하나를 성공적으로 모방할 가능성이 75퍼센트라고 가정해보자. 아니, 지금 예로 드는 기업은 무려 아마존이니 80퍼센트라고 해보자. 스퀘어가 매일 활용하는 혁신 쌓기 전략의 요소 하나를 아마존이 모방할 가능성은 80퍼센트다. 따라서 두 가지를 제대로 모방할 가능성은 64퍼센트가 된다. 세 가지는 51퍼센트, 네 가지는 41퍼센트, 그리고 다섯 가지를 성공적으로 모방할 가능성은 33퍼센트다. 무슨 뜻인지 알 것이다. 아마존처럼 인재와 자원이 넘치는 기업도 수학적 원리에서 벗어날 수 없다는 것이다. 아마존이 스퀘어의 열네 가지 혁신 요소를 전부 모방할 가능성(10분의 8의 열네 제곱)은 약 4퍼센트였다. 사실 그래도 무섭기는 마찬가지였지만 그렇다고 기저귀를 주문할 필요는 없었다.

물론 이것은 혁신의 모든 요소가 독자적이라고 가정했을 때의 얘기니 너무 단순화된 관점이다. 현실적으로는 모든 요소가 서로 연결되어 있는데 말이다. 실제로 열네 가지 혁신 요소가 동시에 쏟아질 때 발생하는 영향력은 그 요소들의 상호연관성까지 더해져 더욱 복잡해진다. 모든 것이 서로 영향을 주고받으면서 역동적인 시스템을 형성하는데, 이런 시스템은 이해하기도 어려운데다 모방한다는 것은 거의 불가능하다.

이 역동적인 시스템을 이해하기 위해 줄넘기를 한번 떠올려보자. 우선 줄 자체의 질량은 너무 무겁거나 가볍지 않아야 한다. 실을 줄로 삼아 줄넘기를 하려 하면 너무 가벼워서 돌릴 수가 없는 것처럼, 줄의 질량은 줄의 회전은 물론 모양에도 영향을 준다.

또 다른 변수인 탄력성을 추가해보자. 노란색 번지 코드로 줄넘기를 하면 회전 속도가 빨라질수록 장력이 더해져 길이가 늘어날 것이다. 이렇게 바뀐 길이는 회전 속도와 줄의 길이 단위당 질량에 영향을 준다. 헷갈리는가? 아마 그럴 것이다.

인간은 한 번에 변수가 두어 개 이상이면 모델을 잘 만들지 못한다. 수학은 순식간에 압도적으로 변한다. 서로 영향을 주고받는 변수가 두 개면 가능한 상호작용이 한 가지다. 하지만 변수가 여덟 개면 가능한 상호작용이 2억 5154만 8,592개로 늘어난다.* 다시 말하자면 혁신 쌓기 전략을 모형화하는 것은 수학적으로 봤을 때 단연코 불가능한 일이다.

하지만 기업들은 수학을, 특히 관리자들이 의사결정에 활용할 수 있는 수학을 좋아한다. 그들은 수학이 없으면 의사결정의 확고한 기반을 잃어버린다. 그렇다면 이런 복잡함은 과연 기업가에게 어떤 영향을 줄까? 사실 기업가는 복잡함 덕에 아주 유리한 입장에 놓인다.

---

* n개의 교점이 있는 별개의 서로 연결된 그래프의 숫자. 다시 말해서, 모든 것이 서로 영향을 주고받을 때 그렇다는 소리다.

행동함으로써 예측을 뛰어넘을 것

성벽 밖에서 생존을 위해 싸우는 기업가들은 미래에 대한 수학적 모델을 만들지 않는다. 그들은 그저 실행하고 관찰한다. 번지 코드로 줄넘기를 하는 것이 아예 불가능한 일은 아니다. 시도해보고 경험을 바탕으로 고쳐나가면 되니까. 각 요소가 주고받는 영향은 예측 불가능해도 관찰하고 반응하기는 상대적으로 쉽다.

또한 혁신을 쌓아나갈 때의 기업은 아직 신생인 상태라 혁신 블록들의 상호연관성을 조정하기가 비교적 쉽다. 작은 기업은 빠르게 변화할 수 있고, 일단 변화가 일어나면 다른 변화가 필요해져서 또 변화한다. 이런 일이 계속 반복되고, 그때마다 혁신의 각 요소들은 서로에 알맞게 맞추어지며 적응한다.

다시 말해 혁신의 요소를 제각기 따로 떼어놓고 보면 안 된다는 뜻이다. 혁신은 전체로서 진화하기에, 요소 하나라도 추가 혹은 제거되면 다른 요소들의 움직임이 변할 수밖에 없다.

예를 들어 턴어라운드 시간을 10분 내로 맞추지 않아도 되는 항공사나 수화물 담당자들이 포뮬러원 정비 담당자처럼 민첩하게 움직이지 않아도 되는 항공사에서는 조종사에게 객실 청소 지시를 내리면 불만을 품을 것이다. 조종사가 할 일이 아니기 때문이다. 하지만 빠른 턴어라운드 시간을 추구하는 기업문화가 있는 사우스웨스트에서는 조종사들이 좌석 뒷주머니에 놓인 기저귀를 치우려고 서둘러

달려간다.

수학적 확실성이 없어도 이해할 수 있다. 스퀘어가 이룬 혁신들은 다른 혁신의 직접적인 결과로 이루어진 것이었다. 이를테면 놀라울 정도로 값싼 하드웨어 덕분에 무료 회원 등록과 무료 해지 서비스가 가능했던 것처럼 말이다.

우리는 신용카드를 받아본 적 없는 영세상인을 고객으로 끌어안았 기에 고객 중에는 신용 기록이 없는 사람이 많았고, 그래서 우리는 자 체적으로 금융범죄 방지 시스템을 개발할 수밖에 없었다. 하지만 신 용담당 부서 없이 만든 시스템이었기에 이 시스템은 우리 고유의 방 식으로 진화했고, 무수히 많은 수정을 거쳐 현재 스퀘어는 그 누구도 모방할 수 없는 매우 정교한 이상거래 탐지 시스템을 갖추게 되었다.

사우스웨스트를 따라 한 테드 항공

테드 항공(Ted Airlines)을 기억하는가? 테드는 2004년에 유나이티 드가 내놓은 저가항공사의 이름이다. 사람들은 테드가 "유나이티드 의 종말('t'he 'e'nd of Unite'd')" 혹은 "'너와 내'가 타지 않은 유나이'티 드'('Uni'ted without 'U n I' on board)"의 줄임말이라고 말하고는 했다. 유나이티드는 2008년에 테드를 접었지만, 그래도 사우스웨스트를 모방한 주요 항공사 중 가장 오래 버텼다는 기록은 남겼다. 델타 항공(Delta Airlines)이 내놓은 송 항공(Song Airlines)은 3년 만에 문을 닫았고, 콘티넨털 항공(Continental Airlines)의 저가항공 브랜드 콘티넨털 라이트(Continental Lite)도 역사의 뒤안길로 사라졌다.

하지만 유나이티드와 콘티넨털 및 델타는 치열한 항공업계에서 살아남은 최고의 항공사들이었다.* 항공 산업은 기업의 예산 항목에 페인트 제거제가 들어가는 그런 산업이다(경쟁에서 패배한 항공사의 비행기를 인수해 전 회사의 로고를 지워야 하니까). 더 크고 경험도 많은 이 기업들이 신생 기업 사우스웨스트를 모방하는 것은 식은 죽 먹기로 보였다. 그런데 왜 테드는 성공하지 못했을까?

유나이티드 항공은 테드를 출범하기 전 이미 30년이라는 시간 동안 사우스웨스트를 연구했으므로 그들의 방식을 확실히 잘 알고 있었다. 거기에 이미 항공 산업에 대한 자체 노하우를 갖춘 미국 2위의 항공사이기도 했다. 유나이티드는 사우스웨스트의 혁신 전략을 몇 가지 모방해 테드를 내놓았다. 테드는 기내식 서비스를 없앴고 저렴한 항공료를 책정했으며 에어버스의 연비 좋은 A320기로 모든 항공기를 통일했을 뿐 아니라 개성 넘치는 브랜드 정체성을 만들려는 노력까지 기울였다. 그러나 결과적으로 사우스웨스트의 혁신을 절반도 흉내 내지 못했다.

테드의 서비스 등급은 두 가지였고 각 등급에 따라 예약 및 탑승

---

* 당시는 콘티넨털 항공이 망하기 전이었다.

시스템이 달랐다. 좌석 지정제도 그대로 유지되었다. 또한 유나이티드의 조종사들을 썼으므로 이들은 유나이티드의 비행기 외에 A320기 조종을 위한 훈련도 받아야 했다. 또한 테드는 비행기 수가 적었으므로 운항 횟수에서 사우스웨스트를 따라갈 수 없었다. 검은색 고양이인 줄 알았는데 알고 보니 등에 하얀색 줄무늬가 들어간 스컹크였던 것처럼, 테드는 저가항공사지만 저가항공사가 아니었던 것이다. 허브 켈러허는 경쟁자들이 사우스웨스트의 혁신 쌓기 전략을 따라 하지 못한 이유를 말해주었다. "다들 스무 가지 중 하나만 따라 하고는 '이러면 제2의 사우스웨스트 항공이 될 수 있겠지.'라고 생각했거든. 중요한 건 전체적인 조합인데 말이지."

모방자들은 기업문화 자체가 혁신 쌓기 전략의 일부라는 사실도 잊어버린다. 혁신 쌓기 전략과 함께 진화하는 기업문화는 자연스럽게 어우러지며 혁신 창출을 도와준다. 사우스웨스트는 시장에서 살아남음으로써 혁신을 발전시켰다. 사우스웨스트의 기업문화는 전적으로 혁신 쌓기 전략을 지지하는 방향이었다. 테드를 비롯해 실패한 모방자들의 기업문화와 사업 관행은 전부 경영진의 권력 행사에 따른 것이었다. 그렇기에 그들의 진실성은 전화 상담원의 "즐거운 하루 보내세요."라는 인사말 정도밖에 되지 않았다.

테드는 죽었다.

반응은 필요 없다

아무 반응도 하지 않는다는 것은 정말 힘든 일이다. 정신이 제대로 박힌 리더라면 어떻게 경쟁사의 공격을 받고도 아무것도 하지 않을 수 있겠는가?

직접적인 공격의 위협에 아무런 대응도 하지 않겠다는 결정은 초점이 어디에 맞춰졌느냐에 따라 미쳤거나 자연스럽거나 둘 중 하나다. 만약 초점이 경쟁자에 맞춰졌다면 공격을 무시하는 것은 미친 짓이다. 기존 산업의 많은 기업들이 소비자보다 경쟁자를 더 긴밀하게 연구한다. 그럴 만도 한 것이, 점진적 혁신을 통해 서서히 성장하는 산업 부문에서는 모방이 사실 믿을 만한 전략이기 때문이다. 실제로 경쟁자를 모방하는 것은 비즈니스 이외의 분야에서도 일리가 있는 일이다.

스포츠 역사에서 가장 인상적인 패배는 1983년 아메리카컵(America's Cup) 요트 경주에서 미국이 호주에 진 것이다. 미국은 첫 우승 이후 132년 동안 방어전에 성공하며 역사상 가장 오랜 우승 기록을 세웠다. 그해 호주팀은 두 가지 면에서 경쟁우위에 있었다. 과연 요트를 더 빠르게 만들 수 있을 것인지 모두가 궁금해한 날개 모양의 용골(winged keel)과 베지마이트 샌드위치가 무엇인지 의아하게 만든, 록밴드 맨 앳 워크(Men At Work)의 노래였다[이 경기에서 호주팀은 기존에 시도된 적 없는 날개 모양의 용골을 사용했으며 맨 앳 워크의 노래 '다운 언더(Down Under)'를 주제곡으로 사용했다. 노래에 호주의 명물 베지마이트 샌드위치가 언급된다 – 옮긴이].하지만 진정한 뱃사람들은 호주가 승리한 진짜 이유를 알고 있다. 그것은 바로 미국이 '경쟁자를 모방하라'라는 항해의 가장 기본적인 법칙을 어겼기 때문이다.

항해에서 모방은 커버링(covering)이라 불리는데 아주 간단한 개념이다. 만약 당신이 상대보다 앞서가고 있는데 상대가 어떤 방향으로 배를 틀면 당신도 같은 방향으로 틀어야 한다. 당신이 놓쳤을지도 모르는 바람을 상대만 받으면 안 되기 때문이다. 상대가 이쪽으로 가는데 당신은 저쪽으로 갔다가는 맨 앳 워크의 '다운 언더'가 나올 때마다 통곡해야 할 것이다.

결승 7차전에서 미국팀은 호주팀에 앞서고 있었고, 압도적으로 유리한 상태라 커버링을 하지 않기로 했다. 호주팀은 다른 방향으로 갔고 더 좋은 바람을 맞아 미국팀을 앞섰다. 미국팀 보트는 뒤늦게야 50회나 방향을 바꾸며 호주팀이 자신들과 똑같은 실수를 저지르게 하려고 애썼지만, 호주팀은 미국팀이 방향을 바꿀 때마다 한 번도 빠뜨리지 않고 따라 했다. 결국 뉴욕 요트 클럽에서는 부랴부랴 밀러드 필모어(Millard Fillmore, 재임 기간 1850~1853년 – 옮긴이) 대통령 시절부터 잠겨 있던 트로피 케이스의 열쇠를 찾아야만 했다.

안정적인 시장에서는 기업들이 전부 같은 방향으로 나아간다. 코카콜라는 펩시를, 마이크로소프트는 구글을, NBC는 ABC를 모방한다. 충분히 이해되는 일이다.

하지만 콜럼버스의 경우처럼, 뒤따라오는 배보다는 우리가 알고 있는 세상의 경계선까지 항해하는 것이 더 중요하다면? 혁신 쌓기 전략을 시행 중인 기업은 혁신을 모방하지 않는다. 혁신 쌓기 전략은 고객, 특히 새로운 고객으로 초점이 향할 때 진화한다. 기업이 성숙하면서 고객이 증가하고 피드백도 늘어나 할 일이 엄청나게 많아진다.

초점을 고객에게

문제는 이것이다. 기업가적 기업은 경쟁자의 공격을 받으면 반격해야 할까, 그냥 고객에게 집중해야 할까? 이때 기억해야 할 사실은 당신의 고객은 경쟁자로부터 훔친 고객이 아니라 완전히 새로운 시장의 고객이라는 것이다. 지아니니는 한 번도 은행을 활용해본 적 없는 사람들에게 은행 서비스를 제공했고, 사우스웨스트 항공은 버스를 타기 위해 줄 서서 기다리던 사람들을 공항으로 옮겼다. 스퀘어의 고객들은 신용카드를 받아본 적 없는 영세상인들이었다. 그동안 아무도 신경 쓰지 않던 새로운 고객들이니 그들에게 초점을 맞추고 귀 기울여야 하는 것은 당연한 일이다.

기업가적 기업과 일반 기업은 공격에 대한 반응에서 중요한 차이를 보인다. 경쟁자가 위협해오면 일반 기업은 경쟁자에게 반응(모방)하는 반면 기업가적 기업은 계속 고객에게 집중한다. 직접적 공격이 닥쳐도 별다른 변화를 주지 말아야 한다. 하지만 꼭 반응해야 할 때는 혁신 쌓기 전략을 무기로 쓸 수 있다. 사우스웨스트의 13달러 가격 전쟁이 좋은 예다.

1973년에 브래니프 항공은 댈러스-휴스턴 구간의 항공료를 사우스웨스트 항공의 절반 수준인 13달러로 낮추었다. 댈러스-휴스턴 구간은 사우스웨스트의 주요 수입원이었기에, 아무리 일련의 혁신들과 뛰어난 비용 효용성을 갖췄다 해도 그 정도의 가격경쟁이라면 처참히 패배할 수밖에 없을 터였다. 가격 공격은 미국의 독점금지법(antitrust law)에 어긋나지만 브래니프의 임원들은 허브가 소송을 걸기 전에 사우스웨스트가 망해버리기를 바랐다. 사우스웨스트가 살아남지 못하면 법정에서 이기는 것도 소용없는 일이 될 것이다. 허브는 재빨리 해결책을 내놓지 않으면 안 됐다. 그와 직원들은 고객들을 생각하면서 계획을 세웠다.

사우스웨스트는 댈러스-휴스턴 구간을 이용하는 승객들 대부분이 사업가라는 사실을 알고 있었다. 그들이 사우스웨스트 항공을 이용하는 이유는 잦은 운항 횟수, 간편한 환승, 비지정 좌석제, 정시 운항의 편리함 때문이었다. 가격을 아무리 낮춘다 해도 브래니프는 사우스웨스트가 가진 혁신 쌓기 전략의 다른 효과는 따라 할 수 없었다. 그 구간 승객들은 단지 낮은 항공료 때문에 사우스웨스트를 이용하는 것이 아니었다. 어차피 티켓값은 회사에서 대주는 것이었다.

사우스웨스트는 댈러스-휴스턴 구간 승객들에게 선택권을 주었다. 26달러를 내고 시바스 리갈 스카치와 크라운 로열 위스키, 스미노프 보드카 중 한 병을 무료로 받거나 13달러를 내고 그냥 타는 것이었다. 승객들은 대부분 사우스웨스트 항공을 계속 이용하고 공짜 술을 받는 쪽을 선택했다. 사우스웨스트는 두 배 비싼 항공료로 브래니프를 이겼을 뿐 아니라 그 홍보 기간에 텍사스 주에서 주류를 가장 많이 유통한 업체가 되었다.

브래니프는 사우스웨스트에 집중했지만 사우스웨스트는 고객에 집중했다. 비행기에는 백미러가 없다. 훌륭한 기업가적 기업에도 백미러가 없다. 그들은 고객과 고객을 위한 혁신 쌓기 전략에만 집중한다. 지금까지 혁신 쌓기 전략의 존재를 알지 못했다 해도 말이다. 기업가적 기업은 경쟁업체의 공격에 아무런 대응도 하지 않는 것처럼 보일 수도 있지만 그들은 그저 평소와 다른 무언가를 하지 않는 것일 뿐이다.

어릴 때 어떤 어른이 이런 조언을 해주었다. "괴롭히는 애들한테 아무 반응도 하지 않으면 다시는 괴롭히지 않을 거야." 당시에는 끔찍하다고 느껴지는 조언이었지만 그 논리만은 응용이 가능한 듯하다. 혁신 쌓기 전략은 아무것도 하지 않아도 당신의 기업을 지켜줄 수 있다. 고객과 기업을 위해 최선을 다하고 있다면 경쟁업체의 공격을 그냥 무시하는 것이 좋은 방법일 수 있다. 게다가 당신에게는 수많은 아군이 있다.

CHAPTER 13

보이지 않는
아군

자신보다 훨씬 커다란 경쟁 회사 혹은 업계 전체로부터 공격을 받는다면 무척 두렵고 외로울 것이다. 아마존의 공격을 받을 당시 나는 나와 같은 처지에 놓였던 기업들을 찾아 그들의 해결책을 모방하거나 적어도 실수에서 배움을 얻고 싶었지만 그럴 수 없었다. 그런데 알고 보니 스퀘어는 혼자가 아니었다. 내가 엉뚱한 곳에서 아군을 찾아 헤매었을 뿐.

기업가적 기업들은 성 밖에서 살아가는 수많은 잠재 고객들에 둘러싸여 있다. 혁신 쌓기 전략을 구축한 회사들의 모든 사례에서, 수백만의 새로운 고객들은 여태껏 존재하지 않던 제품을 간절히 기다리고 있었다.

처음에는 그 고객들이 잘 보이지 않는다. 특히 성 안에서 세상을 바라보면 더욱더 그렇다. 사우스웨스트 항공이 영업을 시작했을 당시만 해도 사람들은 비행기를 타고 싶어 하지 않는다는 고정관념이 퍼져 있었고 미국 정부는 그 터무니없는 주장을 뒷받침하는 자료까지 가지고 있었다. 정부의 설문조사에 참여한 이들은 비행기를 타는 사람들이었고, 사우스웨스트의 미래 고객은 장거리 고속버스를 이용하는 사람들이었다.

놀라운 일은 아니다. 측정은 측정 가능한 것을 바탕으로 하기 마련이다. 정부는 비행기 타는 사람만을 대상으로 자료를 조사했다고 했는데, 대부분은 사업가 또는 부유한 사람들이었다. 부자들을 대상으로 설문조사를 해보면 폴로가 실제보다 더 인기 있는 스포츠라는 결과가 나올 것이다. 하지만 이러한 선입견이 설문 조사관들만의 잘못은 아니다. 새로움의 본질일 뿐이다. 무언가가 실제로 존재하기 전까지는 그 어떤 그래프에도 나타나지 않는다.

허브와 직원들은 그 통계 자료를 다른 시선에서 바라보았다. 허브는 내게 이렇게 말했다. "정부 자료에서는 미국 성인의 15~20퍼센트가 단 한 번도 비행기를 타본 적이 없다고 나왔다네. 엄청난 기회 아닌가?" 정말로 그랬다.

스퀘어의 고객은 대부분 손님으로부터 신용카드를 받아본 적 없는 영세상인들이었다. 이케아의 고객은 대부분 새 가구를 사본 적 없는 사람들이었다. 뱅크 오브 이탈리아의 고객은 은행에도 가본 적 없는 사람들이었다. 이들은 시장이 확장되어 그 안에 포함되기 전까지 통계에 나타나지 않았다. 그러나 눈에 보이지 않는다고 관심이 없다는 뜻은 아니다. 눈에 보이지 않는 시장은 매우 거대할 수도 있다. 다만 모든 측정 기준이 현재 시장에 최적화되어 있으므로 미리 드러내 보이기가 거의 불가능할 뿐이다.

소비자를 가르쳐라

어떤 시장을 처음 접하는 소비자들은 선입견이 별로 없다. 이는 혁신을 통해 산업을 크게 확장할 때의 커다란 장점이기도 하다. 새로운 소비자들은 자신들을 시장으로 처음 인도한 기업을 통해 시장에 들어오게 된다. 해당 기업의 입장에서는 혁신 쌓기 전략과 경쟁우위 선점에 엄청나게 유리한 일이다. 이러한 첫 번째 소비자 그룹은 전통적으로 얼리 어답터(early adopter)라 불리지만, 혁신 쌓기 전략의 세계에서는 그들을 얼리 어댑터(early adapter)라 부르는 것이 더 정확하다. 적응력 강한(adapt) 새로운 고객들이 비행기에 일괄 탑승하고, 가구를 직접 조립하고, 흔들리는 카드를 리더기에 긁어야만 가능해지는 혁신도 있다.

초창기에 스퀘어의 고객 대다수는 신용카드 결제를 한 번도 받아본 적 없는 영세상인들이었다. 우리는 그들에게 단순하고 낮은 수수료를 기대하도록 가르쳤다. 실시간 고객지원 서비스 없이 제품을 사용하는 법을 가르쳤다. 결제 대금이 업계 평균보다 사흘 빠르게 입금된다는 것과 거래 수수료와 결제 취소 수수료를 내지 않아도 된다는 것을 가르쳤다. 여러 해에 걸친 의무약정을 거부하도록, 또 무료 하드웨어와 멋진 소프트웨어를 기대하도록 가르쳤다.

사우스웨스트는 고객들에게 일괄 탑승한 뒤 기내에서 좌석을 직접 고르도록 가르쳤다. 고객들은 비행기에 타기 전에 미리 식사하고 거점 공항에서 비행기를 갈아타지 않아도 되는 것에 익숙해졌다. 그들은 수화물 요금과 취소 수수료를 물지 않아도 된다는 것을 배웠다. 나아가 사우스웨스트는 고객들에게 자사 홈페이지에서만 비행기표를 구매하도록 가르쳤다. 고객들의 기대는 사우스웨스트가 제공하는 서비스와 일치한다. 사우스웨스트의 관행에 따라 시장이 만들어졌기 때문이다.

허브는 이렇게 설명했다. "본질적으로 우리는 사우스웨스트의 고객이 되도록 사람들을 교육했다네. 지금까지 가장 큰 고객 불만은 좌석을 지정해주지 않는다는 거였지. 이해는 돼. 사람들은 자신의 작은 보금자리가 기다리고 있다고 생각하는 걸 좋아하니까." 하지만 사우스웨스트의 고객들은 보금자리보다 비행을 중요시한다.

이케아는 대형 전시장을 방문하여 무수히 많은 선택지 가운데서 물건을 고르도록 고객들을 가르쳤다. 가구를 직접 조립하게끔, 몇 주 동안 배송을 기다리지 않고 매장에서 직접 물건을 가져가게끔 가르쳤다. 또한 저렴한 가격에 훌륭한 디자인을 기대하게끔 가르쳤고, 아이들도 데려와 온 가족이 함께 쇼핑하는 경험을 하도록 가르쳤다. 이케아가 하지 않은 일이 딱 하나 있다면 소비자들에게 회사 이름을 정확히 발음하는 방법을 알려주지 않은 것뿐이다.

정박 효과를 활용하라

기업가적 기업이 새로운 고객을 효과적으로 교육하는 비결은 심리학에서 말하는 정박 효과(anchoring effect)와 보수적 편향(conservatism)을 활용하는 것이다. 정박 효과는 어떤 주제에 대해 처음 얻은 정보에 크게 의존하는 것을, 보수적 편향은 새로운 증거가 제시되었을 때 개인의 믿음을 불충분하게 수정하는 것을 말한다. 이두 가지 성향을 종합함으로써 기업가적 기업은 기존의 생각을 바꾸는 것보다 새로운 생각을 가르치기가 더 쉽다는 사실을 빠르게 깨우칠 수 있다.

어떤 기업이 정말로 새로운 발명품을 내놓고 사람들이 그것을 새로운 것이라고 인식하면 그들의 기억에는 고유한 저장 공간이 생긴다 (인간의 기억 기능을 심하게 단순화하기는 했지만 핵심은 정확하다). 그리고 그렇게 되면 기업에 매우 유리해진다. 일단 새로운 아이디어에 마음이 열리면 사람들은 훨씬 많은 것을 배울 준비를 하게 된다. 다시 말해 고객이 일단 관심을 기울이면 혁신의 나머지 요소들을 가르치기가 훨씬 쉬워진다는 것이다. 당신의 메시지가 고객의 머릿속에 닻을 내리고, 그에 따라 고객들은 경쟁업체에 보수적이 되기 때문이다.

반대로 당신의 고객을 훔치려는 이들은 커다란 난관에 부딪히고, 거의 불가능한 일이지만 당신이 쌓은 혁신을 모방해야 한다. 역시 매우 어렵지만 고객들도 다시 훈련시켜야 한다.

다시 훈련시키는 것은 처음 훈련시키는 것보다 훨씬 더 힘들다. 우선 현재의 믿음을 제거하지 않으면 안 되는데 사람은 자신의 믿음을 두고 그것이 절대 변하지 않는 사실이라고 생각하는 경향이 있다.* 내가 옳으므로, 또 이미 분명하게 알고 있는 사실이므로 새로운 정보에 주의를 기울여야 할 이유가 없다고 생각하고 다른 관점은 그냥 무시하는 것이다. 현재의 믿음을 버리게 하는 데 성공한다 해도 새로운 아이디어를 설명해야 하는 과제가 남는다. 관심을 사로잡지 못하면 아무리 멋진 논리라도 무시당할 수밖에 없다.

그렇다고 고객들을 처음 훈련시키는 게 쉽다는 말은 아니다. 새로운 생각을 전달하는 데는 수많은 난관이 따른다. 얼마나 많은지 여기에서 다 말할 수도 없을 정도다. 새로운 생각을 전하려 하는 기업에게 특히나 해로운 세 가지 문제가 있다. 나는 그것을 익숙함의 저주,

---

* 심리학자들은 인간이 자기 생각이 옳다고 정당화하는 데 사용하는 열다섯 가지 인지적 오류를 발견했다. 바로 노력 정당화, 자기중심적 편향, 확증 편향, 일치 편향, 구매 후 합리화, 선택 지원 편향, 선택적 지각, 관찰자 기대 효과, 실험자 편향, 기대치 위반 효과, 관찰자 효과, 타조 효과, 주관적 평가, 지속적 영향, 제멜바이스 반사다. 많기도 하다.

언어의 관성, 애매모호한 피드백이라고 부른다.

기업가를 가로막는 세 가지 어려움

익숙함의 저주

익숙함에는 단점이 있다. 내가 대학생일 때는 커다란 스테레오 시스템을 가지고 있으면 멋지다고 인정받았다. 내 친구는 프리앰프, 앰프, 이퀄라이저, 여섯 개의 입력 소스, 절연 전원 공급장치, 그 밖의 반짝이고 신기한 장치로 이루어진 커다란 스테레오 시스템을 가지고 있었다. 책장 전체를 차지한 스테레오가 열을 내뿜는 덕에 겨울에도 난방을 틀 필요가 없었다. 이 첨단장치로 노래 한 곡을 틀려면 무려 7단계의 작업을 거쳐야 했다.

어느 날 저녁에 그 친구가 파티를 열었다. 파티에는 친구와 은밀한 관계를 맺고 있던 여성, 그리고 공교롭게 그녀의 남편도 초대되었다. 분위기가 순조롭게 흘러가다가 누군가가 음악을 틀어달라고 했다. 그 여성은 매우 자연스럽게 스테레오 시스템으로 다가가더니 항공사 기장도 자랑스러워할 만큼 무의식적인 능숙함으로 7개의 스위치를 착착 켰다. 그녀의 남편은 아내가 친구의 오디오 시스템을 그렇게 능숙하게 다룬다는 것을 믿을 수 없었다(그녀는 화장실 수납장에 있는 자신의 칫솔을 숨길 시간을 벌려고 길을 못 찾는 척까지 했다). 지식의 저주를 받은 희생양이었다.

이미 알고 있는 지식이 얼마나 복잡한 것인지는 스스로 인식할 수가 없다. 이처럼 결혼 생활이 걸려 있는 일이라 해도 말이다. 항공기 조종실에 들어가보면 현기증이 날 만큼 복잡한 조종장치들이 보인다. 워낙 복잡해서 상업용 비행기 조종실에는 열쇠도 없다. 조종할 수 있으면 한번 해보라는 식이다. 하지만 숙련된 조종사가 비행기를 조종하는 모습을 보면 아무런 어려움 없이 스위치를 켜고 버튼을 누른다. 복잡한 환경에서 오랜 시간을 보냈기에 편해진 것이다. 조종사는 복잡한 시스템에 완전히 통달했을 뿐만 아니라 자신의 통달 수준도 전혀 의식하지 못한다.

아무리 의식하려 애써도 우리는 자신에게 매우 친숙한 것이 사실은 얼마나 복잡한 것인지 깨닫지 못한다. 이 익숙함은 고객에게 새로운 것을 가르칠 때나 불륜 사실을 숨기려 할 때 매우 해로울 수 있다. APU를 켠 다음에 블리드에어 스위치를 작동시켜야 한다는, 누군가에게는 너무도 뻔한 사실이 새로운 고객들에게는 혼란스러울 수 있다는 뜻이다. 많은 기업가가 새로운 시스템의 원리를 제대로 설명하는 데 실패하는 이유도 이것이다.

언어의 관성

내가 '언어의 관성'이라고 부르는 개념은 그 어떤 교과서에도 나오지 않지만 수십 년 동안 나를 괴롭혔다. 언어의 관성은 특정 단어가 사실과 전혀 다른 생각을 일으키는 현상이다. 이는 자신이 이미 아는 것과 비슷한 것들에 적용된다.

예를 들어 농장(farm)이라는 단어가 떠올리게 하는 것들을 살펴보자. 초록 식물, 탁 트인 들판, 햇빛, 가축, 관개 시스템 같은 것이 떠오를 것이다. 하지만 버섯 농사에서는 언어의 관성 문제가 발생한다.

전통적인 농사와 정반대로 버섯 농장은 어둡고 습한 동굴에서 이루어진다. 농장보다는 하수구라는 말이 더 잘 어울리겠지만, 그런 단어는 마케팅 부서가 절대 허락하지 않을 것이다.

문제는 혁신적인 신제품이라 해도 자신이 이미 알고 있는 것과 비슷하면 소비자들은 관심을 기울이지 않는다는 점이다. 이미 자신이 아는 것과 똑같으리라 여기는 것이다. 이런 이들로 하여금 차이에 관심을 기울이게 만들기란 상당히 힘든 일이다. 단어의 중력이 마치 블랙홀처럼 비슷한 생각을 끌어당긴다. 진정 새로운 제품이라 해도 어떤 단어로 메시지를 전달하느냐에 따라 사람들이 외면할 수 있다.

당신이 세계 최초로 잠수함을 개발해 내게 설명하려 한다고 해보자. 잠수함을 한 번도 본 적 없는 내게 당신은 잠수함이란 물속을 다니는 자동차라고 설명한다. 나는 자동차라는 단어를 듣자마자 해저에서 네 바퀴로 다니는 이동 수단을 떠올리고 바닷속에 가득한 쓰레기 더미에 길이 막히거나 마리아나 해구로 떨어질 것 같다고 생각한다. 내 머릿속에 그려진 정확하지 않은 그림 탓에 나는 당신의 발명품이 쓸모없다는 결론을 내리고, 그것이 쓸모없을 것임을 알기에 당신의 나머지 설명에는 귀 기울이지 않는다.

언어의 관성은 특히 기업가들에게 위험하다. 그들은 자신이 확장하거나 개선하려는 기존 산업에서 사용되는 단어를 그대로 가져와 사용하는 경우가 많기 때문이다. 사우스웨스트 항공이 초창기에 직면한 위험은 '항공'이라는 말 자체였다. 당시에는 '항공'이라는 말이 특권층의 값비싼 이동 수단을 연상시켰다. 이 단어를 듣는 순간 사람들은 자신이 비행기를 탈 형편이 되지 않는다는 잘못된 사실을 떠올릴 터였다. 사우스웨스트는 이 선입견과 싸우기 위해 고객과의 모든 의사소통 상황에서 항공이라는 말에 '저가'라는 수식어를 붙였다.

애매모호한 피드백

당신의 메시지가 혼란스럽고 잘 이해되지 않는 경우에도 당신은 그 사실을 절대로 알 수 없을 가능성이 크다. 이는 애매모호한 피드백, 즉 사람들이 경멸이나 혼란을 감추려고 하는 경향을 갖고 있기 때문이다. 다시 말하자면, 사람들은 정확하지 않은 긍정적 피드백을 주는 데 능숙하다. 실제로 요즘 우리 부부 또한 예의범절이라는 명목으로 포장된 부정확한 피드백을 주는 방법을 아들에게 가르치고 있다. 오크라(okra, 아욱과의 다년생식물 – 옮긴이)는 "기분 나쁘게 끈적거리는 풀"이지만 이웃이 친절히 우리 가족 모두를 초대해주었으니 남기지 말고 다 먹으라고 말이다. 예의범절에는 진실을 말하지 않는 것이 커다란 부분을 차지한다.

처음 유리공예를 시작했을 때 나는 내 작품에 대해 솔직한 피드백을 주는 사람이 소수에 불과하다는 것을 알게 되었다. 두 개의 작품을 나란히 놓고 의견을 물으면 두 작품 모두에 모호하게 긍정적인 반응이 돌아왔다. 나는 갤러리에서 작품이 팔리거나, 더 자주 있는 일이지만 팔리지 않는 모습을 보면서나 정확한 피드백을 얻을 수 있었다.

애매모호한 피드백은 내가 설립한 비영리 기관 론치코드 재단의 전국적 확장을 무산시킬 뻔했고 그것은 모두 내 잘못이었다. 나는 초보 프로그래머들에게 구직 정보와 무료 교육을 제공해 프로그래머 부족 문제를 해결하려는 생각으로 세인트루이스에 론치코드를 설립했다. 일부러 다른 기관들과 다른 방식을 시도했기 때문에 처음에는 성공에 확신이 없었다. 론치코드의 방식은 이랬다. 교육을 마치고 자격증을 취득한 재능 있는 프로그래머들을 채용할 기업을 먼저 확보하고, 그렇게 일자리가 생기면 뜻 있는 사람들에게 필요한 기술을 무료로 교육해준다. 즉 채용 공고가 나온 이후에 교육을 시작하는 방식이었던 것이다. 기존의 직업교육 기관들과는 정반대였지만 그럼에도 론치코드는 성공을 거뒀다.

실험의 성공에 힘입어 나는 세인트루이스보다 인력 부족이 훨씬 더 심각한 플로리다 남부로 론치코드를 확장하기로 했다. 세인트루이스에서 처음 실험할 때와 달리 론치코드가 실제로 사람들을 도와준 수많은 사례를 가지고 마이애미로 갔다. 그중에는 론치코드 덕분에 10년 만에 취업에 성공한 전직 해병대원이 정부의 보조 없이 가족을 부양하게 되어 자랑스럽다고 말하는 영상 자료도 있었다.

하지만 각종 사례를 기업들에게 보여준 것이 오히려 커다란 역효과를 일으켰다. 내가 접촉한 기업들은 전부 적극적으로 참여 의사를 밝혔다. 그러나 실제로는 아무것도 하지 않았다. 그들은 론치코드를 마음에 들어 했지만(적어도 말은 그렇게 했다) 우리 프로그램의 수료자를 채용하지는 않았다. 그들은 인재를 필요로 하고 우리에게는 인재가 있는데 도대체 뭐가 문제였던 걸까?

나는 프로그래머들을 취업시키는 데 실패하고 1년이 지나서야 잘못된 피드백이 왔다는 것을 알게 되었다. 어느 날, 나는 플로리다에서 가장 큰 건강관리 기업의 CIO(Chief Information Officer, 최고 정보관리 책임자 - 옮긴이)와 만나려 했다. 그런데 그 대신 '다양성 책임자(Diversity Officer)'가 자리에 나왔다. 론치코드가 취업시킨 프로그래머들은 전형적인 컴퓨터 프로그래머들과 달라 보였기에, 기업들은 론치코드를 거친 인재들은 유능하지 않다고 생각했던 것이다!

기업들은 당연히 일자리가 필요한 사람이 아닌 능력 있는 사람을 채용하고 싶었을 것이다. 그런데 론치코드가 '비영리 자선 단체'라는 사실에서 오는 언어의 관성은 우리가 실제로 사람들을 도와준 사례와 합쳐져 '론치코드 교육생들은 사내 다양성을 높여야 할 때 고용하면 돼. 지금은 진짜 인재가 필요한 상황이야.'라는 생각을 심어주기에 충분했다. 하지만 다들 너무 '예의 발랐기' 때문에 실제로 그런 말을 입 밖에 내는 이는 없었고, 그 결과 피드백의 실패가 발생한 것이었다. 이후 '사람들을 도우려는 취지'라는 표현을 쓰지 않자 기업들은 우리 교육생들을 채용하기 시작했다.*

때로는 불편함도 도움이 된다

뭔가를 가르치려면 학생의 관심을 집중시켜야 한다. 하지만 우리가 정말로 주의를 집중하는 것들이 얼마나 있을까? 신경과학자들에 따르면 사람들은 인식한 정보를 대부분 무시한다. 그렇다면 새로운 제품이나 새로운 아이디어에 관심을 가지게 만들려면 어떻게 해야 할까? 고객으로 하여금 대단히 특별한 경험을 알아차리게 만들어 즐거움을 주는 것이 가장 좋은 방법이다. 실제로 사용하는 데 약간 어려울 정도로 스퀘어의 카드 리더기를 작게 만든 이유도 그것이었다. 사람들은 그렇게 작은 신용카드 리더기를 본 적이 없었으므로 그들의 관심을 끌려면 작게 만드는 것이 무척 중요했다. 하지만 작은 크기에는 다른 효과도 있었다. 깨닫고 나면 마음이 살짝 불편해질 수 있는 그런 효과였다. 사실은 사람들을 약간 불편하게 만드는 것이

---

*   사람은 누구나 마찬가지다. 만약 당신이 심장 수술을 해야 하는데 병원 측이 당신의 집도의에 대해 "이분은 상황이 참 안타까워서 저희가 그냥 의사 시켜줬어요."라고 말한다고 생각해보라.

내 목표였다.

지금도 마찬가지지만 스퀘어의 리더기는 크기가 매우 작아서 카드를 제대로 긁으려면 약간의 연습이 필요하다. 작은 크기로 관심을 잡아끄는 데다 사용하기도 약간 어려우니 더욱더 관심이 쏠린다. 사람들은 리더기에 관심을 쏟음과 동시에 스퀘어라는 회사의 이름도 기억하게 되고, 리더기의 가격이 얼마인지, 가맹점 등록은 또 얼마나 쉬운지에 대해 서로 이야기를 나눌 수도 있었다.

이를 격식 있는 말로 정보처리 어려움 효과(processing difficulty effect)[1]라 한다. 힘든 과정을 거쳐 배운 것일수록 기억에 남는 경향이 있다는 것이다. 나는 사람들이 우리 제품에 더욱더 관심을 기울이게 만드는 이 방법을 우연히 발견했다. 스퀘어는 수많은 사람이 또 수많은 사람에게 스퀘어에 대해 가르치도록 훈련시켰다. 승차공유 서비스를 처음 이용했을 때의 불편함을 기억하는가? 나는 기억한다. 인도에 서 있는데 반짝이는 검은색 닷지 차저(Dodge Charger)가 내 앞에 와서 멈췄다. 당시까지 내가 자동차의 운전석에 타지 않는 경우는 둘 중 하나였다. 첫째는 택시를 탈 경우였는데, 그럴 때 나는 뒷좌석에 앉아 아무것도 만지지 않고 운전기사 몰래 번호판을 외웠다. 다른 하나는 친구의 차에 타는 경우였고, 그럴 때 나는 조수석에 앉아 친구와 내내 수다를 떨었다. 까만색 차저가 섰을 때 나는 앞에 탈지 뒤에 탈지를 결정해야만 했다. 택시가 아니므로 뒷좌석에 탄다면 무례하게 비춰질 수 있었지만 운전자와 아는 사이도 아니므로 조수석에 타는 것도 좀 주제넘은 행동이었다. 결국은 조수석에 탔지만 정말이지 불편해 죽는 줄 알았다. 운전자도 마찬가지였을 것이다. 우버와 리프트(Lyft) 같은 승차공유 서비스가 나온 지 얼마 안 되었을 때라 나는 아직 그런 상황에 익숙해지도록 훈련된 상태가 아니었다.

하지만 그 불편함의 순간은 매우 중요했다. 내 관심을 사로잡았기 때문이다. 휴대전화로 차를 부를 수 있어 편리한 데다 운전자와 승객이 서로를 별점으로 평가한다는 것이, 카드결제 단말기가 고장 났다는 기사의 말을 듣고 부랴부랴 현금을 찾아야 하는 상황이 발생하지 않는다는 것이 마음에 들었다. 우버는 내게 그런 것들을, 그리고 나중에는 뒷좌석에 타도록 가르쳤다(결국에는 리프트로 갈아타도록 가르쳤지만 말이다). 이제 내 머릿속에는 '운전석이 아닌 다른 곳에 타는 경우' 하면 세 가지가 떠오른다. 택시, 친구 차, 승차공유 서비스. 이 서비스를 처음 이용했을 때 느낀 불편함은 좋은 것이었다. 우버는 나에게 새로운 이동 방식을 가르쳤고 나는 우버에게서 배웠다.

이케아 효과

이케아는 소비자들의 관심을 완벽히 사로잡는 데 성공해 정식으로 인정받는 인지적 편향까지 탄생시켰다. 심리학자들이 말하는 이케아 효과(IKEA effect)라는 현상이다.[2] 간단히 말하자면, 가구를 힘들게 조립하면 결과물을 소중히 여기게 된다.

6밀리미터짜리 육각 렌치는 두 개의 합판 조각을 연결해줄 뿐만 아니라 당신의 뇌도 다시 프로그래밍한다. 부품을 몇 개 빠뜨린 채 만들었고 쓰러져 고양이를 죽이는 일이 없도록 벽에 고정해야 하더라도 많은 시간을 들여 힘들게 조립했기 때문에 소중히 여기게 된다는 것이다.

실제로 이케아는 오래전부터 고객들에게 불편함을 느끼게 하고 이케아의 방식을 배우게 했다. 가구 박람회도 아닌 단순한 전시장을 보게 하기 위해 건물 밖에 줄을 세운 것부터 아이들을 놀이방에 맡길 수 있게 한 것에 이르기까지, 이케아는 사람들의 관심을 요구한다.

사우스웨스트 항공도 특히 초창기에 사람들의 관심을 끄는 법을 잘 알았다. 미니스커트를 무무(muumuu, 하와이 여성 전통 의상으로, 다리를 덮는 길이가 일반적이다 – 옮긴이)처럼 보이게 할 정도로 짧은 승무원들의 유니폼부터 해서 약간의 불편함을 주는 경험이 열 가지가 넘었다. 내가 가장 마음에 든 것은 두 줄의 좌석이 서로 마주 보는 라운지였다. 함께 비행기를 타고 갈 다섯 명의 친구와 함께라면 환상적이지만 내내 생판 모르는 사람의 무릎을 보고 있어야 한다면 끔찍한 배치였다. 어쨌든 확실히 색달랐다.

지아니니 역시 고객들에게 인상적인 경험을 제공하고자 했다. 뱅크 오브 이탈리아의 고객들은 은행을 처음 이용해보는 사람들이었으므로 모든 경험이 새로울 수밖에 없었다. 지아니니는 고객을 자신들의 방식으로 확실히 훈련시켰다. 고객의 모국어를 할 줄 아는 직원을 통해 그들을 응대했고, 사교적 성격과 경제 감각을 갖춘 이들을 관리자로 고용했다.[3]

고객이 관심을 보이지 않으면 제품이 아무리 혁신적이라 해도 소용없다. 영향력을 행사하려면 사람들의 관심을 끌어야만 한다. 기업가적 기업은 익숙함의 저주, 언어의 관성, 애매모호한 피드백의 실패와의 싸움에서 자연적인 경쟁우위를 가지고 있다.

스퀘어를 창업했을 때 내가 알고 있었던 것은 세인트루이스의 소상공인 한 명이 곤경에 처했다는 것뿐이었다. 나 말고 다른 사람들이 제품을 사용하려 할지 알 수 없었고, 너무 새로운 제품이라 시험해볼 방법도 없었다. 그러나 결국 우리는 우리 제품에서 가치를 발견한 수많은 사람들의 관심을 끌었다. 우리는 완전히 새로운 방식으로 그들을 훈련시켰고 반대로 이제는 고객들이 우리를 훈련시키고 있다. 수많은 고객이 사용하는 우리의 특별한 제품은 무수히 많은 상호작용을 일으킨다. 그 무수히 많은 고객 상호작용의 결과로 스퀘어의 보이지 않는 아군은 혁신 쌓기 전략의 중요한 부분이 되었다.

우리 고객들은 우리 제품을 사고팔고 발전시키고 방어한다. 이 보이지 않는 아군은 우리가 사업을 시작한 이유이자 계속 이어나갈 수 있는 이유다. 그들은 우리와 함께한다. 그리고 우리는 고객들에게 존중심을 보인다. 이것만큼은 다른 기업들도 우리를 따라 하면 좋겠다.

CHAPTER 14

가격에 대하여

가격정책은 기만적인 느낌이 들 만큼 복잡한 주제다. 그러나 한편으로 가격만큼 단순한 것도 없다. 가격은 제품이나 서비스를 만드는 기업이 통제하는 숫자니까. 기업가적 기업의 가격정책은 평범한 기업들의 그것과 다를까? 그렇다. 게다가 그 차이는 미묘하면서도 엄청나다.

최저가 전략 대신 저가 전략을 활용하라

최저가와 저가는 다를까? 영어는 원급과 최상급 표현을 크게 구분하지 않지만 그 차이는 매우 중요하다. 기업가적 기업의 낮은 가격은 시장에서 최저가인 경우가 많다. 중요한 것은 실제 가격이 얼마인가가 아니다. 그 가격이 어떻게 정해졌는가다. 가격 자체보다 그 숫자에 담긴 논리에 집중하면 기업가적 기업과 일반 기업의 미묘하지만 중요한 차이를 볼 수 있다.

시간을 거슬러 올라가 기업가들을 연구하면서 나는 그들이 '가장 낮은 가격'이 아니라 '낮은 가격'을 강조했다는 것을 발견했다. '낮은 가격'은 고객에게 지속적으로 최고의 가치를 제공하려는 기업철학에서 비롯된다. 기업가들은 전체적인 경험의 질을 유지하면서도 최대한 낮은 가격을 유지하려 애쓴다. 반면 '가장 낮은 가격'에 중점을 두는 기업은 비슷한 제품이나 서비스를 파는 경쟁자의 동향을 끊임없이 살펴야 한다.

사우스웨스트 항공은 매우 낮은 가격으로 버스 회사의 승객들을 훔쳤다. 허브는 내게 말했다. "1990년대에 한 연구에서 미국 저가 경쟁의 90퍼센트에 사우스웨스트가 기여했다는 결과가 나왔지." 초창기에는 주요 항공사들이 400달러에 판매하는 노선의 가격이 사우스웨스트에서는 69달러인 경우를 흔히 볼 수 있었다. 하지만 그때 사우스웨스트는 소비자 경험의 질에도 초점을 맞췄다. 허브가 설명했다. "미국 교통부가 통계 집계를 시작한 이래로 사우스웨스트는 정시 운항률 1위, 수화물 처리 1위, 고객불만 처리율 1위였어. 몇십 년 동안 다른 항공사들보다 고객 불만율이 현저히 낮았으니 고객들이 확실히 만족하고 있다는 뜻이었지."

하지만 허브는 낮은 가격 때문에 사우스웨스트가 최고의 고객 경험을 제공해야 하는 필요성이 사라진 것은 아니었다고 강조했다. "수많은 기업이 낮은 가격과 좋은 고객 서비스 둘 중 하나를 선택하는 큰 실수를 저지른다네. 둘 다 하는 것은 불가능하다고 잘못 생각하는 거야."

이는 캄프라드의 다리미판 딜레마와 비슷하다. 너무 저렴하면 품질이 나빠진다. 이케아가 군나르스와의 다리미판 전쟁에서 얻은 교훈은 최저가에 집중하지 말고 낮은 가격에 높은 품질의 제품을 팔아야 한다는 것이었다. 머지않아 이케아는 낮은 가격에 집중했고 경쟁 업체들이 어떻게 하는지는 신경 쓰지 않았다. 지금까지도 여전히 이케아는 비경쟁 품목도 낮은 가격에 내놓는다.

대담한 기업가는 경쟁자들이 훨씬 비싼 가격에 팔 때에도 낮은 가격을 추구한다. 뱅크 오브 이탈리아는 초창기에 다른 은행들보다 거의 세 배나 낮은 7퍼센트의 금리를 유지했고, 그 외에도 수많은 방법으로 고객들의 편의를 가장 많이 봐주는 은행이었다.

잭과 내가 스퀘어의 가격을 정할 당시 소상공인들의 신용카드 결제 수수료는 보통 4퍼센트가 넘었다. 3퍼센트 이상도 가능했지만 우리는 2.75퍼센트로 정했고, 다른 모든 기관들이 부과하는 거래 수수료를 포함한 다른 비용들도 없애버렸다. 또한 낮은 가격을 유지하면서 여건에 따라 서비스를 계속 추가했다.

가격으로 경쟁해서는 안 된다

역설적이지만 낮은 가격을 제공하려면 경쟁을 이유로 가격을 낮추어서는 안 된다. 아마존이 스퀘어의 카드결제 수수료 2.75퍼센트보다 낮은 1.95퍼센트로 상품을 내놓았을 때 우리는 그에 반응하지 않았다. 2.75퍼센트는 우리가 회사 문을 닫지 않고 영업을 이어갈 수 있는 한도 내에서 가장 낮게 책정한 가격이었다. 만약 더 낮출 수 있었다면 그렇게 했을 것이다. 세상에서 가장 무시무시한 적의 공격에도 그 계산법은 바뀌지 않았다. 만약 우리가 아마존을 따라 가격을 내렸다가 아마존이 퇴장하고 난 후 다시 가격을 올렸다면 어떻게 되었을까? 스퀘어에 대한 고객들의 신뢰가 사라졌을 것이다.

기업가적 기업들은 경쟁자가 아닌 고객에 집중한다. 다른 기업들이 경쟁자의 공격에 반응할 때도 그들이 집중하는 대상은 고객이다. 13달러 가격 전쟁 때 사우스웨스트가 그랬던 것처럼 말이다.

혁신 쌓기 전략을 수행하면 다른 기업과는 다른 가격정책을 추구할 수 있다. 가격을 바꾸고 싶다면 그 변화가 혁신 쌓기 전략에서 나와야 한다. 낮은 가격은 원인이 아닌 결과다.

낮은 가격의 세 가지 이점

낮은 가격은 이타적인가? 기업가에게는 시장을 공평하게 만들거나 힘없는 사람들을 도와줘야 한다는 동기부여가 꼭 있어야 하는가? 단정 지어 말하기는 힘들다. 내가 연구한 기업가들은 모두 억만장자가 되었으니까. 세상에서 손꼽을 정도로 돈이 많으면 이타적이기도 쉽다. 만약 평생 자신의 재산을 나눠주지 않았다면 지아니니는 세상에서 제일가는 부자가 되었을 것이다. 따라서 조사를 위해 기업가들은 보편적으로 이타적이지 않다고 가정해보자(캄프라드의 정치적 견해를 보면 어느 정도 이에 대해 알 수 있다). 그래도 낮은 가격을 추구해야 하는 타당한 이유가 있을까? 있다. 고객 신뢰, 기업문화 공유, 기업 경쟁우위라는 세 가지 중요한 이유에서 그렇다.

낮은 가격과 고객 신뢰

신뢰는 소중하고도 민감한 것이다. 신뢰를 평가하기가 얼마나 어려운지 간단한 사고실험을 해보자. 당신의 전 재산을 1년 동안 무사히 보관해주었다가 돌려줄 사람이 얼마나 될지 생각해보는 것이다.

한 가지 더 생각해보자. 당신이 믿는 사람과 믿지 않는 사람의 차이는 무엇인가? 그 차이는 미묘하다. 법정에서든 일반적인 대화에서든 누군가를 믿거나 믿지 않는 이유를 설명해 상대를 이해시키기는 쉽지 않을 것이다. 차라리 친구들을 다 잃기 전에 화제를 돌리는 편이 낫다.

내가 하고 싶은 말은, 신뢰는 아무리 잘 아는 사람과의 관계에서도 규정하기 힘들고 미묘하다는 것이다. 기업이 소비자의 신뢰를 얻기는 더욱더 힘들다. 고객 신뢰를 얻기 위한 전략이 역효과를 일으키는 경우도 많다. 그럴 자격도 없는 기업이 신뢰를 얻으려 하기도 한다.

신뢰를 얻는 극히 제한적인 도구 중에서 가격은 가장 강력한 것이다. 낮은 가격은 브랜드에 대한 믿음을 주어 고객과의 관계를 탄탄하게 해준다. 나는 언젠가 급한 일로 멀리 떨어진 지역에 가야 할 때에 처음 사우스웨스트 항공을 알게 됐다. 비행기 티켓 가격이 내가 평소 그런 상황에서 지불하는 금액의 10분의 1밖에 되지 않는다는 점이 내 주의를 끌었다. 두 번째 이용했을 때는 조금 더 호기심이 생겼고, 열 번 넘게 타본 후에는 사우스웨스트에 완전히 빠져버렸다. 고객에게 다른 선택권이 없을 때 기업들은 엄청난 웃돈을 받을 수도 있다. 그러나 그렇게 하면 어쩔 수 없이 비용을 지불하더라도 고객에게는 나쁜 기억으로 남을 것이다.

보이지 않는 아군들에게 기존과 다른 행동을 훈련시켜야 하는 기업가적 기업에게는 고객 신뢰가 더욱 중요하다. 일관성 있는 낮은 가격은 신뢰를 준다. 그 신뢰는 고객이 항공사의 개별적인 예약 시스템을 이용하게 할 만큼, 몇 시간이나 걸려 가구를 사러 가게 할 만큼, 생긴 지 얼마 안 된 은행에 돈을 맡기게 할 만큼 강하다. 고객의 신뢰는 우리 스퀘어가 신제품을 출시할 때 고객들의 소중한 관심을 받게끔 해준다.

하지만 신뢰는 한순간에 무너질 수도 있다. 한번 분노가 치솟은 고객은 다른 선택지가 없기 전까지는 그 제품을 이용하지 않을 것이다. 고객 신뢰를 얻고 이어가려면 낮은 가격이 일관적으로 유지되어야 하는 이유다. 고객 신뢰는 낮은 가격에 대한 기업의 약속이 다섯 번 혹은 열다섯 번까지 지켜져야 생겨나겠지만, 일단 생기고 나면 마법 같은 일이 벌어진다. 믿음이 있는 고객은 애정이 있는 고객보다 더 소중하다. 사랑은 잃었다가 얻을 수 있지만 신뢰는 기회가 단 한 번 뿐이다. 훨씬 더 희귀한 감정인 것이다. 기업을 신뢰하는 고객은 그 기업 최고의 판매사원이다. 그들은 타사와의 비교 없이 제품을 구매하고, 신제품을 간절히 기다린다. 영업시간이 시작될 때까지 밖에서 기다리기도 한다. 그러면서 행복을 느낀다. 그만큼 그 기업을 사랑하는 것이다. 사랑은 신뢰에 부차적으로 따라올 뿐이다.

낮은 가격과 기업문화 공유

낮은 가격은 고객 신뢰뿐 아니라 기업문화 공유(company alignment)로도 이어진다. 기업문화 공유란 그 기업의 모든 구성원들이 똑같은 가치를 공유한다는 뜻이다. 직원들은 자신들의 기업이 가격 우위를 부당하게 이용하지 않는 것을 보며 기업이 고객을 소중히 여긴다는 것을 알게 된다. 고객을 착취하는 기업이라면 직원들부터 먼저 착취할 것이다. 직원들은 기업과 매일 상호작용하기에 고객보다 먼저 기업의 착취를 알아차리고(착취를 야기할 수도 있다) 냉소적으로 변할 것이다. 회의적인 고객을 보는 냉소적인 직원은 회사에 대한 부정적인 생각을 눈덩이 불어나듯 키운다.

가격은 기업문화의 한 부분이다. 내가 연구한 기업들은 모두 낮은 가격을 측정의 기준으로만 활용한 것이 아니라 고객을 소중히 여긴다는 사실을 보여주는 방법으로도 활용했다. 이는 누구나 가격표에서 확인할 수 있었다.

세상을 바꾸는 기업을 운영하려면 수많은 의사결정을 내리는 수많은 직원이 필요하다. 허브는 사우스웨스트 항공의 직원들과 고객 사이에서 연간 2억 회가 넘는 상호작용이 이루어지고 있다고 추정했다. 직원이 좋은 결정을 내리느냐가 고객과의 모든 접촉을 좌우한다. 사우스웨스트는 1980년대에 운영 지침서를 불태웠고, 직원들에게 강제적 의무를 부여하는 대신 기업문화에 부합하는 각자의 가치관에 따라 좋은 결정을 내리게끔 권한을 이양했다.

수천 명이 넘는 직원들을 과연 어떻게 통제할 수 있을까? 근본적으로 불가능하다. 카메라나 이메일, 로봇, 그 어떤 문서로도 애초부터 바르게 행동하지 않는 사람을 바르게 행동하게 만들 수는 없다. 사람 수가 열 명이 넘어가면서부터 통제는 문화에 의존한다. 그리고 가격은 문화에 큰 영향을 끼친다. 눈에 잘 띄기 때문이다.

어떤 기업이 생산원가를 낮추는 혁신을 이루어냈다고 해보자. 그러면 두 가지 선택지가 있다. 하나는 늘어난 이윤을 혼자 갖는 것, 다른 하나는 그것을 고객과 나누는 것이다. 기업의 관점에서는 그냥 갖는 것이 나아 보일 수도 있겠으나, 그렇게 하면 직원들에게 두 가지 위험한 메시지를 전달하는 셈이다. 첫째, 우리 회사는 이익을 독차지하려는 회사니 조심해라. 둘째, 우리 회사는 장기적 선의보다 단기적 이익을 중요시한다. 이런 메시지는 직원들로 하여금 다른 직장을 알아보게 만들 수도 있다.

사우스웨스트 항공이 경쟁자가 없는 노선의 가격을 낮게 유지하는 것, 스퀘어가 무료 기능을 추가하고 이케아가 의자 가격을 내리는 것, 이 모든 행동을 수천 명의 직원과 수백만 명의 고객이 전부 지켜보고 있다.

낮은 가격과 경쟁우위

낮은 가격은 기업가적 기업을 경쟁에서 지켜준다. 직접적 경쟁자가 없는데도 낮은 가격을 유지하면 새로운 기업이 시장에 진출할 가능성을 줄일 수 있다. 기업가는 어떤 시장이든 가격을 낮춤으로써, 다른 모방 기업이 진입할 여지를 없앤다.

경쟁업체가 10달러에 파는 제품을 당신의 기업은 혁신 쌓기 전략 덕분에 5달러에 팔 수 있다고 해보자. 경쟁업체가 가격을 당신의 기업에 맞추려면 당신의 혁신을 대부분 혹은 모조리 모방하거나 고유의 혁신을 이뤄야 하지만, 11장에서 살펴본 것처럼 이것은 수학적으로 거의 불가능한 일이다. 10달러에서 5달러로의 가격 인하는 한번에 도약하기에는 너무 먼 거리니 경쟁자들은 대부분 포기할 것이다.

하지만 같은 상황에서 당신의 기업이 제품 가격을 9달러로 책정한다고 해보자. 9달러는 업계에서 가장 낮은 가격일지는 몰라도 절대적으로 낮은 가격은 아니다. 경쟁업체가 당신이 쌓은 혁신의 한두 가지 요소를 모방해 상품을 8달러에 팔 수도 있으니까. 물론 당신도 7달러로 가격을 내리는 것이 가능하지만, 당신의 혁신 요소를 한두 개 이상 모방한 경쟁업체는 가격을 또다시 6달러까지 내릴 수도 있다. 물론 그러면 당신은 5달러로 낮출 수 있겠으나 경쟁업체가 내놓은 가격과 1달러 차이밖에 안 나니 따라잡힐 가능성이 있다.

모든 단계에서 수익을 최대화하면 경쟁자들은 서서히 당신의 혁신 쌓기 전략을 모방할 수 있는 여지를 갖게 된다. 12장에서 살펴본 것처럼 몇 가지 요소를 모방하는 것은 수학적으로도 비교적 쉽다. 당신의 혁신을 서서히 모방하는 경쟁자들에 반응해 가격을 조정하는 것은 곧 그들이 모방하기 쉬운 환경을 만들어주는 셈이다. 반대로 혁신 쌓기 전략의 효율성을 전부 반영해 가격을 낮추면 경쟁자들이 당신의 혁신을 한꺼번에 따라 해야만 하니 결국 그냥 포기하거나 실패할 것이다.

또 다른 장점

낮은 가격이 포함된 혁신 쌓기 전략은 자기강화적인 긍정적 순환을 만든다. 경쟁업체를 거부하는 고객들은 모두 당신의 소중한 자원이다. 그들의 피드백은 당신에게 돌아와 혁신을 계속 쌓게 만든다. 낮은 가격과 그것이 만드는 신뢰는 고객이 당신의 제품을 계속 이용하는 가장 큰 이유다. 시장을 장악한다는 것은 단순히 다른 곳으로 가지도 않고 갈 수도 없는 고객들을 포로로 잡아둔다는 뜻이 아니다. 고객들과의 상호작용은 영감과 혁신의 원천이 되어 수십 년 동안 시장의 선두자리를 지키도록 도와준다.

가격을 올릴 때 일어나는 일

낮은 가격이 어떻게 경쟁우위를 만들고 지켜주는지 알아보는 가장 좋은 방법은 기업이 낮은 가격을 버리면 어떻게 되는지 살펴보는 것이다. 내가 연구한 기업들 가운데 낮은 가격을 저버린 기업이 두 군데 있다. 내 연구에는 반가운 일이지만 해당 기업들에는 안타까운 일이다.

뱅크 오브 아메리카가 된 뱅크 오브 이탈리아는 지아니니의 생애 덕에 다른 은행들보다 엄청나게 유리한 경쟁우위를 가졌다. 하지만 지아니니가 세상을 떠난 후에는 특히 가격 면에서 고객들을 등한시하기 시작했다. 이 글을 쓰고 있는 지금 뱅크 오브 아메리카는 미국인이 가장 싫어하는 기업 2위를 달리고 있다.[1]

현재 뱅크 오브 아메리카의 특기는 당좌대월(신용카드 거래 등으로 인해 계좌에 예금된 돈 이상의 금액이 청구되었을 때 그 부족분을 은행이 일시적으로 지급하는 일 - 옮긴이)이나 별것 아닌 위반 사항에 엄청난 수수료를 물리는 것이다.[2]

사우스웨스트도 허브가 은퇴한 2008년 즈음부터 낮은 가격을 포기했다. 그 후 5년 동안 다른 항공사들의 연평균 가격 인상률은 8퍼센트였던 반면 사우스웨스트는 무려 30퍼센트였다. 결과적으로 사우스웨스트의 비행기 티켓 가격은 경쟁사들보다 17퍼센트에서 145퍼센트까지 비싸졌다.[3] 사우스웨스트는 높은 항공료를 유지하려 한 혐의로 아메리칸 항공(American Airlines), 델타 항공, 유나이티드 항공과 함께 미국 법무부에 고소당했고 벌금을 지불하기로 2018년에 최종 합의했다.

바뀐 가격정책이 업계에서 사우스웨스트의 위치를 바꿔놓았을까? 결과를 한번 살펴보자. 허브의 재임 시절에는 스물두 개의 저가항공사가 사우스웨스트와 경쟁했는데* 이 중 제트블루만 빼고 모조리 실패했다(제트블루는 저가 정책을 추구했고 미국에서 가장 분주한 도시에서 착륙 허가를 받아냈으며** 고유의 혁신을 쌓았다). 낮은 가격은 40년 동안 사우스웨스트를 지켜주었다.

하지만 사우스웨스트가 2008년에 저가 정책을 버린 이후로 현재는 다섯 개의 신규 항공사들이 사우스웨스트와 경쟁 중이며 10년 넘게 성공을 거두고 있다.*** 허브가 은퇴한 이래 많은 것이 바뀌었겠지만 내가 고객으로서 알아차린 것은 사우스웨스트가 이제 믿을 만한 저가항공권을 제공하지 않는다는 사실뿐이다. 아메리칸 항공이 사우스웨스트보다 저렴하다는 사실을 처음 알게 됐던 순간이 생각난다. 처음에는 불안정하기로 악명 높은 아메리칸 항공의 예약 시스템이 오류를 일으킨 것인가 싶었지만 이내 분명한 패턴이 나타났다. 20년 동안 이어온 사우스웨스트에 대한 내 신뢰는 곧장 쓰레기통으로 날아가버렸다.

사우스웨스트는 지금도 여전히 고유한 혁신 요소를 많이 보유한 훌륭한 기업이고, 거대한 규모의 경제를 이루고도 여전히 잘 운영되고 있다. 하지만 사우스웨스트가 여전히 저가 정책을 유지했다면 과연 다른 항공사들이 얼마나 많이 살아남았을 수 있었을지 궁금해진다. 허브에게 물어보고 싶었지만 첫 만남에서 물어볼 용기가 나지 않았다. 기꺼이 시간을 내주었는데 큰 실례를 범하는 것 같아서 말이다 (유감스럽게도 내가 실수를 바로잡을 기회도 없이 허브는 얼마 전에 세상을 떠났다. 독자들에게도 허브에게도 죄송한 마음이다).

---

* 에어 플로리다, 에어트랜, ATA, 후터스 항공, 인디펜던스 항공, 메트로제트, 미드웨이, 내셔널, 퍼시픽 사우스웨스트, 펄 항공, 피플 익스프레스, 세이프 항공, 스카이버스, 스카이밸류, 송, 사우스이스트, 스트림라인 항공, 테드, 타워 항공, 벨루제트, 뱅가드, 그리고 웨스턴 퍼시픽 항공.

** 제트블루는 첫해에 JFK 공항에서 이착륙 횟수 75회를 확보해 엄청난 시장우위를 점했다.

*** 얼리전트 항공(Allegiant Air), 프론티어 항공(Frontier Airlines), 제트블루 그리고 스피릿 항공(Spirit Airlines). 버진 아메리카(Virgin America)도 성공을 거두었지만 알래스카 항공(Alaska Airlines)에 인수되었다.

한편 이케아는 근래에 창업자가 세상을 떠났지만 저가 정책을 버리기는커녕 계속 이어가고 있다. 그 결과, 이케아가 세계 가구 시장을 지배하고 있다. 경쟁이 엄청나게 치열한 중국에서조차 이케아의 비용과 품질을 흉내 낼 수 있는 기업은 없다.

기업가적 기업이 낮은 가격에 대한 철학을 저버리면 한동안은 많은 돈을 벌 수 있다. 하지만 높은 수익성은 또 다른 경쟁자를 불러들이고, 그 경쟁자가 시장에서 살아남으면 원조 기업은 더 이상 시장을 장악하지 못한다. 새로운 경쟁자가 원조 기업보다 낮은 가격을 실현하면 악재가 이중으로 겹친다. 돈과 고객 신뢰를 단번에 잃는 것이다.

수익성보다 중요한 것을 위하여

시장에서는 다들 서로를 모방하기 때문에 가격을 낮출 여력은 그리 많지 않다. 설사 일시적 우위를 점하더라도 경쟁자들이 이내 모방을 통해 따라잡으니 벌어놓은 돈을 얼른 은행에 저금해놓아야 할지도 모른다.

하지만 혁신 쌓기 전략을 갖춘 기업가적 기업은 낮은 가격을 추구할 수 있는 유연성이 있다. 혁신 쌓기 전략은 생산원가와 고객이 생각하는 상품 가치 사이에서 엄청나게 커다란 마진을 만든다. 경제학자들은 이 마진을 두고 마진 초과 가치(margin excess value)라고 부르는데, 이는 소비자 한 명이 이론적으로 기꺼이 내고자 하는 최대 금액을 나타낸다. 이 초과 가치를 넘지 않는 선에서 가격은 쉽게 조정될 수 있다. 그렇다면, 고객이 더 높은 가격을 낼 의사가 있다는데 가격을 올려도 되지 않을까?

실제로 경영대학원에서 가장 먼저 가르쳐주는 것이 효과적으로 가격을 조정하는 방법이다. 평범한 기업이라면 가격 인상이 타당한 선택이겠지만 사업가가 아닌 기업가에게 있어 이는 실수다. 내가 연구한 기업가들 중에는 경영대학원에 다닌 사람이 없었고 모두 낮은 가격을 선택했다. 허브가 해준 말로 이 장을 마무리하려 한다.

"우린 다른 기업들처럼 수익을 최대화하려 한 적이 없었네. 언젠가 잡지 인터뷰에서 기자가 '사우스웨스트는 어떻게 수익을 최대화합니까?'라고 물은 적이 있었어. 내가 '우리는 수익을 최대화하지 않습니다.'라고 하니 '수익을 최대화하려는 노력을 하지 않는다고요?'라고 반문하더군. 그래서 이렇게 대답했지. '당연하죠. 우린 업계 최저 가격을 제공하고 있는데 수익까지 최대화하려고 하면 가장 강력한 무기를 내어주는 셈이 됩니다. 낮은 가격 덕분에 낮은 항공료를 제공할 수 있다는 것 말이지요.'"

허브는 낮은 가격을 추구하고 경쟁에 반응하지 않는다는 것이 사우스웨스트 가격정책의 토대였음을 내게 설명하려 열심히 애썼다. "경쟁에 따라 가격을 바꾸면 다른 기업들에 반응하는 게 되고, 그렇게 했다면 저가항공사라는 우리 브랜드가 망가졌을 걸세."

파괴를
파괴하라

이 책의 앞부분에서 나는 모방이 세상에서 가장 강력한 힘이라고 말했다. 모방은 인간의 성향이기에 실리콘밸리처럼 세상에서 가장 혁신적인 조직에도 침투한다. 실리콘밸리에서는 대신 '모방'이 아니라 '파괴'라는 표현을 사용한다.

하나의 시스템을 파괴하기까지 하는 것을 어떻게 모방이라 할 수 있을까? 이는 초점의 문제다. 무언가를 파괴하는 것이 목표라면 적어도 무엇을 파괴하는지 알아야 한다. 하지만 파괴하고 싶은 산업 부문을 그냥 바라보기만 해도 무수히 많은 방법으로 그것을 모방하게 된다. 아이러니하게도 파괴에 초점을 맞추는 것 자체가 모방이 생각을 장악하게끔 하는 것이다. 시선이 머무는 곳에 생각도 머무는 법이다.

오랫동안 스퀘어는 결제 산업에 몸담은 경력자를 채용하지 않았다. 영업을 시작한 첫 주에 우리는 결제 산업 전문가를 고용해 조언을 받았는데, 곧바로 계약을 끝내버렸다. 우리는 업계를 모방할 생각이 없었는데 전문가의 조언은 전부 기존의 결제 산업에서 나온 것이었다. 원하지 않는 노하우를 배우기 위해 돈을 쓰는 건 바보 같은 짓이다. 창업 후 몇 년 동안이나 결제 산업 종사자 채용을 피한 덕분에 우리가 새로 만들고자 하는 일에 대해 일반적인 방식을 따르지 않고 자유롭게 생각할 수 있었다.

나는 3년 전에 이 책을 처음 쓰기 시작한 후로는 논픽션 책을 아예 읽지 않았다.* 훌륭한 책을 읽으면 나도 모르게 모방하게 될 것이 걱정돼서였다. 독창적 생각을 표현하기 위한 지적 자가격리였던 셈이다.

또 하나의 사라져가는 단어

이제 '파괴'는 '기업가 정신'만큼이나 진부한 단어가 되어서, 이 두 단어는 재활 센터의 룸메이트라 해도 될 정도다. 1997년에 클레이튼 크리스텐슨(Clayton Christensen)에 의해 보편화된 파괴적 혁신이라는 개념은 당시에만 해도 매우 새롭고 흥미로운 것이었다. 크리스텐슨

---

* 존 도어(John Doerr)가 쓴 훌륭한 책 『OKR, 전설적인 벤처 투자자가 구글에 전해준 성공 방식(Measure What Matters)』만은 예외였다. 내가 차린 새 회사도 OKR을 사용하기 때문이다.

이 말한 '파괴적 혁신'은 이제 줄여 그냥 '파괴'라고 불린다. 이런 지나친 단순화는 너무 극단적이다.

20년이 지난 지금, 파괴는 비즈니스계의 고과당 옥수수 시럽 같은 존재가 되었다. '순응'의 익숙한 맛을 숨기려고 투자설명회에 빠지지 않고 뿌려지고 기조연설에 남용되는 재료가 된 것이다. 오늘날 실리콘밸리에서는 해마다 사람들이 그냥 '파괴'라고 부르는 콘퍼런스까지 열린다. 나는 매달 기존 산업의 경제학을 파괴하겠다는 스타트업들의 투자설명회도 듣는다. 그들의 설명에는 경제의 보이지 않는 손이 자본을 재배치하는 대학살 이후에는 좀 더 나은 세상이 찾아오리라는 함축적 의미가 숨겨져 있다. 하지만 파괴가 항상 좋은 결과를 가져다주는 것은 아니다.

크레이그리스트는 신문사들의 주요 수입원이었던 안내 광고(classified ad, 신문이나 잡지 등에서 찾아볼 수 있는 짧은 텍스트로 된 광고. 주로 구인/구직이나 물건을 사고팔 때 이용한다 – 옮긴이)를 파괴했고, 그러자 신문사들은 기사 취재를 줄이고 기자들을 해고하는 것으로 반응했다. 그때 기자들이 일자리를 잃지 않았다면 더 많은 사건들이 밝혀지지 않았을까?* 알 수 없는 일이다. 파괴는 긍정적인 결과만 가져오는 게 아니다.

---

* 내가 가장 최근에 발견한 완벽한 문제인데, 이에 대해서는 invisibly.com을 참고하기 바란다. 과연 이 문제를 해결할 수 있을지는 잘 모르겠다.

파괴의 더 위험한 측면은 초점을 역행시킨다는 것이다. 최저가가 고객이 아닌 경쟁자에 집중한다는 의미인 것처럼, 파괴는 해체 또는 파괴되어야 하는 오래된 시스템에 초점을 맞춘다. 기존 시스템 중에는 파괴되어야 마땅한 것도 있으나, 기존의 것을 파괴하려다 보면 기업가 정신의 초점인 창의적인 혁신에서 멀어진다. 그런 방법이 전부인 것이 아니다.

역사 속의 훌륭한 기업가들을 연구하면서 나는 예상치 못한 파괴와 말살이 엄청나게 많이 발견될 것이라 생각했다. 그런데 오히려 긍정적인 것들이 훨씬 많았다. 기업가적 기업의 대다수는 기존의 기업들이 가진 고객을 훔쳐 오지 않고 아예 새로운 사람들을 시장에 끌어들였다. '낙관주의', '혁신', '수용'이 바로 시장을 확장하는 이들이 사용하는 단어다. 파괴라는 단어는 이제 파괴되어야 한다.

스퀘어는 아무것도 파괴하지 않았다

잭과 나는 신용카드 결제 시스템 피라미드의 맨 아래에 새로운 고객층을 추가하겠다는 목표를 갖고 출발했다. 이 글을 쓰고 있는 지금, 스퀘어를 이용하는 소상공인들은 미국 전역 신용카드 가맹점의 상당 부분을 대표한다. 물론 레모네이드 판매대와 내 친구 밥도 포함해서 말이다. 하지만 스퀘어는 기존의 기업들이나 그들이 이용하는 신용카드 결제 서비스 업체들을 파괴시키지 않았다. 10년간에 걸쳐 스퀘어와 우리 고객들은 피라미드의 가장 아랫부분을 창조했다. 실리콘밸리에서는 스퀘어가 파괴적인 기업이라고 말한다. 도대체 우리가 무엇을 파괴했다는 걸까?

우리가 시장에 진출했던 2009년 당시 하트랜드 페이먼트 시스템(Heartland Payment Systems)은 역사상 최대 규모의 데이터 유출 사건 때문에 간신히 살아남은 채로 파산 직전에 놓여 있었다. 하지만 10년이 지난 지금도 하트랜드는 여전히 영업 중이다. 스퀘어가 처음 나왔을 때 영업하고 있던 주요 신용카드 결제 기업들 전부 마찬가지다. 물론 다른 기업에 인수된 기업도 있지만 그것은 신용카드 산업이 처음 등장했을 때부터 쭉 있어온 일이다. 어떤 면에서 스퀘어는 페이팔과 직접적으로 경쟁한다고 할 수 있지만 페이팔은 스퀘어가 처음 나왔을 때보다 엄청나게 더 커졌다. 그런데 도대체 스퀘어가 무엇을 파괴했단 말인가?

시장은 무한하다

영국의 해안선은 얼마나 길까? 이 유명한 문제의 답은 '어떻게 재느냐에 따라 다르다'.[1] 시장은 무한하다. 만약 유한하게 느껴진다면 이는 기존 시장에 대한 선입견 때문이다. 기존 시장의 테두리 안에서 보면 벽은 견고하고 시장은 유한한 것 같다. 나중에 뒤돌아보면 터무니없는 생각이지만 당시에는 정말로 그렇게 느껴진다. 그러나 혁신과 기업가 정신이 합쳐지면 성벽은 광활한 지평선으로 변한다.

사우스웨스트가 처음 세상에 나왔을 당시에는 돈 많은 사람만 비행기를 타고 싶어 한다는 '통찰'이 지배적이었다. 물론 당시에 비행기 탑승은 돈이 많아야만 가능한 일이었지만 그렇다고 그것이 보통 사람들은 지상에만 있고 싶어 한다는 뜻은 아니었다. 파괴하는 사람들이 생각해봐야 할 질문은 이것이다. 사우스웨스트가 새로운 고객들을 항공 산업에 유입시키는 데 성공했다는 사실이 다른 항공사들을 파괴했는가?

공산국가에서는 아닐 수도 있겠지만 항공 산업은 매우 많은 파괴가 이루어진 산업으로 간주된다. 사우스웨스트의 창업 이래 미국에서는 약 200개의 항공사가 파산했다. 그것이 과연 사우스웨스트가 일으킨 파멸이었을까? 흥미롭게도 정반대였다. 사우스웨스트의 성공은 다른 항공사들을 살렸다.

허브 켈러허는 나와의 대화에서, 사우스웨스트는 다른 항공사들을 망하게 하지 않았음은 물론 오히려 여행자의 수가 늘어나는 데 이바지했다고 자랑스럽게 말했다. "사우스웨스트가 댈러스-휴스턴 구간 운항을 시작했던 1971년 당시 그 구간은 미국에서 34위의 시장이었어. 그런데 1년 후에는 4위가 됐지. 다시 말해, 사우스웨스트는 그전까지 비행기를 한 번도 타보지 않은 사람들을 비행기에 태운 거야.

그러자 놀랍게도 그 구간을 이용하는 다른 항공사의 손님 숫자도 늘어났지. 우린 다른 항공사들의 손님을 빼앗은 게 아니라 시장을 성장시킨 거야." 허브의 말에 따르면 그 효과는 댈러스-휴스턴 구간에서만 일어난 것이 아니었다. "사우스웨스트가 새로 진출하는 항로는 첫해에 이용자 수가 평균 272퍼센트 늘어났다네."

하지만 사우스웨스트가 항공 산업에 그렇게 긍정적인 영향을 끼쳤는데 TWA(Trans World Airlines), 팬 암(Pan Am), 브래니프, 유나이티드, 콘티넨털, 노스웨스트(Northwest Airlines), US 항공(US Airways) 등 200개가 넘는 미국 항공사들은 왜 파산했을까? 사우스웨스트가 아니라 규제 완화가 문제였다는 것이 정답이리라. 1978년 미국 정부가 항공 산업의 규제를 완화시키자 잘나가던 항공사들의 성장이 멈춰버렸다. 차 뒤에 바짝 따라붙는 오토바이가 멈춰 서는 속도보다 더 빠르게.

즉, 다른 항공사들이 파멸에 이른 것은 사우스웨스트가 시장에 진입했기 때문이 아니라 40년 만에 정부의 시장 보호가 풀려서 생긴 혼란 때문이었다. 이는 사우스웨스트와 직접적으로 경쟁하지 않은 팬 암 같은 국제 항공사가 파멸한 이유를 설명해준다.

이케아가 가구 시장을 파괴했을까? 자료를 보면 역시나 그렇지 않다. 2015년에 이케아의 첫 매장이 문을 연 한국이 훌륭한 예에 해당한다. 이케아가 한국에서 영업을 시작하자 한국의 가구 브랜드 한샘과 일룸은 매출이 약 10퍼센트나 증가했다. 20년 동안 정체되어 있

던 한국의 가구 시장이 이케아가 들어선 해에 전례 없는 7퍼센트의 성장률을 보인 것이다.[2]

파괴가 있었을까? 한국의 여러 가구업체가 사라지기는 했다. 2011년부터 2016년까지 가구업체 중 거의 절반이 문을 닫았으니까. 하지만 한국 가구 시장의 침체는 이케아가 입성하기 4년 전부터 시작되었으므로 이케아가 원인이라고만은 할 수 없다.

내가 연구한 기업들 가운데 기존의 시장을 파괴한 기업이 있다면 뱅크 오브 이탈리아일 것이다. 우리가 오늘날 알고 있는 은행의 특징은 대부분 지아니니와 그의 팀이 발명했다. 그들이 만든 모델은 세계의 은행들을 장악했고 결국에는 모든 은행이 모방했다. 그런 변화에는 수십 년이 걸렸고 소수의 엘리트만 상대하던 기존의 은행 모델은 거의 종말에 이르렀다. 하지만 뱅크 오브 이탈리아와 함께 영업했던 다른 은행들 자체는 파괴되지 않았다. 뱅크 오브 뉴욕(Bank of New York), 체이스, 시티뱅크(Citibank), 시티즌(Citizens), 피프스 써드(Fifth Third), 골드만 삭스(Goldman Sachs), 행콕(Hancock), 라자드(Larzard), M&T, 멜론(Mellon), 노던 트러스트(Northern Trust), 오펜하이머(Oppenheimer), PNC, 리전스(Regions), 웰스 파고(Wells Fargo) 같은 은행들이 한 세기가 지난 지금까지 여전히 존재하고 있다.

파괴는 나쁜 것일까? 그 자체로는 나쁘지 않다. 하지만 파괴는 선한 기업가의 초점이었던 적이 없다. 이 책에 소개된 기업가들은 무언가를 파괴하기 위해서가 아니라 새로 만들기 위해 출발했다. 파괴에 집중하면 과거를 돌아보는 셈이 된다. 하지만 완벽한 문제를 해결하거나 시장을 확장하려면 그 시장을 공부해야 하는 것 아닐까? 아니다. 고객을 보면 되니까. 좀 더 정확하게는 당신의 제품을 아직 알지 못하거나 서비스를 사용하지 못하는 잠재적 고객을 봐야 한다.

소설가 윌리엄 깁슨(William Gibson)은 "미래는 이미 와 있다. 단지 널리 퍼져 있지 않을 뿐이다."라는 유명한 말을 했다. 깁슨의 말은 불공평한 상황을 묘사하지만, 그 말에는 희망찬 약속이 들어 있다. 비록 지금은 소수만이 새롭고 멋진 발명품을 즐기고 있지만 미래에는 그것이 모두에게 전달될 것이라는 약속 말이다. 과연 누가 그것을 전달해줄까?

그 미래를 전달하는 것은 기업가다. 기업가가 만드는 기업은 무언가를 파괴하지 않는다. 기업가는 자기 몫의 미래를 기다리는 사람들을 위해 시장을 확장한다. 만약 파괴가 일어난다면 그것은 부작용일 뿐이다. 기업가의 초점은 대출을 받지 못하거나 비행기를 타지 못하거나 집 안을 꾸미지 못하거나 신용카드 결제를 이용하지 못하는 사람들에게로 향한다. 기업가의 시선은 벽 너머 지평선에 머무른다. 기업가가 기존의 시장을 응시하는 이유는 모방하거나 파괴하기 위해서가 아니라 얼마나 혁신할 수 있는지 알기 위해서다.

CHAPTER 16

감정을
다루는 법

우리는 남이 만든 해결책 안에서 인생의 대부분을 보낸다. 그래서인
지 해결되지 않은 문제는 해결될 수 없다고 자주 생각한다. 그러나
이런 생각은 틀렸다. 잘못된 것이다. 이미 시도된 적 있는 일에만 자
신을 제한할 필요가 없음을 보여주는 것이 이 책의 목적이다. 당신
은 기업가가 될 수 있다. 하지만 기분은 이상할 것이다. 기업가에게
따라오는 불편한 감정들에 대해 정신적으로 잘 대처할 수 있도록, 이
장에서는 내가 기업가로서 느끼는 감정에 대해 말해보려 한다.

　감정은 지극히 개인적인 부분이라 연구하기가 어렵다. 내 경우에
는 다행히 이 책에 많은 영감을 준 허브 켈러허를 직접 만나볼 수 있
었으나, 사실 허브 같은 기업가는 매우 드물기 때문에 다른 기업가들
은 그저 역사 자료를 통해서만 만났다. 하지만 그런 자료는 대개 인

상적인 사업 통계와 가끔 나오는 놀라운 이야기로 이루어진다. 지아니니나 샘 월턴(Sam Walton, 미국의 대형 소매유통업체 월마트와 샘스 클럽의 창업자-옮긴이), 앤드루 카네기와 단 한 시간만이라도 만날 수 있다면 얼마나 좋을까? 그런 기회가 주어진다면 나는 그들에게 어떻게 성공했는지가 아니라, 기업가의 길을 걸으며 어떤 기분이었는지 물어볼 것이다.

역사적 기록에 감정적인 부분이 빠져 있는 것은 당연한 일이다. 미국인들은 감정에 대해 잘 이야기하지 않는 데다 대부분의 인터뷰는 기업가가 크게 성공한 후에만 이루어지니까. 기자가 "이제 지구상에서 가장 영향력 있는 사람 중 한 명이 되었으니 당신의 내면에 있는 아이에 대해 말해주세요."라고 말하는 모습은 상상하기 어렵다. 하지만 그것이야말로 내가 진정으로 알고 싶은 것이었다. 기업가들은 어떤 기분을 느꼈을까? 무서웠을까? 왜 포기하지 않았을까? 나의 멘토에게 물어보고 싶었지만 그는 내가 태어나기 전에도 세상을 떠났다. 그래도 나는 물어보았다.

겸손함이 우리를 도전으로 이끈다

당신이 지아니니를 모를 수도 있는 이유는 그가 살아간 방식과 그가 한 일 때문이 아니다. 그가 죽은 방식과 하지 않은 일들 때문이다.

그는 불타는 무법천지의 도시로 들어가 짐수레 두 대에 금을 실어 나른 사람이고 물건을 계약하려고 강을 헤엄쳐 건너는 사람이었다. 외모도 리더십도 생활방식도 슈퍼히어로 같았고, 언어를 극적으로 사용하는 재주도 있어서 "어떤 사람도 실제로 돈을 소유하지 않는다. 돈이 그를 소유한다."라는 말도 했다. 사실 지아니니의 명언은 대부분 화강암에 새겨질 만하다. 그러나 화강암에서 절대로 찾을 수 없는 것이 하나 있으니 바로 그의 이름이다. 지아니니는 정말로 겸손했다.

지아니니는 거대한 재단을 남기지도 않았고 상속자들에게 엄청난 재산을 물려주지도 않았다. 그가 맨손으로 설립한 세계 최대 은행에는 그의 명패가 걸린 사무실조차 없었다(뱅크 오브 이탈리아는 매니저들을 고객들과 함께 앉힌 것으로 유명하다). 지아니니는 1945년에 은퇴하면서 재산의 절반은 의학 연구비로, 나머지는 뱅크 오브 아메리카 직원들을 위한 장학금으로 기부했다. 그는 "내가 죽은 후에 다른 사람이 쓸 돈을 왜 쌓아두어야 하는가?"라고 반문했다. 1949년 그가 세상을 떠났을 때 남긴 재산은 43만 9,278달러로 기업 오너치고는 무척이나 적었다. 그는 끝까지 겸손했던 것이다.

지아니니는 세계 최고의 부자가 될 수도 있었다. 그러나 그는 평범한 백만장자가 되는 길조차 선택하지 않았다. 그는 평범한 사람들과 자신을 따로 떼어놓을 수도 있었지만 그것과는 정반대로 행동했고, 성공을 자랑할 수도 있었지만 세상의 관심을 피했다. 이런 그의 행동을 살펴보면 요즘 기업가와는 반대되는 단어이자 잘 사용되지 않는 단어가 떠오른다. 바로 '겸손'이다.

겸손은 평범한 곳에 숨어 있는 특이한 새 같다. 전문가가 시뻘게진 얼굴로 "내가 제일 겸손해!"라 외치는 모습은 절대 볼 수 없다. 하지만 찾으려 들면 쉽게 찾아진다. 지아니니는 "아무리 적은 금액이라도 정기적으로 저축하는 봉급생활자나 영세사업자가 우리 은행의 가장 소중한 고객이다."라고 말했다. 캄프라드는 가난한 이탈리아 노동자의 집에서 부자들만 아름다운 가구를 가지라는 법은 없다고 생각했다. 허브 켈러허는 사우스웨스트의 저렴한 항공료 덕분에 아이들이 할머니, 할아버지 집에 갈 수 있어서 기쁘다고 내게 말했다. 이 위대한 기업가들은 사람들과 연결되어 있었다.

겸손과 배짱은 동맹 관계다. 모른다는 것을 인정하면 이미 알려진 세상의 속박으로부터 생각이 자유로워진다. 실제로 새로운 도전을 하려면 우선 자신의 해결책이 성공하지 못할 수 있음을 겸손하게 인정하고, 그럼에도 대담하게 시도해야만 한다. 자만과 과신은 이미 해결된 문제의 세계로 우리를 국한한다.

기업가가 되기 위한 자격증 같은 것은 없다. 겸손이 우리가 미지의 세계로 들어가는 첫걸음을 내딛게 해줄 뿐이다.

두려움을 피하지 마라

인간은 자립심을 찬양하지만 무리를 지어 사는 동물이기도 하다. 우리는 끊임없이 곁눈질하며 자신이 주변 사람들과 너무 다르게 행동하고 있지 않다는 점을 확인한다. 인간은 남들과 똑같이 행동할 때 안전함을 느끼고, 당연한 말이지만 남들과 너무 다르게 행동하면 두려움을 느낀다. 적어도 나는 그렇다.

사람들은 자신이 위험에 처했을 때 대담하게 행동했던 경험을 이야기하고는 한다. 사실일 수도 있지만 멋있게 보이려고 일부를 살짝 각색한 것인지도 모른다. 진실이 어떻든 나는 두려움을 버리는 방법을 배우지 못했다. 하지만 무서울 때도 효율적으로 일하는 방법은 배웠다. 사실대로 말하자면, 두려움 때문에 손에 땀을 쥐지 않고는 하지 못했을 그런 일들도 있었다.

이 책이 단순한 경제경영서였다면 다들 느릿느릿 움직일 때 과감하게 경쟁자들을 모방하라고 했을 것이다. 하지만 이 책은 기업가 정신에 대한 책이다. 기업가적 기업은 절대 남과 똑같이 행동하지 않는다. 혁신을 추구하면 집단이 주는 편안함이 사라져 두려움을 느끼게 되지만, 그 두려움에 대처하는 법을 배워야 한다.

나는 두려워하지 말라고 하지는 않을 것이다. 이미 말했듯 나도 두려움을 떨쳐내는 방법을 배우지 못했으니까. 대신 두려워도 할 일을 하는 법을 배웠고 그것으로 충분한 것 같다. 믿기 힘들겠지만 제대로 통제할 수만 있다면 두려움은 경쟁에서 큰 우위가 될 수도 있다. 침대 밑에 숨어 있는 괴물에게 청소를 시킬 수 있다는 이야기다.

두려움 속에서 배워라

눈가리개를 하고 차 뒷좌석에 던져졌을 때는 그리 무섭지 않았다. 형이 내게 눈가리개를 채웠고 아버지가 운전대를 잡았다. 친구 몇 명과 친척들도 함께 차에 탔다. 하지만 눈가리개를 풀자 두려워지기 시작했다. 나는 이륙 준비가 된 경비행기와 조종 교관이 있는 활주로에 서 있었다. "타렴. 비행기를 조종할 테니."

나는 어려서부터 비행기, 특히 작은 비행기를 무서워했다. 하지만 가족 모두가 지켜보고 있어서 차마 거부할 수가 없었다(할아버지와 삼촌이 GPS와 기상 레이더가 없던 시절부터 조종사였다). 비행기가 날아올랐다. 내 머릿속에는 분명 30분 안에 엔진이 고장 나거나 조종 교관이 갑자기 뇌동맥류를 일으킬 것이라는 생각뿐이었다. 나는 착륙한 뒤에야 온 가족이 돈을 모아 내게 파일럿 훈련을 받을 기회를 마련해줬다는 사실을 알게 되었다. 그렇게 나는 비행기 조종법을 배웠다. 내내 겁에 질려 있기는 했지만.

두려운 상태에서 기술을 배울 때의 좋은 점은 확실하게 배울 수 있다는 것이다. 경비행기를 조종한 지 이제 15년째인데, 조종석에 앉았을 때 두려움이 느껴지지 않은 적은 단 한 번도 없었던 것 같다. 그 두려움이 현실이 될 뻔한 적도 두 번이나 있었다. 두 번 모두 나는 일련의 과제를 매우 빠르게 수행해야 했고, 두 번 모두 이대로 죽을까 봐 두려웠다. 하지만 좋은 소식이 있다. 두려운 상황 속에서 어떤 기술을 행하는 방법을 배우면, 유사한 상황이 닥쳤을 때 그 기술을 반복하기가 매우 쉬워진다. 나는 압박감 속에서 비행기를 다루는 일에 완전히 익숙해졌다. 다른 조건에서는 비행해본 적이 없으니까.

두려울 때 행동하는 방법에는 기본적으로 두 가지가 있다. 그 자리에서 얼어붙거나 혹은 행동하거나. 얼어붙으면 안 된다. 조종실에서 얼어붙으면 확실히 죽는다. 그래서 파일럿 학교에서는 비행기를 계속 조종하라고 가르친다.* 얼어붙지 않는 한, 두려움은 당신의 친구가 됨과 동시에 훌륭한 동기부여가 된다.

우리는 '안전지대를 벗어나라'라는 조언을 무수히 많이 듣는다. 그 말 자체가 거의 무의미해질 정도로. '안전지대'는 어린아이에게 타인의 신체접촉을 좋은 것과 나쁜 것으로 나눠서 가르칠 때나 쓰는 표현이니 그냥 '불편함에 편안해지기'라고 하자. 두려움과 불편함에 익숙해져라. 이런 식으로 생각해보자. 지금까지 한 번도 해본 적 없는 일을 할 때는 리허설 기회가 주어지지 않는다. 하지만 긴장과 초조함

---

* 파일럿 학교에서는 육체를 무시하라고도 가르친다. 구름 위를 나는 조종사들은 온갖 이상하고 부정확한 감정을 경험한다. 위로 올라가고 있는데 급강하하는 기분이 들어 시동을 끄려고 할 수도 있다. 파일럿들은 육체를 무시하고 훈련받은 내용을 믿는 훈련에 무수히 많은 시간을 투자한다.

이 느껴질 것은 분명하니 그것과 관련된 부분만큼은 연습해라.

꼭 생명을 위협하는 조건에서 연습할 필요는 없다. 나는 낯선 사람들과 대화하면서 연습한다. 세상 사람의 절반 정도는 이 일을 불편해할 것이다. 낯선 사람의 숫자를 늘려 강도를 조절할 수 있는데, 그래서 지금은 강연을 많이 한다. 한번은 관객 앞에 섰는데 너무 무서워 그야말로 무대 위에서 얼어붙고 말았다. 입이 떨어지지 않았고 어찌된 일인지 침샘이 손바닥으로 옮겨 간 듯했다. 손은 젖고 입은 바짝 말랐다. 결국 청중석에서 누군가 올라와 나를 무대 밖으로 데리고 나가주었다. 지금은 강연 경험이 많이 쌓였고 사실 재미도 있지만 손에서 땀이 나는 것만큼은 여전하다.*

이것이 기업가가 되는 것과 무슨 관계가 있느냐고? 두려움은 혁신의 일부분이고, 안전한 곳인지 확인할 수 없을 때 나타나는 당연하고 적절한 반응이다. 진정으로 혁신을 이루어냈을 때 받게 될 피드백에 대비하는 것은 불가능하지만 적어도 자신이 느낄 감정에는 대비할 수 있다.

---

* 유리 공예도 비슷하다. 움직임을 취해야만 하는, 다시는 돌아오지 않는 순간이 있다. 그 순간이 다가올수록 나는 초조해진다. 나는 말을 할 때도 비행을 할 때도 초조함을 느낀다. 아내가 "무슨 말이든 좀 해봐."라고 할 때도 그렇고, 음성 메시지가 다섯 통이나 와 있을 때도 그렇고.

사람들의 박수를 기대하지 마라

두려움은 기업가들의 동반자다. 그런데 때로는 그 두려움만이 그들의 유일한 동반자인 경우도 있다.* 피드백, 특히 긍정적인 피드백은 혁신보다 훨씬 뒤늦게 온다. 정말로 혁신적인 무언가를 하고 있다면, 진정 필요할 때 그것이 혁신이라고 말해주는 어떤 증거도 얻지 못할 것이다. 수많은 피드백들, 특히 긍정적인 피드백에 익숙한 사람이라면 혁신을 추구할 때 마치 무향실(無響室)에 들어온 기분일 것이다. 아무런 반향도 없으면 사람이 미칠 수도 있다.

이렇게 시작할 때 느끼는 혼란은 마침내 자신의 길을 찾게 된 이후에는 잊어버리기 쉽다. 다음의 의사결정 트리에 대해 생각해보자. b에서 뒤돌아보면 지나온 길이 분명해 보이지만, 어디로 가야 하는지 모르는 a에서는 모든 예측이 무모할 뿐이다.

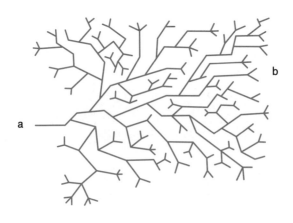

기업가에게 쏟아지는 칭찬과 찬사는 그들이 성공한 다음에야 도착한다. 잔인할 정도로 아이러니한 일이다. 총에 맞은 뒤 회복기념 선물로 방탄조끼를 받는 것처럼.

혁신은 한 덩어리

정신적으로 가장 큰 난제는 이 여정이 얼마나 오래 계속될지, 내가 이걸 과연 끝낼 수 있을지 전혀 모른다는 사실일 것이다. 훌륭한 통찰을 나누어주고 싶지만 내가 해줄 수 있는 최선의 말은 나도 새로운 도전을 할 때마다 어김없이 초조함을 느낀다는 것이다. 과거에 거둔 성공은 내 머릿속에서 이런 말을 증폭시킬 뿐이다. "그때는 운이 좋았을 뿐이잖아. 아직 다른 사람들은 그걸 모르니까 이쯤에서 빨리 그만두자."

나는 이 책에서 혁신이라는 단어를 200번 이상 사용했는데 항상 '시멘트' 같은 단어처럼 불가산 명사로 사용했다. "시멘트 한 개가 더 필요해. 그렇지 않으면 건물이 무너질 거야."라는 말은 누구도 하지 않을 것이다. 혁신은 한 덩어리다. 나는 당신이 혁신의 상호연결성을

---

* 이 사실을 증명하는 데이터는 없다. 그저 훌륭한 일을 해낸 사람들과 30년 동안 솔직한 대화를 나눠본 경험에서 나온 사실이다.

깨닫기를 바란다. 혁신은 이전의 혁신에서 시작되고, 또 다른 혁신이 불가피한 상황을 만든다. 혁신의 모든 요소가 서로 연결되어 있음을 알아보는 훈련을 한다면 다른 사람들이 놓치는 것을 볼 수 있다. 승객들이 비행기에 탑승하는 방법이 바뀌면 그 변화가 조종사와 비행기표, 예약, 좌석, 공항, 비행기, 기내식에도 영향을 준다는 사실을 알게 될 것이다. 이러한 사고방식은 무리로부터 이탈하는 무서운 순간을 대비하는 데도 도움이 된다. 혁신은 강력한 한 덩어리이자 강력한 난제이기도 하다.

그렇다. 혁신은 해결책을 베끼거나 한두 개의 발명품을 만드는 일보다 어렵다. 그러나 일단 해놓고 나면 경쟁자는 당신을 쉽게 모방할 수 없다. 그렇다. 그 과정이 얼마나 걸릴지는 알 수 없다. 그러나 탐험은 관광보다 더 흥미진진하다. 그렇다. 성공은 보장되지 않는다. 그러나 그것이 승리가 더욱 값지게 만든다. 그렇다. 새로운 시장 수요를 맞추기 위해 성장을 이뤄내야만 한다는 압박감을 겪을 것이다. 그러나 그 시장을 혼자 차지할 수 있다. 그렇다. 가격을 낮게 유지해야 한다. 그러나 수십 년 동안 경쟁자 걱정을 하지 않아도 된다.

불편함에 익숙해지고 계속 나아가라.

전문가가 될 필요는 없다

기업가 정신에 동반되는 또 다른 감정은 당면한 과제에 전혀 준비되어 있지 않다는 느낌이다. 적어도 내 경우에는 그렇다. 모방하고 싶은 충동과 전문성에 대한 숭배는 밀접하게 연결되어 있다.

결국 전문가란 우리가 모방하고자 하는 사람이다. 하지만 전문가들은 성벽으로 둘러싸인 도시 안에서만 산다. 전문성은 오로지 알려진 것에만 존재하기 때문이다. 전문가가 되어 왕이 내리는 작위를 받게 될지도 모른다. 그래도 죽을 가능성은 있다. 작위 수여식에서 오줌을 참다가 방광이 터질지도 모르니까.* 성벽 밖에는 전문가가 없다. 생존자와 뼈 무더기만 있을 뿐이다.

기존의 비즈니스를 점진적으로 개선하는 것이 목표라면 해당 부문에 대해 갖고 있는 전문지식은 확실히 유용하다. 점진적인 개선은 대담한 혁신보다 실패 가능성이 훨씬 적고, 전문지식은 투자금 유치를 가능케 해준다. 만약 당신이 오랜 경험을 바탕으로 무슨 일을 계획한다면 내가 당신의 회사에 투자할 가능성은 분명 높을 것이다. 하지만 모방하지 않는다면 어떨까? 전문가가 될 수나 있을까?

변호사가 되어야 항공사를 경영할 자격이 생기는가? 유리공예가

---

* 천문학자 티코 브라헤(Tycho Brahe)는 왕의 연회에서 자리를 비울 수 없어 소변을 참다가 방광이 터져서 죽었다.

나 마사지 치료사라는 직업이 있어야 결제 기업을 운영할 자격이 주어지는가? 농산물 판매업자에게는 은행을 운영할 자격이 있는가? 열일곱 살이 넘어야만 뭔가를 할 수 있는가?* 기업의 CEO가 "세계에서 가장 큰 은행을 만들고 싶으니 인사과는 상추 파는 사람들과의 면접을 주선하십시오."라고 말하는 것을 상상할 수 있는가?

새로운 무언가를 창조하고 싶지만 전문지식이 부족하다며 망설이는 이들을 자주 본다. 맞는 말이지만 전문지식이 전부는 아니다. 전문지식이 없는 것은 지구상의 모든 사람이 마찬가지다. 세계 최고의 혁신가들도 그들이 해낸 일에 대한 공식적인 자격 같은 것은 갖추지 않았음을 알게 된다면 완벽한 문제가 활짝 꽃필 것이다. 혁신에는 전문가가 없다.

전문성 숭배의 문제는 '난 너무 몰라……' 같은 마음속 평계를 만들어낸다는 것이다. 이 평계는 다음의 말을 굳이 입 밖으로 꺼내지 않더라도 속으로 속삭이게 만든다. '그러니까 도전하면 안 돼.' 나는 사람들이 대신 이렇게 생각하길 원한다. '그래도 성공한 후에는 잘 알게 될 거야.'

당신은 자신이 기업가로서의 자격이 없다고 느끼는가? 나도 마찬가지다. 자격은 오직 성공 경험에서 비롯되는데, 해결되지 않은 문제에 대해서는 성공의 경험이 존재할 수 없다. 자격은 모방의 세계에서

---

* 이케아를 창업했을 당시 미성년자였던 캄프라드는 사업자 등록을 위해 어른의 서명이 필요했다.

만 중요할 뿐 기업가 정신의 세계에서는 중요하지 않다. 자격이 갖춰지기만을 기다리고 있는가? 그럼 벌써 누가 해봤던 일에 도전할 자격만 얻을 수 있을 뿐이다.

전문성이 기업가 정신의 전제조건이 아니라면 기업가의 중요한 자질은 무엇일까? 기업가에게는 성벽 밖에서 번창할 수 있는 고유한 특징이 있을까? 고집만 있다면 그런 특징을 배울 수도 있을까?

나아가기 위해서는 고집이 필요하다

종종 고집불통으로 보이는 끈기는 내가 연구한 기업가들에게서 나타나는 가장 공통적인 특징인 듯했다.

지아니니는 이런 말을 한 적이 있다. "세상에는 세 가지 유형의 정치인이 있다. 설득할 수 있는 사람, 협박할 수 있는 사람, 매수할 수 있는 사람."[1] 당신이 지아니니에게 방해가 된다면 그는 당신과 친구가 되거나 당신을 괴롭히거나 당신을 매수할 것이다. 그는 어쨌든 방해물을 치워버릴 것이다.

나와의 인터뷰에서는 훌륭한 투사의 모습을 보이지 않고 매우 겸손했지만, 허브 켈러허에게도 확실히 지아니니와 비슷한 투지가 있었다. 그 증거로 사우스웨스트가 자금난에 허덕이면서 법정 공방에 시달렸던 절망적인 1969년을 살펴보자. 허브는 이사회에 이렇게 말했다. "여러분, 한 차례 더 싸워봅시다. 나는 법정에서 계속 사우스웨스트를 변호할 것이고, 변호사 수임료를 한 푼도 받지 않을 것이며, 소송에 드는 비용 역시 전부 다 내 주머니에서 내겠습니다."[2] 그 후 허브는 법정에서 적들과 치열한 싸움을 벌였다. 지역 신문들은 단순히 재미를 위해 재판 방청을 권유하기까지 했다.

기업가의 고집은 역동적이다. 고집은 변화를 거부하기 위해 부릴 수도 있지만 행동하기 위해 부릴 수도 있다. 고집은 단지 자신이 옳다는 생각이 아니라 앞으로 나아가야 한다는 열망이기도 하다. 그런 에너지는 어디에서 나올까? 그 답은 기업가의 출발점인 '완벽한 문제'로 다시 돌아간다. 당신이 깊은 관심을 기울이는 무언가로.

다시 완벽한 문제로

만약 당신이 도시를 떠나기로 하거나 어떤 이유에서든 성벽 밖으로 나가게 된다면, 무엇이 당신을 계속 나아가게 할까? 당신은 포기하라는 신호를 무시할 수 있을까? 당신에게 정말로 중요한 것은 무엇일까? 아마 돈이나 명성은 아닐 것이다.

돈과 명성이 부여하는 동기는 약하다. 그런데도 이 두 가지가 과대평가되는 이유는 측정하기 쉬워서다. 안에서 보는 것보다 밖에서 보면 더 좋아 보인다. 이것들의 규모는 무한대로 커질 수 있지만 때로는 줄어들기도 하고 마이너스가 되어 돌아오기도 한다. 또 때로는 너무 부자가 되거나 유명해질 수도 있지만 그렇다고 해서 그것을 만들어준 사람에게 불평할 수도 없다.

지아니니는 이미 서른한 살에 은퇴를 해도 될 만큼 부자였지만 힘 없는 사람들을 돕고자 은행을 차렸다. 아버지를 잃은 이민자의 아들인 그는 자신이 너무도 잘 아는 사람들을 돕고 싶었다. 우리는 그의 동기를 그저 추측할 수 있을 뿐이지만 분명히 돈 때문은 아니었다. 내 생각에 그는 바로잡고 싶은 문제를 발견했던 것 같다.

문제는 아름다운 것이다. 특히 동기부여에 관한 한 더욱 그렇다. 이유야 어떻든 어떤 문제에 깊은 관심을 기울인다면 동기는 무한히 부여될 수 있다. 문제는 명백하다. 내가 자동차에서 생활하는 친구를 보고 깨달았듯 말이다. 굳이 전문가가 알려주지 않아도 당신은 보는 순간 그것이 문제임을 저절로 알 수 있다. 진짜 문제는 명백하다.

문제는 넘쳐난다. 좋은 창업 아이디어를 찾고 있다면 지난달에 속 상한 일이 무엇이었는지 생각해보자. 나는 유리공예품을 판매할 기회를 놓쳐서 정말 속상했고, 신용카드 회사에 당했다는 생각이 내 신경을 긁어놓았다. 신용카드 결제 회사들의 복잡한 명세서도 거슬렸다. 왜 마음대로 내 돈을 가져가는지 이해되지 않는다는 사실이 신경 쓰였다.

당신이 문제를 선택한다고 해서 그걸로 다 되는 것은 아니다. 문제도 당신을 선택해야 한다. 다시 말해, 다른 사람들에게도 있을 수 있는 문제를 선택하지 말고 자신이 안고 있는 분명한 문제를 선택하라. 나는 올바른 문제를 발견하는 순간 더 이상 분노를 느끼지 않고 힘이 차오르는 것을 느낀다.

나는 젊은 세대보다 노인층에 더 관심이 많다. 물론 살아갈 날이 몇 달밖에 남지 않은 사람들보다 수십 년 남은 이들을 돕는 것이 더 유용한 일이고 그에 대한 논리적인 이유도 몇 가지 댈 수 있을지 모른다. 하지만 왠지 노인들을 돕는 일은 나에게 동기를 부여한다. 나는 영유아 보육시설보다 요양원에서 더 훌륭한 자원봉사자가 될 수 있는 사람이다. 이렇듯, 분노와 끌림은 우리가 택할 수 있는 것이 아니다.

자신에게 중요한 문제를 푸는 것은 마법 같은 일이기도 하다. 이 일에 따른 보상은 당신 내면에서 이루어진다. 당신은 사람들로부터 "잘했어."라는 말을 듣거나 은행 문에 자신의 이름을 붙일 필요가 없다. 당신 자신이 알고 있으니 말이다. 당신이 한 일을 아는 사람은 당신 자신뿐이라 해도 만족감은 줄어들지 않는다. 내게 대단히 중요한 문제를 해결했을 때 느끼는 기쁨은 너무도 커서 굳이 다른 사람에게 설명할 필요가 없다. 설명한다 해도 남들은 이해하지 못할 것이다.

이제 막 발걸음을 내딛는 이들에게

갑자기 우리가 이겼다. 승리할 당시에는 우리 스퀘어가 어떻게 아마존을 이겼는지 전혀 몰랐다. 하지만 5년이 지나 이 글을 쓰고 있는 지금은 분명한 패턴이 보인다. 우리는 이제 아무도 해결하지 못한 문제에 집착하는 것이 어떤 것인지 안다. 우리는 이제 모방의 욕구가 왜 그렇게 강한지 안다. 우리는 이제 기업가 정신과 사업의 차이를 알고 혁신 쌓기 전략을 볼 수 있다. 우리는 성벽 밖이 어떤지 안다.

또한 우리는 사람들이 이 법칙을 간과하는 가장 큰 두 가지 이유를 안다. 첫째, 기업가 정신은 흔하지 않다. 우리가 살면서 마주하는 것들은 대부분 모방을 모방한 것이다. 둘째, 진정으로 새로운 것을 발견해도 설명할 말이 없다. 요즘에 와서 기업가 정신이란 말은 그저 비즈니스를 의미할 뿐이다.

그래서 어찌해야 할까? 이 책을 완성한 후 내게는 연구 결과와 데이터, 디테일이 남았다. 허브의 담뱃갑도. 하지만 여전히 나를 괴롭히는 질문이 하나 있었다. 이 지식이 정말 도움이 될 것인가? 강력한 현상을 이해하는 것이 그 힘을 이용하는 데 도움이 되는가?

그러나 새로운 지식이 가치 있는지 알아보기도 전에 나는 최근에 바뀐 몇 가지 변수들을 통제해야만 했다. 스퀘어의 기업공개 이후 상황이 이상해졌다.

누구나 출발점은 같다

2015년 11월 19일, 스퀘어는 뉴욕 증권거래소에 주식을 상장했다. 나는 갑자기 위풍당당하고 흥미로운 사람이 되었다. 갑자기 높아진 인기 덕분에 영화배우, MVP 운동선수들, 심지어 은밀한 야영객까지 포함해 꿈에도 생각지 못했던 사람들을 만나게 되었다. 그렇다. 숲에서 만나는 권력자들의 비밀스러운 모임이 실제로 존재한다는 사실을 알면 음모론자들은 기뻐할 것이다. 나는 미국 대통령 친척의 에스코트를 받아 그 행사에 참여했다. 더 말하고 싶지만 그들은 사생활을 진지하게 여기고, 나 역시 그들의 진지함을 진지하게 여긴다.

나는 별안간 돈과 존재조차 알지 못했던 세계에 접근할 수 있는 권리를 손에 넣게 됐다. 돈과 경험을 갖추고 힘 있는 사람들에게 접근할 수 있으면 문제를 해결하기가 더 쉬워질 줄 알았다. 그런데 별로 그렇지 않았다.

음식과 비슷하다. 배고픔은 끔찍하지만 그 정반대가 목표인 것은 아니다. 나는 이 교훈을 독학으로 배웠다. 스퀘어의 기업공개 이후, 나는 너무나 고급이라 디저트로 공기가 나오는 레스토랑에 저녁 식사를 초대받은 적이 두 번 있다. 웨이터가 유리 뚜껑으로 덮이고 연기로 감춰진 불가사의한 디저트를 가져왔는데, 그가 과장된 동작으로 뚜껑을 들자 그 안의 연기가 바로 디저트라는 사실이 드러났다. 정말로 공기, 산소가 디저트였다. 두 레스토랑 모두 샌프란시스코에 있었는데, 샌프란시스코의 공기는 이미 취한 상태에서 불붙은 대마초를 끄려고 애쓰는 럭비 선수 같은 냄새를 풍긴다.

기존 시장에 진출할 때에는 돈, 경험, 접근권 모두가 유용하다. 돈이 있으면 업계에서 가장 유능한 사람들을 고용해 필요한 장비를 살 수 있다. 경험은 업계 모두가 알고 있는 실수를 저지르는 것을 막아준다. 접근권은 당신의 아이디어를 중요한 사람들과 연결해준다. 하지만 정말로 새로운 무언가를 만들 거라면 이런 것들은 거의 중요하지 않다.

역사상 가장 뛰어난 농구선수라 할 수 있는 마이클 조던은 전성기에 야구선수로 전향했다. 그에게는 트레이너부터 투어 버스에 이르기까지 최고의 환경을 갖출 능력도 있었고, 놀라운 신체 능력과 전설적인 성실함도 있었다. 하지만 그럼에도 마이클 조던은 1년 동안 흙

투성이가 되어 커브 볼에 헛스윙을 하다 NBA로 돌아가야만 했다(물론 농구에서는 다시 최고가 되었지만). 자신의 이름을 딴 운동화를 신은 채 화려한 버스를 타고 농구장에 도착해 자유투 라인에서 덩크슛을 할 수 있어도 야구공을 치는 데 그런 것들은 아무 도움도 되지 않는 것이다.

많은 돈과 화려한 인맥은 이미 방법이 알려진 게임에서만 유용하다. 완전히 새로운 도전에서는 모두가 평등하다. 기업가 정신은 제로에서 시작한다. 기업가가 보통 사람들과 다른 한 가지는 시작에 대한 의지뿐이다. 누구나 시작점이 같다니 이 얼마나 위안이 되는 사실인가.

새로운 도전

내가 스퀘어의 경영에 매일 관여할 필요가 없어진 후로 우리 가족은 다시 세인트루이스로 이사했다. 나는 유리공예 작업실로 돌아갔고 오래된 건물 몇 채를 손보기 시작했다. 육체노동은 마음에는 안정을, 손에는 군살을 선사했다. 손은 편했지만 마음에 군살이 박혔던 결제 산업에서 벗어나 맞이하는 반가운 변화였다.

그러던 어느 날 아침, 동료 아나톨리가 몸을 떨면서 다가오더니 자신의 전화기를 가리켰다. 비록 우리가 사용하는 언어는 달랐지만 전화기 속 사진들은 끔찍할 정도로 선명했다. 아나톨리의 아들 다닐은 전날 저녁에 위험한 동네로 피자를 배달하러 갔다가 총에 맞았고, 병원으로 실려 간 뒤 생사를 헤매고 있었다. 그의 불쌍한 아버지 아나톨리는 너무 막막한 나머지 일이 없는 날인데도 일터로 나온 것이었다. 우리는 5갤런짜리 석고보드 접합제통에 앉아 울기만 했다. 할 수 있는 일이 아무것도 없다는 것을 깨달을 때까지. 다닐은 그날 저녁에 세상을 떠났다.

나는 그 후 1년간을 우울함 속에서 사실을 부정하며 보냈다. 내가 아는 이 도시는 아이들을 죽이지 않았다. 그런데 죽였다. 나는 논리를 거스르는 일을 이해하려고 애썼다. 누가 차에 탄 어린 피자 배달원에게 총을 쏜단 말인가? 그 비극을 이해할 수 없었던 나는 결국 가해자들의 정신이 병들어 그런 것이라고 결론지었다.

하지만 내 생각은 잘못된 계산을 포함하고 있었다. 가해자는 세 명이었다. 그중 한 명이라도 비극을 막을 수 있었을 것이다. 모르는 사람을 총으로 쏜 사람의 정신이 병들어 있을 확률은 얼마나 될까? 아마 1000분의 1도 되지 않겠지만 그냥 그렇다고 해보자. 가해자가 세 명이니 세제곱하면 10억분의 1이 된다. '정신이 병들었기 때문'이라는 내 결론이 맞을 확률은 10억분의 1이었다. 따라서 나는 더 나쁜 결론을 내릴 수밖에 없었다. 이 도시에는 모르는 사람의 머리를 총으로 쏘는 것이 정상으로 여겨지는 구역이 존재한다는 것. 새로운 결론은 나의 우울함을 더 깊게 할 뿐이었다. 하루나 이틀 동안 일에 몰두

하다가도 석고보드나 페퍼로니 피자 냄새를 맡으면 숨이 막혔다. 마침내 나는 절박한 심정으로 살인 현장을 직접 찾아갔다.

다닐을 쏜 소년들이 과연 무슨 생각이었는지 내가 정확히 안다고 주장할 수는 없지만 그 동네에 가보니 그들의 정신 상태가 어땠을지는 알 수 있었다. 학교는 끔찍하고 거리는 위험한데 거기서 벗어날 방법은 거의 없는 것 같았다. 제대로 된 교육을 받지 못하면 기회의 문이 열리지 않는다. 그 문을 활짝 열 수 있는 방법을 찾는 데 1년이 걸렸다.

세인트루이스에는 프로그래머가 부족했다. 잭과 내가 처음에 세인트루이스에 스퀘어의 사무실을 차렸다가 닫은 것도 그 지역에는 프로그래머 인력이 충분하지 않아서였다. 프로그래머는 재미있는 직업이다. 최고의 컴퓨터 프로그래머는 독학을 한 사람들이고 공식적인 자격증은 별 가치가 없다. 나는 수백 명의 프로그래머를 고용해본 경험을 통해 전체 인구의 30퍼센트쯤은 프로그래머로 성공할 수 있는 두뇌와 성격을 가졌다는 것을 알고 있었다.

계산을 해봤다. 세인트루이스에는 소득이 빈곤선(각 국가 혹은 지역에서 적절한 생활을 영위하는 데 필요한 최소한의 소득 수준 - 옮긴이)에도 미치지 못하는 사람들의 수가 10만 명 이상이었다. 따라서 가난한 사람들 가운데 수입이 높은 프로그래머라는 직업을 가질 수 있는 이들의 수는 3만 명 이상일 것이다. 그들 중 단 10퍼센트에만 접근할 수 있어도 좋은 출발점이 될 터였다. 프로그래머 인력이 공급되면 세인트루이스에 있는 기업들의 성장에도 도움이 될 수 있었다. 기업의 인재 부족 문제와 평범한 사람들에게 주어지는 기회 부족 문제. 이 둘을 해결하고자 나는 론치코드를 설립했다.

돈과 인맥보다 중요한 것

당신이 기업가가 되는 결정적 순간은 모방으로 해결책을 찾을 수 없음을 깨닫는 순간이다. 그쯤 되면 새로운 것을 창조하거나 그냥 문제를 안고 살아야 한다. 프로그래머 부족은 전 세계적인 현상이었으므로 나는 론치코드가 모방할 수 있는 해결책을 누군가가 가지고 있기를 바랐다. 그러나 내가 찾은 것이라고는 프로그래머 교육 프로그램뿐이었는데 가격도 비싼 데다 졸업생 다수가 프로그래머로 취직하는 데 실패했다. 곧 그 이유를 알 수 있었다.

놀랍지 않은 일이지만 프로그래머 인력 시장은 단순히 다른 산업들에서 효과적인 방법을 모방해왔다. 즉, 노동력 부족 문제에 효과적인 교육을 주요 해결책으로 내세운 것이다. 용접공이 부족하면 그 기술에 대한 수요가 높아져 임금도 높아지고, 돈에 이끌린 사람들이 용접 기술을 배워 결국 시장은 균형을 이루게 된다. 하지만 어떤 이유에서인지, 교육이라는 해결책을 베끼는 방법은 프로그래밍 분야에서 효과가 없었다. 치솟는 임금에도 불구하고 프로그래머 부족 현상은 매년 심해진다는 사실만 봐도 알 수 있다. 그 해결책을 모방하는 것이 왜 통하지 않는지 알고 싶었다.

프로그래밍은 용접 같은 다른 직업들 대부분과 동일하지 않다. 프로그래머가 '부정적인 일'을 할 수 있기 때문이다. 만약 팻이라는 용접공의 실력이 별로라면 손해는 그의 용접 작업이 실패하는 정도에 그친다. 동료들의 작업까지 망칠 정도로 엄청난 손해는 발생하지 않는다. 하지만 프로그래밍은 다르다. 팻이 형편없는 프로그래머라면 기관총을 든 원숭이보다 더 파괴적인 결과를 만들어낼 수 있다. 명령어 하나만 잘못되어도 데이터베이스 전체가 망가진다. 누가 그런 실수를 가장 많이 할까? 바로 초보 프로그래머다.

바로 이런 논리적인 이유로 기업들 대부분은 2년 이하의 경력을 가진 프로그래머를 고용하지 않는다. 경력이 없으면 취직하지 못한다. 취직하지 못하면 경력도 쌓을 수 없다. 세인트루이스에서는 많은 기업이 초보 프로그래머를 고용하지 않아 고용 시장 자체가 꽉 닫혀 있었다. 위험을 무릅쓰고 초보 프로그래머를 고용하는 몇 안 되는 회사들은 실제로 시장에서 불리해졌다. 추가적인 훈련비와 관리비를 투입하지만 초보 프로그래머들은 2년이 지나면 회사를 그만두었기 때문이다. 충분히 이해 가능한 일이다. 당신을 받아주는 회사가 딱 한 곳뿐이라면 그곳은 당신이 실제로 일하고 싶은 회사가 아닐 확률이 높을 테니까. 어쩔 수 없이 그 회사에 들어가더라도 어느 정도 경험이 쌓이면 직장을 옮길 것이다. 프로그래머 고용 시장은 고장 났다.

프로그래밍 교육업계도 난장판이기는 마찬가지였다. 프로그래머가 받는 높은 임금 때문에 프로그래밍 캠프가 장마 뒤 버섯처럼 마구잡이로 생겨났다. 실제 버섯이 그렇듯 안전한 것과 해로운 것을 구분하기도 어렵게 말이다. 사람들은 희망을 품고 돈까지 빌려서 비싼 프로그래밍 캠프를 수료했지만 그렇게 배운 기술은 쓸모가 없었다. 공인 기관이라도 나을 것 없기는 매한가지였다. 강사 봉급이 업계 수준의 절반인 탓에 실력이 떨어지는* 강사가 대부분이었던 것이다. 설령 실력이 있다 해도 6개월마다 프로그래밍 시장의 트렌드가 바뀌니 커리큘럼이 쓸모없어지는 것은 순식간이었다. 프로그래머 교육 시장도 고장 났다.

나는 새로운 완벽한 문제를 발견했다. 내게는 이 책을 쓰느라 연구한 내용과 많은 돈, 인맥, 그리고 우거진 숲의 GPS 좌표까지 있었다. 이런 것들이 얼마나 도움이 되었을까?

돈과 인맥의 가치는 미미했다. 론치코드는 2만 달러의 창업 자금에서 시작했고, 초기 투자금 이후로 줄곧 자급자족을 해왔다. 투자금을 유치하지 않았다는 말이 아니라, 다른 자금 공급원이 많았던 덕에 내가 가진 돈이 별로 중요하지 않았다는 뜻이다. 게다가 론치코드가 풀려는 문제는 돈으로 해결할 수도 없었다.

---

* 능력 있는 사람은 행동을 하고 능력 없는 사람은 남을 가르친다. 가르치지도 못하는 사람은 운동을 가르친다 −조지 버나드 쇼 & 우디 앨런

인맥도 큰 도움이 되지 않았다. 수많은 사람이 론치코드의 성공을 위해 시간을 내주었지만 그들은 우리의 미션과 성과에 끌렸을 뿐이다. 민주당과 공화당이 도움을 주었지만 나나 스퀘어 때문은 아니었다. 버락 오바마 대통령 사무실에서는 내게 전화를 걸어 론치코드 프로그램이 마음에 든다며 대통령이 졸업생들을 만나고 싶어 한다고 말했다. 오바마 대통령은 어느 연설에서 우리 졸업생들을 칭찬했다.[1] 하지만 그 후에 그가 내게 한 말은 "누구신가요?"가 전부였다.

론치코드의 가장 큰 난제는 돈이나 인맥이 아니라, 기술 인력 부족과 기회 부족 문제를 동시에(혹은 각각이라도) 해결해본 사람이 아무도 없다는 것이었다. 나는 기존 시스템이 수십 년 동안 실패해왔음을 이미 알고 있었다. 그러지 않았다면 프로그래머가 부족할 일도, 현실에 좌절한 나머지 피자 배달원을 살해하는 사람들이 생길 일도 없었을 테니까. 나는 교육 문제나 취업 알선 문제를 어떻게 해결해야 하는지 몰랐지만 다행히 혁신의 진화에 대해서는 알고 있었고, 그 지식은 내게 큰 도움이 되었다.

기존 시스템을 모방할 수 없었기에 론치코드는 교육이 아니라 취업 알선부터 시작했다. 일단 프로그래머들에게 일자리를 구해줄 방법을 알아내고 나자 금세 그 자리를 채울 프로그래머가 부족해져 새로운 인재를 양성할 필요가 생겼다. 그러나 전통적인 프로그래머 교육은 너무 느리고 비용도 많이 들었다. 다른 교육 방법이 필요했다. 하버드에 훌륭한 온라인 강좌가 있었지만 수료율이 1퍼센트에 불과

했으므로 학생들이 과정을 끝마치게 할 다른 방법을 찾아야 했다. 이어 수료율을 50퍼센트 이상으로 높이는 방법을 알아냈지만 그렇게 하자니 1인당 비용이 100달러에서 1,000달러로 높아졌다. 학생들에게 교육비를 청구하는 방법도 고려했으나 가격이 기업가적 기업에 어떤 영향을 주는지 잘 알고 있었기에 무료로 유지한 채 계속 나아갔다.

론치코드는 마법 같은 치료법이 아니다. 지금까지 취업을 알선해준 사람이 몇천 명 정도에 불과하니까. 그러나 우리는 여전히 그 숫자를 수백만으로 확장해줄 혁신을 찾고 있다. 중요한 요점은 론치코드의 혁신 쌓기 전략이 무엇인가가 아니라, 혁신 쌓기 전략을 이해함으로써 행동을 덜 주저하게 되었다는 것이다. 3년 동안 연구하고 책을 썼어도 기업가의 여정은 두려움으로 가득하다. 친구들 그리고 내 몸과 머리는 얼른 무리로 돌아가라고 소리친다.

하지만 나는 혁신의 패턴을 알고 있다. 우선 문제를 찾은 후에는 다른 사람들이 어떻게 해결했는지 알아본다. 해결한 이가 아무도 없다면 마음은 불편하겠지만 뭔가 새로운 시도를 해본다. 일단 해결책을 찾았는데 새로운 문제가 발생한다면 이 과정을 반복한다. 가능하다면 모방하되 필요할 때는 발명한다. 최종 해결책을 찾을 때까지 이를 계속한다. 칭찬은 간절히 필요할 때가 아니라 한참 뒤에야 나온다는 사실을 기억한다. 혁신 쌓기 전략에 대한 지식은 론치코드가 계속 움직이게 해주었다. 움직이는 것, 그것이 관건이다.

작고 사소한 일에서부터
커다랗고 중요한 일에까지

이 책에서 살펴본 네 기업이 전부 대기업이라는 이유로 소심해지지 마라. 혁신 쌓기 전략은 작은 문제에도 똑같이 효과적이다. 사실더 쉬울 것이다. 한두 개의 혁신으로 문제가 해결된다면 반가운 일이다. 열 개 이상의 요소로 이루어진 혁신은 시장에서 지배적인 위치를차지하게 해주겠지만 혁신을 위한 혁신을 해서는 안 된다. 간단한 해결책이 아름답다.

내 친구 그렉은 아들이 쇼핑몰에서 마구 떼를 쓰자 새로운 해결책을 발명했다. 무언가를 사달라고 했는데 부모가 거절하자 아이는 사람들이 잔뜩 있는 곳에서 떼를 썼고, 기업가인 그렉은 현장에서 활용 가능한 자원을 이용했다. 서둘러 구경꾼들을 떼쓰기 등급 위원회로 소집한 뒤 그들에게 어떻게 하면 떼쓰기를 고칠 수 있는지 비판과 제안을 부탁했다. 아이는 쇼핑센터의 복숭아색 합성 바닥재에 엎드린 채 굴욕감을 느꼈다. 신속하게 문제의 해결책이 나왔고, 아이는온라인 쇼핑을 선호하게 되었다.

기업가 정신은 전통적인 기업에도 경쟁우위를 제공해줄 수 있다.내 또 다른 친구는 건설 회사를 운영하는데, 조금 색다르다. 전과자들을 성공적으로 고용하는 혁신 쌓기 전략을 개발한 것이다. 출소한 지얼마 되지 않은 이들을 고용하는 것은 어렵기로 악명 높은 일이었기에 그는 그 과정을 혁신할 필요가 있었다. 그가 구축한 혁신의 다섯 가지 요소는 안정적이고 생산적인 고용을 가능하게 해준다. 그는 노동력 부족으로 유명한 산업에서 경쟁자들을 압도한다.

내가 이 책에서 대기업의 사례를 선택한 이유는 이 기업들이 우리에게 친숙한 데다 혁신 쌓기 전략의 힘을 잘 보여주기 때문이다. 농산물 판매업자로 하여금 세계 최대의 은행을 만들게 하고, 10대 청소년으로 하여금 세계 최대의 가구 회사를 만들게 해주는 이 힘은 누구나 이용할 수 있다. 지금까지 살펴본 것처럼 위대한 기업가들은 혁신을 위한 혁신을 하지 않는다. 작은 혁신이 문제를 해결해준다면, 그것으로 된 것이다.

이제 돌이킬 수 없다

이 책을 쓴 나도 그렇지만, 당신 역시 이 책을 읽은 것만으로는 전문가가 될 수 없다. 무엇이든 새로운 것에는 전문가가 없다. 해결하지 못한 문제를 해결할 때는 누구나 아무것도 모르는 상태에서 시작한다. 세상에는 모방을 설명하는 말만 있을 뿐 당신이 하려는 일을 설명하는 단어는 없기에 친구에게 이야기할 수도 없다. 하지만 당신을 도와주는 강력한 과정은 존재한다.

이제는 그 과정이 잘 보일 것이다. 기업가 정신은 드물지만 누구나 가지고 있는 기술이다. 기업가는 첫걸음을 내딛는 사람이다. 사실 이 책의 원래 제목은 '평평한 지구에서 한 걸음 내딛기'였다.

나는 이 책이 당신이나 당신이 아는 누군가로 하여금 그 첫걸음을 내딛도록 하기를, 그리고 그 후에도 많은 도움을 주기를 바란다. 이 책은 문제를 깨닫고 그냥 받아들이는 대신 새로운 시도를 하게 해줄 지도 모른다. 당신이 자신감과 불안감, 또는 지식을 얻었기를 바란다. 앞으로 나아가게 해주는 그 무언가를 말이다.

하지만 이 책을 읽은 뒤 잃은 것도 있을 것이다. 이제는 문제에 대해 "할 수 있는 게 없어."라고 말할 수 없으니까. "~가 부족해서(변명거리를 여기에 넣으면 된다) 할 수 없어."라는 말도 마찬가지다. 이제 당신은 "뭔가를 할 거야." 혹은 "이 문제를 해결할 거야."라고 말할 수 있을 뿐이다. 세상을 바꾼 기업가들도 여정을 시작할 당시에는 아무런 자격도 없었다는 사실을 알게 되었으니 말이다. 이제 기업가 정신에 대해 알게 된 당신은 어떤 문제를 해결할 수 없는 것이라 치부하는 일이 불가능해졌다.

세상에는 너무도 많은 문제가 있고, 그중에는 당신을 위한 완벽한 문제가 있을지도 모른다. 백만 명이 문제라고 생각하지만 아직 해결한 전문가가 없는 문제를 찾을 수도 있다. 모방이 아니라 새로운 것을 창조함으로써 당신이 그 전문가가 될 수 있다. 당신은 그렇게 세상을 조금 더 좋은 곳으로 만들 것이다.

마음 깊이 신경 쓰이는 문제를 찾아라. 긍정적인 피드백이 주어지지 않는다 해도 당신을 앞으로 나아가게 해주는 문제를. 다른 사람이 이미 내놓은 해결책을 모방할 수 있는지 알아보되, 우리에게는 다른 선택권이 있다는 사실도 알아야 한다. 이제 혁신이 어떻게 나타나고 어떻게 진화하는지, 또 진정한 기업가의 자격이 무엇이고 성공에 어떤 보상이 따르는지 당신은 알게 되었으니 말이다. 그러니 이제 가서 문제를 해결해라. 그리고 공정하게 바로잡아라.

감사의 말

나는 지금껏 중요한 일을 혼자서 한 적이 한 번도 없고, 첫 시도에 잘해낸 적도 없다. 이 책도 마찬가지라서 지금 일곱 번째 다시 쓰고 있다.

첫 번째 초고는 제프 알렉산더(Jeff Alexander)와 댄 요제프손(Dan Josefson)이 녹음 자료를 오랜 시간에 걸려 정리해준 덕분에 탄생했다. 그 후 여섯 번의 초고를 더 거치는 동안 살아남은 것은 몇 문단밖에 안 되지만 이것들이 중요한 출발점이 되어주었다.

그다음엔 친구 에이미 샤프(Amy Scharff)가 편집자이자 협업자로 마지막 다섯 번의 수정 집필 작업을 도와주었다. 에이미와 나는 세인트루이스에 있는 라듀(Ladue) 공립 고등학교에서 글쓰기 기술을 배웠다. 그곳의 영문학과는 웬만한 인문대학보다 훌륭하다. 에이미의 글과 솔직한 피드백이 이 책에 중요한 역할을 했다.

우리가 함께 시작한 조직을 이끌어주고 있는 더그 아우어(Doug Auer), 존 버글런드(John Berglund), 잭 도시, 아킬레스 카라카스(Achilles Karakas), 조 맥스웰(Joe Maxwell), 제프 머주어(Jeff Mazur), 매슈 포터(Matthew Porter), 그렉 로저스(Greg Rogers)에게 감사한다. 매일 애써주는 이들이 없었다면 내가 새로운 도전을 해볼 수 없었을 것이다. 마음에서 우러나오는 존경심을 전한다.

나의 부모님, 제임스와 에디스 맥켈비는 한마디 잔소리 없이 무엇이든지 가능하다는 믿음을 가진 사람으로 나를 키워주셨다. 어머니가 돌아가신 후 새로운 가족이 된 주디 맥켈비 역시 내게 가능성에 대한 가르침을 주는 롤 모델이다.

소중한 시간을 내어준 허브 켈러허에게 감사한다. 당신에게 시간이 좀 더 있었더라면 얼마나 좋았을까요. 보고 싶습니다.

내 우상이기도 한 에이전트 짐 러빈(Jim Levine)은 이 책의 출판 계약뿐 아니라 구성까지 도와주었고, 다섯 번째부터 일곱 번째까지의 수정 작업을 날카로운 눈썰미로 살펴주었다.

아쉽게도 책에는 빠졌지만 트레버 고링(Trevor Goring)은 지아니니의 이야기를 담은 그래픽노블에 멋진 그림을 그려주었다. 말보다는 직접 봐야 한다.

반도체 설계자로 유명한 짐 켈러(Jim Keller)는 모두가 이만하면 충분하다고 말할 때도 충분하지 않다고 솔직히 피드백해주었다. 모쪼록 충분한 결과물이 되었기를 바란다.

포트폴리오(Portfolio) 출판사의 카우시크 비스와나스(Kaushik Viswa
nath), 트리시 달리(Trish Daly), 에이드리언 잭하임(Adrian Zackheim)
은 이 책을 세련된 작품으로 만들어주었다. 한때 출판사를 운영했던
사람으로서 말하자면, 이런 전문가들이 있기에 나는 앞으로 절대 자
가 출판을 하지 않을 생각이다.

애나, 지미, 그리고 마거릿, 내가 세상 어디에 있든 항상 집에 있는
것 같은 편안함을 느끼게 해줘서 고마워.

2장

1. 선택적 필터링에 관한 더 자세한 정보는 다음을 참고하자. https://www.psycho logytoday.com/us/blog/brain-babble/201502/is-how-the-brain-filters-out-unimportant-details.

5장

1. 여기에 수록된 랜디의 말은 2018년 12월 17일 쉐이크쉑을 방문했을 때 나눈 대화에서 나왔다.

2. www.genome.gov/11509542/comparative-genomics-fact-sheet 참고.

3. P.J. Marshall, A.N. Meltzoff (2011). "Neural mirroring systems: Exploring the EEG mu rhythm in human infancy." *Developmental Cognitive Neuroscience* 1: 110–23.

4. J.N. Saby, P.J. Marshall, A.N. Meltzoff (2012). "Neural correlates of being imitated: An EEG study in preverbal infants." *Social Neuroscience* 7: 650–61.

5. 미적분학, 산소, 자기, 전화기, 진화론 등 수많은 발견이 세계 여러 곳에서 이루어졌 다. 자세한 정보 참고. R.K. Merton (1961). "Singletons and multiples in scientific discovery: A chapter in the sociology of science." *Proceedings of the American Philosophical Society* 105(5): 470–86.

6. H. Lodish et al. *Molecular Cell Biology*, 4th ed. Section 12.4, "DNA Damage and Repair and Their Role in Carcinogenesis" (New York: W.H. Freeman, 2002).

7. J.F. Crow (1994). "Advantages of sexual reproduction." *Developmental Genetics* 15(3): 205–13. www.ncbi.nlm.nih.gov/pubmed/8062455.

8. L. Neal, R. Cameron. *A Concise Economic History of the World* (New York: Oxford, 2003).

8장

1. Gerald Nash. *A. P. Giannini and the Bank of America* (Norman: University of Oklahoma Press, 1992).

2. *Wild West*, 2016년 10월, p.22.

3. Marquis James, Bessie R. James. *The Story of Bank of America: Biography of a*

Bank (Washington, DC: Beard Books, 2002), p.64.

4. *The Story of Bank of America*, p.83.

9장

1. Ingvar Kamprad, Bertil Torekull. *Leading by Design: The IKEA Story* (New York: Harper Business, 2011), p.47.
2. *Leading by Design*, p.52.
3. *Leading by Design*, p.53.
4. *Leading by Design*, p.214.
5. *Leading by Design*, p.84.
6. *Leading by Design*.
7. *Leading by Design*, p.88.
8. *Leading by Design*, p.172.

10장

1. 이 책에 수록된 허브 켈러허의 모든 말은 2017년 2월 2일 내가 그의 댈러스 사무실을 직접 방문했을 때 나눈 대화에서 나왔다.
2. Kevin Freiberg, Jackie Freiberg. *Nuts!: Southwest Airlines' Crazy Recipe for Business and Personal Success* (New York: Crown, 1998).
3. R. Bennett, J.M. Craun (1993년 5월). "The Airline Deregulation Evolution Continues: The Southwest Effect. Office of Aviation Analysis." US Department of Transportation.

11장

1. *The Saturday Evening Post*, 1947년 12월 4일, p.133.

13장

1. E.J. O'Brien, J.L. Myers (1985). "When comprehension difficulty improves memory for text." *Journal of Experimental Psychology: Learning, Memory, and Cognition*

11(1): 12–21.

2. M.I. Norton, D. Mochon, D. Ariely. "The 'IKEA effect': When labor leads to love." *Journal of Consumer Psychology* 22(3): 453–60.

3. Gerald Nash. *A.P. Giannini and the Bank of America* (Norman: University of Oklahoma Press, 1992).

14장

1. Samuel Stebbins et al., "America's Most Hated Companies," 24/7 Wall St., 2018년 1월 22일.

2. Ryan Grenoble, "Bank of America's Poorest Customers to Be Charged for Checking," *Huffington Post*, 2018년 1월 24일.

3. Bill McGee, "RIP to the 'Southwest Effect'"? *USA Today*, 2014년 5월 19일.

15장

1. B. Mandelbrot (1967). "How long is the coast of Britain? Statistical self-similarity and fractional dimension." *Science* 156(3775): 636–38.

2. "Two Years On, Ikea Korea Impact Gauged," 2016년 12월 16일, InsideRetail.asia.

16장

1. *The Saturday Evening Post*, 1947년 12월 4일, p.131.

2. Kevin Freiberg, Jackie Freiberg. *Nuts!: Southwest Airlines' Crazy Recipe for Business and Personal Success* (New York: Crown, 1998), pp.17–18.

에필로그

1. 2015년 3월 9일에 열린 전미도시연합(National League of Cities) 콘퍼런스에서 오바마 대통령. https://www.c-span.org/video/?c4530694/user-clip-obama-talks-lashanas-success-launchcode.

UN-
COPY-
ABLE

옮긴이 정지현

스무 살 때 남동생의 부탁으로 두툼한 신시사이저 사용설명서를 번역해준 것이 계기가 되어 번역의 매력과
재미에 빠졌다. 대학 졸업 후 출판번역 에이전시 베네트랜스의 전속 번역가로 활동 중이며 현재 미국에 거주
하며 책을 번역한다. 옮긴 책으로『지금 하지 않으면 언제 하겠는가』『치타처럼 판단하라!』『타이탄의 도구
들』『차별화의 천재들』등 다수가 있다.

언카피어블

초판 1쇄 발행 2020년 11월 20일
초판 8쇄 발행 2024년 6월 17일

지은이 짐 매켈비 **옮긴이** 정지현

발행인 이봉주 **단행본사업본부장** 신동해
편집장 김예원 **교정교열** 장윤정
표지 디자인 디스커버 주영훈 **본문 디자인** 데시그 호예원
마케팅 최혜진 백미숙 **홍보** 반여진 허지호 정지연 송임선
국제업무 김은정 김지민 **제작** 정석훈

브랜드 리더스북
주소 경기도 파주시 회동길 20
문의전화 031-956-7362(편집) 031-956-7129(마케팅)
홈페이지 www.wjbooks.co.kr
인스타그램 www.instagram.com/woongjin_readers
페이스북 www.facebook.com/woongjinreaders
블로그 blog.naver.com/wj_booking

발행처 ㈜웅진씽크빅
출판신고 1980년 3월 29일 제406-2007-000046호

한국어판 출판권 © ㈜웅진씽크빅, 2020
ISBN 978-89-24567-6 03320